내신평정 평가문제집

김성곤 | 서성기 | 이석영 | 최동석 | 강용구
김성애 | 최인철 | 양빈나 | 조유람

NE 능률

MIDDLE SCHOOL ENGLISH 1-1
내신평정 평가문제집

지은이	김성곤, 서성기, 이석영, 최동석, 강용구, 김성애, 최인철, 양빈나, 조유람
연구원	은다나
영문교열	August Niederhaus
디자인	BLaunch Graphics
맥편집	이인선
삽화	박응식
마케팅	박혜선, 고유진, 김여진
영업	한기영, 이경구, 박인규, 정철교, 김남준, 김남형, 이우현

Preface

The greatest accomplishment
is not in never falling,
but in rising again
after you fall.

- Vince Lombardi

가장 큰 성취란
결코 넘어지지 않는 것이 아니라
넘어진 후에
다시 일어나는 것이다.

- 빈스 롬바르디

이 책의 구성과 특징

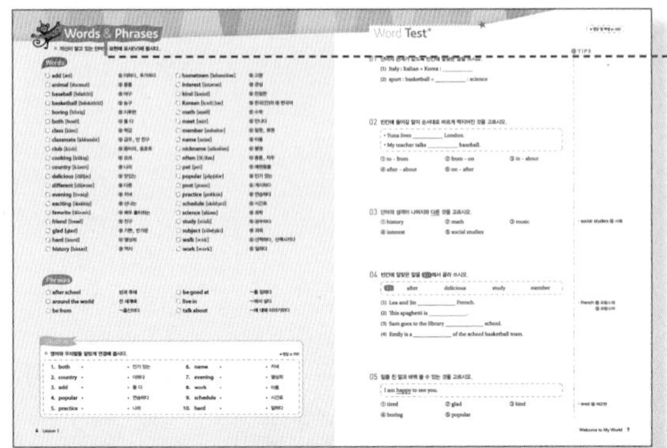

Words & Phrases

단원의 주요 어휘를 한눈에 볼 수 있게 제시합니다. 어휘 앞 체크 박스에 표시를 하면서 자신이 아는 어휘를 점검해 보고, Check up과 Word Test를 풀며 학습한 어휘를 확인합니다.

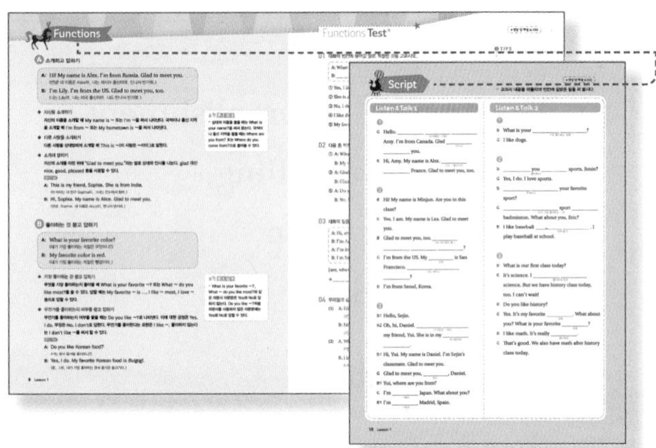

Functions / Script

단원의 의사소통 기능의 핵심 내용과 유사 표현을 제시합니다. 다양한 표현을 익히고 Functions Test를 풀며 학습한 내용을 확인합니다.

Script 코너에서는 교과서 듣기 대본의 빈칸을 채워 보면서 핵심 어휘와 표현을 확인합니다.

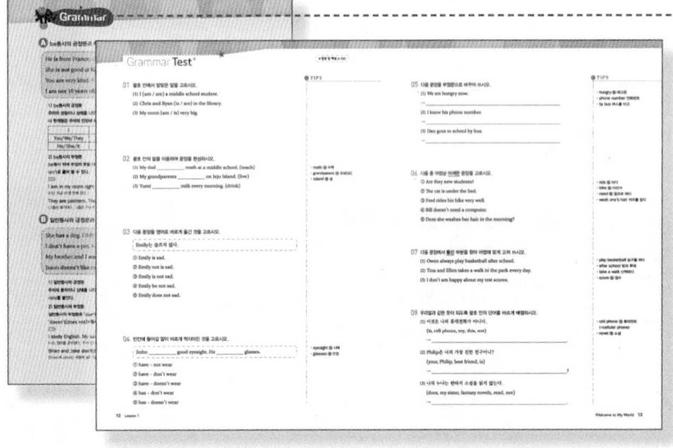

Grammar

단원의 핵심 문법을 재미있는 예문과 함께 자세하게 설명합니다.

Grammar Test를 풀며 학습한 내용을 점검합니다.

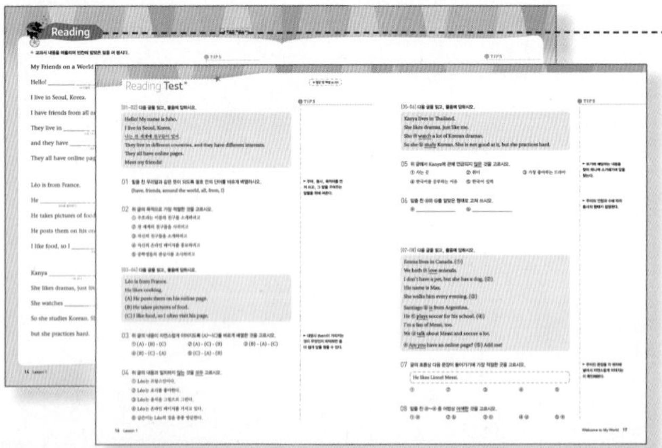

Reading

교과서 읽기 지문의 빈칸을 채워 보면서 핵심 어휘와 표현을 확인합니다.

Reading Test를 풀며 본문 내용을 잘 이해했는지 점검하고, 독해 실력을 키웁니다.

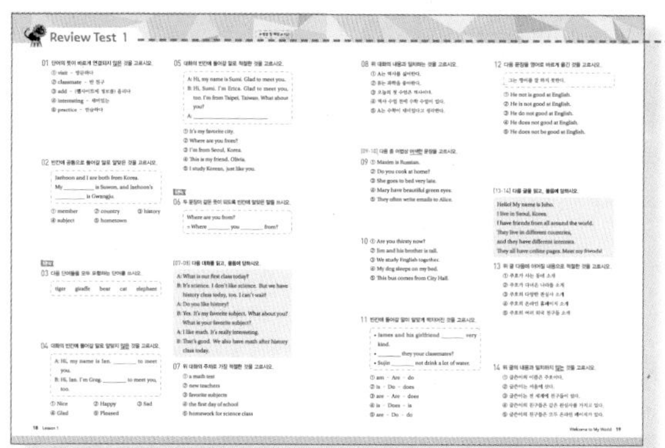

Review Test

단원에서 학습한 내용을 이해했는지 종합적으로 점검해 볼 수 있는 1, 2회의 단원평가를 제공합니다. 주관식을 포함한 다양한 문제를 풀며 단원 학습을 마무리합니다.

서술형 평가

단원 내용을 다양한 유형의 서술형 문제를 풀며 확인합니다. 서술형을 집중적으로 연습하여 실제 학교 시험에 대비할 수 있습니다.

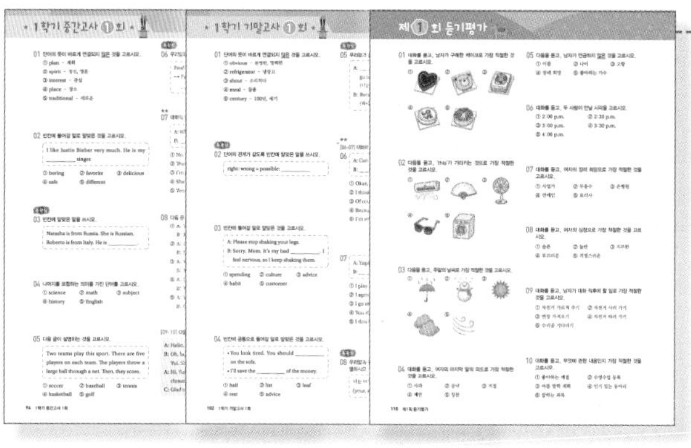

중간고사 · 기말고사 · 듣기평가

내신에 대비할 수 있는 실전형 문제를 제공합니다. 중간고사와 기말고사 문제를 풀며 학교 시험에 대한 자신감을 높이고, 듣기평가로 실전 듣기평가에 대비합니다.

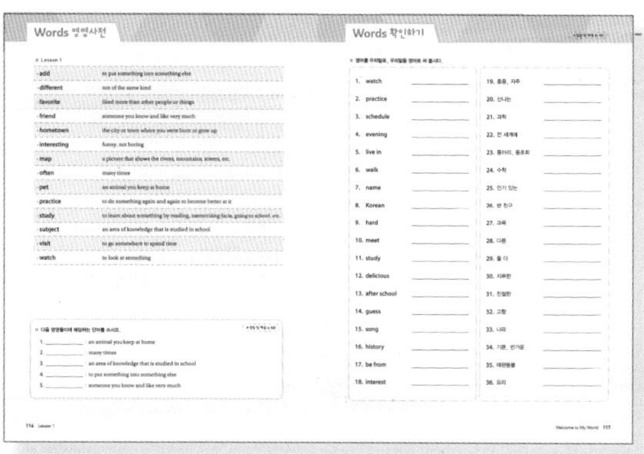

부록

각 단원의 내용을 다시 한번 점검할 수 있는 부록을 제공합니다. 어휘 영영풀이, 단어 쓰기, 교과서 지문 빈칸 넣기 등을 통해 교과서 내용을 철저히 학습할 수 있습니다.

Contents

Welcome to My World

Functions

소개하고 답하기

A: **My name is** Mina. **I'm from** Korea.
B: **Glad to meet you**.

좋아하는 것 묻고 답하기

A: **What is your favorite** subject?
B: **I like** English.

Forms

- He **is** from France.
- She **is not** good at Korean.
- She **has** a dog.
- I **don't have** a pet.

Words & Phrases

● 자신이 알고 있는 단어와 표현에 표시(V)해 봅시다.

Words

- ☐ **add** [æd] ⑤ 더하다, 추가하다
- ☐ **animal** [ǽnəməl] ⑲ 동물
- ☐ **baseball** [béisbɔ̀ːl] ⑲ 야구
- ☐ **basketball** [bǽskitbɔ̀ːl] ⑲ 농구
- ☐ **boring** [bɔ́ːriŋ] ⑱ 지루한
- ☐ **both** [bouθ] ㉑ 둘 다
- ☐ **class** [klæs] ⑲ 학급
- ☐ **classmate** [klǽsmèit] ⑲ 급우, 반 친구
- ☐ **club** [klʌb] ⑲ 동아리, 동호회
- ☐ **cooking** [kúkiŋ] ⑲ 요리
- ☐ **country** [kʌ́ntri] ⑲ 나라
- ☐ **delicious** [dilíʃəs] ⑱ 맛있는
- ☐ **different** [dífərənt] ⑱ 다른
- ☐ **evening** [íːvniŋ] ⑲ 저녁
- ☐ **exciting** [iksáitiŋ] ⑱ 신나는
- ☐ **favorite** [féivərit] ⑱ 매우 좋아하는
- ☐ **friend** [frend] ⑲ 친구
- ☐ **glad** [glæd] ⑱ 기쁜, 반가운
- ☐ **hard** [hɑːrd] ⑳ 열심히
- ☐ **history** [hístəri] ⑲ 역사
- ☐ **hometown** [hóumtáun] ⑲ 고향
- ☐ **interest** [íntərəst] ⑲ 관심
- ☐ **kind** [kaind] ⑱ 친절한
- ☐ **Korean** [kərí(ː)ən] ⑱ 한국(인)의 ⑲ 한국어
- ☐ **math** [mæθ] ⑲ 수학
- ☐ **meet** [miːt] ⑤ 만나다
- ☐ **member** [mémbər] ⑲ 일원, 회원
- ☐ **name** [neim] ⑲ 이름
- ☐ **nickname** [níknèim] ⑲ 별명
- ☐ **often** [ɔ́(ː)fən] ⑳ 종종, 자주
- ☐ **pet** [pet] ⑲ 애완동물
- ☐ **popular** [pɑ́pjələr] ⑱ 인기 있는
- ☐ **post** [poust] ⑤ 게시하다
- ☐ **practice** [prǽktis] ⑤ 연습하다
- ☐ **schedule** [skédʒuːl] ⑲ 시간표
- ☐ **science** [sáiəns] ⑲ 과학
- ☐ **study** [stʌ́di] ⑤ 공부하다
- ☐ **subject** [sʌ́bdʒikt] ⑲ 과목
- ☐ **walk** [wɔːk] ⑤ 산책하다, 산책시키다
- ☐ **work** [wəːrk] ⑤ 일하다

Phrases

- ☐ **after school** 방과 후에
- ☐ **around the world** 전 세계에
- ☐ **be from** ~출신이다
- ☐ **be good at** ~를 잘하다
- ☐ **live in** ~에서 살다
- ☐ **talk about** ~에 대해 이야기하다

Check up

● 영어와 우리말을 알맞게 연결해 봅시다.

▶정답 p.150

1. both •	• 인기 있는		6. name •	• 저녁
2. country •	• 더하다		7. evening •	• 열심히
3. add •	• 둘 다		8. work •	• 이름
4. popular •	• 연습하다		9. schedule •	• 시간표
5. practice •	• 나라		10. hard •	• 일하다

Word Test

▶정답 및 해설 p.150

TIPS

01 단어의 관계가 같도록 빈칸에 알맞은 말을 쓰시오.

(1) Italy : Italian = Korea : ___________

(2) sport : basketball = ___________ : science

02 빈칸에 들어갈 말이 순서대로 바르게 짝지어진 것을 고르시오.

• Yuna lives ___________ London.
• My teacher talks ___________ baseball.

① to – from ② from – on ③ in – about
④ after – about ⑤ on – after

03 단어의 성격이 나머지와 다른 것을 고르시오.

① history ② math ③ music
④ interest ⑤ social studies

• social studies 명 사회

04 빈칸에 알맞은 말을 보기에서 골라 쓰시오.

보기	after	delicious	study	member

(1) Lea and Jin ___________ French.

(2) This spaghetti is ___________.

(3) Sam goes to the library ___________ school.

(4) Emily is a ___________ of the school basketball team.

• French 형 프랑스의 명 프랑스어

05 밑줄 친 말과 바꿔 쓸 수 있는 것을 고르시오.

I am happy to see you.

① tired ② glad ③ kind
④ boring ⑤ popular

• tired 형 피곤한

Functions

A 소개하고 답하기

A: Hi! My name is Alex. I'm from Russia. Glad to meet you.
(안녕! 내 이름은 Alex야. 나는 러시아 출신이야. 만나서 반가워.)

B: I'm Lily. I'm from the US. Glad to meet you, too.
(나는 Lily야. 나는 미국 출신이야. 나도 만나서 반가워.)

◆ **자신을 소개하기**

자신의 이름을 소개할 때 My name is ~ 또는 I'm ~을 써서 나타낸다. 국적이나 출신 지역을 소개할 때 I'm from ~ 또는 My hometown is ~을 써서 나타낸다.

◆ **다른 사람을 소개하기**

다른 사람을 상대방에게 소개할 때 This is ~(이 사람은 ~이야.)로 말한다.

◆ **소개에 답하기**

자신의 소개를 마친 뒤에 "Glad to meet you."라는 말로 상대와 인사를 나눈다. glad 대신 nice, good, pleased 등을 사용할 수 있다.

예시 대화

A: This is my friend, Sophia. She is from India.
(이 아이는 내 친구 Sophia야. 그녀는 인도에서 왔어.)

B: Hi, Sophia. My name is Alice. Glad to meet you.
(안녕, Sophia. 내 이름은 Alice야. 만나서 반가워.)

표현 Plus

▶ 상대의 이름을 물을 때는 What is your name?을 써서 묻는다. 국적이나 출신 지역을 물을 때는 Where are you from? 또는 Where do you come from?으로 물어볼 수 있다.

B 좋아하는 것 묻고 답하기

A: What is your favorite color?
(네가 가장 좋아하는 색깔은 무엇이니?)

B: My favorite color is red.
(내가 가장 좋아하는 색깔은 빨강이야.)

◆ **가장 좋아하는 것 묻고 답하기**

무엇을 가장 좋아하는지 물어볼 때 What is your favorite ~? 또는 What ~ do you like most?를 쓸 수 있다. 답할 때는 My favorite ~ is ..., I like ~ most, I love ~ 등으로 답할 수 있다.

◆ **무언가를 좋아하는지 여부를 묻고 답하기**

무언가를 좋아하는지 여부를 물을 때는 Do you like ~?로 나타낸다. 이에 대한 긍정은 Yes, I do, 부정은 No, I don't로 답한다. 무언가를 좋아한다는 표현은 I like ~, 좋아하지 않는다는 I don't like ~를 써서 할 수 있다.

예시 대화

A: Do you like Korean food?
(너는 한국 음식을 좋아하니?)

B: Yes, I do. My favorite Korean food is *Bulgogi*.
(응, 그래. 내가 가장 좋아하는 한국 음식은 불고기야.)

표현 Plus

▶ What is your favorite ~?, What ~ do you like most?와 같은 의문사 의문문은 Yes와 No로 답하지 않는다. Do you like ~?처럼 의문사를 사용하지 않은 의문문에는 Yes와 No로 답할 수 있다.

Functions Test

▶정답 및 해설 p.150

TIPS

01 대화의 빈칸에 들어갈 말로 적절한 것을 고르시오.

A: What is your favorite movie?
B: ______________________

① Yes, I like it very much.

② She is in my movie club.

③ No, I don't. How about you?

④ I like *Beauty and the Beast* most.

⑤ My favorite singer is Taylor Swift.

• movie 명 영화
• singer 명 가수

02 다음 중 짝지어진 대화가 어색한 것을 고르시오.

① A: What is your name?
B: My name is George.

② A: Where do you come from?
B: New York is in the US.

③ A: Glad to meet you.
B: Glad to meet you, too.

④ A: What is your favorite flower?
B: I love sunflowers.

⑤ A: Do you like sports?
B: No, I don't. They're boring.

• glad 형 기쁜, 반가운

03 대화의 밑줄 친 우리말과 같은 뜻이 되도록 괄호 안의 단어를 바르게 배열하시오.

A: Hi, my name is Luis. Nice to meet you.
B: I'm Anne. Nice to meet you, too.
A: I'm from Brazil. 너는 어디에서 왔니, Anne?
B: I'm from Germany.

(are, where, from, you)

→ ______________________

04 우리말과 같은 뜻이 되도록 빈칸에 알맞은 말을 쓰시오.

(1) A: Hi, Helen. Who is the girl next to you?
(안녕, Helen. 네 옆의 여자아이는 누구니?)
B: Hi, Jack. ________ ________ my cousin, Suzy.
(안녕, Jack. 이 아이는 내 사촌인 수지야.)

(2) A: What is your ________ ________?
(네가 가장 좋아하는 책은 무엇이니?)
B: I like *The Little Prince.*
(나는 〈어린 왕자〉를 좋아해.)

▶ 상대에게 다른 사람을 소개할 때 사용하는 말을 생각해본다.

• cousin 명 사촌

▶정답 및 해설 p.150

● 교과서 내용을 떠올리며 빈칸에 알맞은 말을 써 봅시다.

Listen & Talk 1

1

G Hello. ________ ________ ________ (내 이름은 ~이다) Amy. I'm from Canada. Glad ________ (만나서) ________ you.

B Hi, Amy. My name is Alex. ________ (나는 ~출신이다) ________ France. Glad to meet you, too.

2

B Hi! My name is Minjun. Are you in this class?

G Yes, I am. My name is Lea. Glad to meet you.

B Glad to meet you, too. ________ (너는 어디에서 왔니) ________ ________ ________?

G I'm from the US. My ________ (고향) is San Francisco. ________ ________ (너는 어떠니) ________?

B I'm from Seoul, Korea.

3

B1 Hello, Sejin.

B2 Oh, hi, Daniel. ________ ________ (이 사람은 ~이다) my friend, Yui. She is in my ________ (독서동아리) ________.

B1 Hi, Yui. My name is Daniel. I'm Sejin's classmate. Glad to meet you.

G Glad to meet you, ________ (역시), Daniel.

B1 Yui, where are you from?

G I'm ________ (~에서) Japan. What about you?

B1 I'm ________ (~에서) Madrid, Spain.

Listen & Talk 2

1

B What is your ________ ________ (가장 좋아하는 동물)?

G I like dogs.

2

B ________ you ________ (좋아하니) sports, Jimin?

G Yes, I do. I love sports.

B ________ ________ (무엇이니) your favorite sport?

G ________ ________ sport ________ (내가 가장 좋아하는 ~은) badminton. What about you, Eric?

B I like baseball ________ ________ (무척 많이). I play baseball at school.

3

B What is our first class today?

G It's science. I ________ ________ (좋아하지 않아) science. But we have history class today, too. I can't wait!

B Do you like history?

G Yes. It's my favorite ________ (과목). What about you? What is your favorite ________ (과목)?

B I like math. It's really ________ (흥미로운).

G That's good. We also have math after history class today.

A be동사의 긍정문과 부정문

He **is** from France. (그는 프랑스 출신이다.)

She **is not** good at Korean. (그녀는 한국어를 잘하지 못한다.)

You **are** very kind. (너는 무척 친절하다.)

I **am not** 10 years old. (나는 열 살이 아니다.)

1) be동사의 긍정문

주어의 성질이나 상태를 나타낼 때 be동사를 쓰며, '~이다', '(~에) 있다'로 해석한다. be동사 현재형은 주어의 인칭에 따라 am/are/is로 형태가 바뀐다.

I	am
You/We/They	are
He/She/It	is

2) be동사의 부정문

be동사 뒤에 부정의 뜻을 나타내는 not을 붙인다. are not과 is not은 각각 aren't와 isn't로 줄여 쓸 수 있다.

예문

I **am** in my room right now.
(나는 지금 내 방 안에 있다.)

They **are** painters. They **aren't[are not]** singers.
(그들은 화가이다. 그들은 가수가 아니다.)

Grammar plus

► be동사의 의문문은 be동사를 주어 앞으로 두고 문장의 끝에 물음표를 써서 나타낸다.

She is a teacher. → **Is she** a teacher? (그녀는 선생님이니?)

► 의문사가 있는 be동사의 의문문은 「의문사+be동사+주어~?」의 순서로 쓴다.

Where **is she** now?
(그녀는 지금 어디에 있니?)

B 일반동사의 긍정문과 부정문

She **has** a dog. (그녀는 개를 한 마리 키운다.)

I **don't have** a pet. (나는 애완동물을 가지고 있지 않다.)

My brother and I **walk** to school. (나의 형과 나는 학교까지 걸어 간다.)

Jason **doesn't like** orange juice. (Jason은 오렌지 주스를 좋아하지 않는다.)

1) 일반동사의 긍정문

주어의 동작이나 상태를 나타낼 때 일반동사를 쓴다. 주어가 3인칭 단수일 때는 동사원형 뒤에 -(e)s를 붙인다.

2) 일반동사의 부정문

일반동사의 부정문은 「don't[do not]+동사원형」으로 나타낸다. 주어가 3인칭 단수일 때는 「doesn't[does not]+동사원형」으로 나타낸다.

예문

I **study** English. My sister **studies** Spanish.
(나는 영어를 공부한다. 우리 언니는 스페인어를 공부한다.)

Brian and Jake **don't[do not] live** in Seoul.
(Brian과 Jake는 서울에 살지 않는다.)

Grammar plus

► 일반동사의 의문문은 「Do/Does+주어+동사원형~?」의 순서로 쓴다.

He works at a bank.

→ **Does he work** at a bank?
(그는 은행에서 일하니?)

► 의문사가 있는 일반동사의 의문문은 「의문사+do/does+주어+동사원형~?」의 순서로 쓴다.

What **do you do** after school?
(너는 방과 후에 무엇을 하니?)

Grammar **Test**

▶정답 및 해설 p.150

01 괄호 안에서 알맞은 말을 고르시오.

(1) I (am / are) a middle school student.

(2) Chris and Ryan (is / are) in the library.

(3) My room (am / is) very big.

02 괄호 안의 말을 이용하여 문장을 완성하시오.

(1) My dad ___________ math at a middle school. (teach)

(2) My grandparents ___________ on Jeju Island. (live)

(3) Yumi ___________ milk every morning. (drink)

TIPS

- math 명 수학
- grandparent 명 조부[모]
- island 명 섬

03 다음 문장을 영어로 바르게 옮긴 것을 고르시오.

Emily는 슬프지 않다.

① Emily is sad.

② Emily not is sad.

③ Emily is not sad.

④ Emily be not sad.

⑤ Emily does not sad.

04 빈칸에 들어갈 말이 바르게 짝지어진 것을 고르시오.

Jinho ___________ good eyesight. He ___________ glasses.

- eyesight 명 시력
- glasses 명 안경

① have - not wear

② have - don't wear

③ have - doesn't wear

④ has - don't wear

⑤ has - doesn't wear

05 다음 문장을 부정문으로 바꾸어 쓰시오.

(1) We are hungry now.

→ ____________________

(2) I know his phone number.

→ ____________________

(3) Dan goes to school by bus.

→ ____________________

TIPS

- hungry ⓗ 배고픈
- phone number 전화번호
- by bus 버스를 타고

06 다음 중 어법상 어색한 문장을 고르시오.

① Are they new students?

② The cat is under the bed.

③ Fred rides his bike very well.

④ Bill doesn't need a computer.

⑤ Does she washes her hair in the morning?

- ride ⓢ 타다
- bike ⓜ 자전거
- need ⓢ 필요로 하다
- wash one's hair 머리를 감다

07 다음 문장에서 틀린 부분을 찾아 어법에 맞게 고쳐 쓰시오.

(1) Owen always play basketball after school.

(2) Tina and Ellen takes a walk in the park every day.

(3) I don't am happy about my test scores.

- play basketball 농구를 하다
- after school 방과 후에
- take a walk 산책하다
- score ⓜ 점수

08 우리말과 같은 뜻이 되도록 괄호 안의 단어를 바르게 배열하시오.

(1) 이것은 나의 휴대전화가 아니다.

(is, cell phone, my, this, not)

→ ____________________.

(2) Philip은 너의 가장 친한 친구이니?

(your, Philip, best friend, is)

→ ____________________?

(3) 나의 누나는 판타지 소설을 읽지 않는다.

(does, my sister, fantasy novels, read, not)

→ ____________________.

- cell phone ⓜ 휴대전화 (=cellular phone)
- novel ⓜ 소설

▶정답 및 해설 p.151

● 교과서 내용을 떠올리며 빈칸에 알맞은 말을 써 봅시다.

My Friends on a World Map

Hello! ________ ________ ________ Juho.
내 이름은 ~이다.

I live in Seoul, Korea.

I have friends from all around the world.

They live in ________ ________,
다른 나라들

and they have ________ ________.
다른 관심사들

They all have online pages. Meet my friends!

Léo is from France.

He ________ ________.
요리를 좋아한다

He takes pictures of food.

He posts them on his online page.

I like food, so I ________ ________ his page.
종종 방문한다

Kanya ________ ________ Thailand.
~에 산다

She likes dramas, just like me.

She watches ________ ________ ________ Korean dramas.
많은

So she studies Korean. She ________ ________ ________ at it,
잘하지 못한다

but she practices hard.

TIPS

- around the world 전 세계에
- online 형 온라인의
- page 명 (컴퓨터 화면의) 페이지
- meet 동 만나다

- France 명 프랑스
- take a picture 사진을 찍다
- post 동 (웹사이트에 정보 등을) 올리다, 게시하다

- Thailand 명 태국
- drama 명 드라마
- like 전 ~처럼
- watch 동 보다
- Korean 명 한국인, *한국어
- practice 동 연습하다
- hard 부 열심히

Emma lives in Canada.

We both love animals.

I _________ _________ a pet, but she _________ a dog.
가지고 있지 않다 / 가지고 있다

His name is Max.

She walks him _________ _________.
매일 저녁

Santiago is from Argentina.

He _________ _________ for his school.
축구를 한다

He likes Lionel Messi.

I'm a fan of Messi, too.

We _________ _________ Messi and soccer a lot.
~에 대해 이야기한다

_________ _________ _________ an online page? Add me!
너는 ~을 가지고 있니?

TIPS

- Canada 명 캐나다
- both 대 둘 다
- animal 명 동물
- pet 명 애완동물
- walk 동 산책 시키다

- Argentina 명 아르헨티나
- fan 명 (영화, 스포츠, 유명인 등의) 팬

- add 동 추가[첨가]하다

Reading Test

▶정답 및 해설 p.151

TIPS

[01~02] 다음 글을 읽고, 물음에 답하시오.

Hello! My name is Juho.
I live in Seoul, Korea.
나는 전 세계에 친구들이 있어.
They live in different countries, and they have different interests.
They all have online pages.
Meet my friends!

01 밑줄 친 우리말과 같은 뜻이 되도록 괄호 안의 단어를 바르게 배열하시오.
(have, friends, around the world, all, from, I)

► 주어, 동사, 목적어를 먼저 쓰고, 그 말을 꾸며주는 말들을 뒤에 써준다.

02 위 글의 목적으로 가장 적절한 것을 고르시오.
① 주호라는 이름의 친구를 소개하려고
② 전 세계의 친구들을 사귀려고
③ 자신의 친구들을 소개하려고
④ 자신의 온라인 페이지를 홍보하려고
⑤ 중학생들의 관심사를 조사하려고

[03~04] 다음 글을 읽고, 물음에 답하시오.

Léo is from France.
He likes cooking.
(A) He posts them on his online page.
(B) He takes pictures of food.
(C) I like food, so I often visit his page.

03 위 글의 내용이 자연스럽게 이어지도록 (A)~(C)를 바르게 배열한 것을 고르시오.
① (A) - (B) - (C) ② (A) - (C) - (B) ③ (B) - (A) - (C)
④ (B) - (C) - (A) ⑤ (C) - (A) - (B)

► 대명사 them이 가리키는 것이 무엇인지 파악하면 좀 더 쉽게 답을 찾을 수 있다.

04 위 글의 내용과 일치하지 않는 것을 모두 고르시오.
① Léo는 프랑스인이다.
② Léo는 요리를 좋아한다.
③ Léo는 음식을 그림으로 그린다.
④ Léo는 온라인 페이지를 가지고 있다.
⑤ 글쓴이는 Léo의 집을 종종 방문한다.

[05~06] 다음 글을 읽고, 물음에 답하시오.

Kanya lives in Thailand.
She likes dramas, just like me.
She ⓐ watch a lot of Korean dramas.
So she ⓑ study Korean. She is not good at it, but she practices hard.

05 위 글에서 Kanya에 관해 언급되지 않은 것을 고르시오.

① 사는 곳 ② 취미 ③ 가장 좋아하는 드라마
④ 한국어를 공부하는 이유 ⑤ 한국어 실력

06 밑줄 친 ⓐ와 ⓑ를 알맞은 형태로 고쳐 쓰시오.

ⓐ ________ ⓑ ________

[07~08] 다음 글을 읽고, 물음에 답하시오.

Emma lives in Canada. (①)
We both ⓐ love animals.
I don't have a pet, but she has a dog. (②)
His name is Max.
She walks him every evening. (③)

Santiago ⓑ is from Argentina.
He ⓒ plays soccer for his school. (④)
I'm a fan of Messi, too.
We ⓓ talk about Messi and soccer a lot.

ⓔ Are you have an online page? (⑤) Add me!

07 글의 흐름상 다음 문장이 들어가기에 가장 적절한 곳을 고르시오.

He likes Lionel Messi.

① ② ③ ④ ⑤

08 밑줄 친 ⓐ~ⓔ 중 어법상 어색한 것을 고르시오.

① ⓐ ② ⓑ ③ ⓒ ④ ⓓ ⑤ ⓔ

TIPS

▶ 보기에 해당하는 내용을 찾아 하나씩 소거해가며 답을 찾는다.

▶ 주어의 인칭과 수에 따라 동사의 형태가 결정된다.

▶ 주어진 문장을 각 위치에 넣어서 자연스럽게 이어지는지 확인해본다.

Review Test 1

▶정답 및 해설 p.152

01 단어의 뜻이 바르게 연결되지 않은 것을 고르시오.

① visit – 방문하다
② classmate – 반 친구
③ add – (웹사이트에 정보를) 올리다
④ interesting – 재미있는
⑤ practice – 연습하다

02 빈칸에 공통으로 들어갈 말로 알맞은 것을 고르시오.

Jaehoon and I are both from Korea.
My ________ is Suwon, and Jaehoon's ________ is Gwangju.

① member ② country ③ history
④ subject ⑤ hometown

주관식

03 다음 단어들을 모두 포함하는 단어를 쓰시오.

tiger giraffe bear cat elephant

04 대화의 빈칸에 들어갈 말로 알맞지 않은 것을 고르시오.

A: Hi, my name is Ian. ________ to meet you.
B: Hi, Ian. I'm Greg. ________ to meet you, too.

① Nice ② Happy ③ Sad
④ Glad ⑤ Pleased

05 대화의 빈칸에 들어갈 말로 적절한 것을 고르시오.

A: Hi, my name is Sumi. Glad to meet you.
B: Hi, Sumi. I'm Erica. Glad to meet you, too. I'm from Taipei, Taiwan. What about you?
A: ______________________

① It's my favorite city.
② Where are you from?
③ I'm from Seoul, Korea.
④ This is my friend, Olivia.
⑤ I study Korean, just like you.

주관식

06 두 문장이 같은 뜻이 되도록 빈칸에 알맞은 말을 쓰시오.

Where are you from?
= Where ________ you ________ from?

[07-08] 다음 대화를 읽고, 물음에 답하시오.

A: What is our first class today?
B: It's science. I don't like science. But we have history class today, too. I can't wait!
A: Do you like history?
B: Yes. It's my favorite subject. What about you? What is your favorite subject?
A: I like math. It's really interesting.
B: That's good. We also have math after history class today.

07 위 대화의 주제로 가장 적절한 것을 고르시오.

① a math test
② new teachers
③ favorite subjects
④ the first day of school
⑤ homework for science class

08 위 대화의 내용과 일치하는 것을 고르시오.

① A는 역사를 싫어한다.
② B는 과학을 좋아한다.
③ 오늘의 첫 수업은 역사이다.
④ 역사 수업 전에 수학 수업이 있다.
⑤ A는 수학이 재미있다고 생각한다.

[09-10] 다음 중 어법상 어색한 문장을 고르시오.

09 ① Maxim is Russian.
② Do you cook at home?
③ She goes to bed very late.
④ Mary have beautiful green eyes.
⑤ They often write emails to Alice.

10 ① Are you thirsty now?
② Jim and his brother is tall.
③ We study English together.
④ My dog sleeps on my bed.
⑤ This bus comes from City Hall.

11 빈칸에 들어갈 말이 알맞게 짝지어진 것을 고르시오.

- James and his girlfriend ________ very kind.
- ________ they your classmates?
- Sujin ________ not drink a lot of water.

① am – Are – do
② is – Do – does
③ are – Are – does
④ is – Does – is
⑤ are – Do – do

12 다음 문장을 영어로 바르게 옮긴 것을 고르시오.

그는 영어를 잘 하지 못한다.

① He not is good at English.
② He is not good at English.
③ He do not good at English.
④ He does not good at English.
⑤ He does not be good at English.

[13-14] **다음 글을 읽고, 물음에 답하시오.**

Hello! My name is Juho.
I live in Seoul, Korea.
I have friends from all around the world.
They live in different countries,
and they have different interests.
They all have online pages. Meet my friends!

13 위 글 다음에 이어질 내용으로 적절한 것을 고르시오.

① 주호가 사는 동네 소개
② 주호가 다녀온 나라들 소개
③ 주호의 다양한 관심사 소개
④ 주호의 온라인 홈페이지 소개
⑤ 주호의 여러 외국 친구들 소개

14 위 글의 내용과 일치하지 않는 것을 고르시오.

① 글쓴이의 이름은 주호이다.
② 글쓴이는 서울에 산다.
③ 글쓴이는 전 세계에 친구들이 있다.
④ 글쓴이의 친구들은 같은 관심사를 가지고 있다.
⑤ 글쓴이의 친구들은 모두 온라인 페이지가 있다.

[15-17] 다음 글을 읽고, 물음에 답하시오.

Léo is ___(A)___ France.
He likes cooking. (①)
He takes pictures of food.
He posts <u>them</u> on his online page. (②)
I like food, so I often visit his page. (③)

Kanya lives ___(B)___ Thailand.
She likes dramas, just like me. (④)
So she studies Korean. She is not good ___(C)___ it, but she practices hard. (⑤)

15 빈칸 (A), (B), (C)에 들어갈 말이 바르게 짝지어진 것을 고르시오.

	(A)		(B)		(C)
①	in	–	at	–	on
②	from	–	in	–	at
③	at	–	from	–	at
④	in	–	in	–	for
⑤	from	–	at	–	for

16 글의 흐름상 다음 문장이 들어가기에 가장 적절한 곳을 고르시오.

> She watches a lot of Korean dramas.

① ② ③ ④ ⑤

주관식

17 밑줄 친 <u>them</u>이 가리키는 것을 위 글에서 찾아 쓰시오. (세 단어)

[18-20] 다음 글을 읽고, 물음에 답하시오.

Emma lives in Canada.
We ⓐ ________ love animals.
I don't have a pet, but she (A) [have / has] a dog.
(B) [He / His] name is Max.
<u>She walks him every evening.</u>

Santiago is from Argentina.
He (C) [plays / playes] soccer for his school.
He likes Lionel Messi.
I'm a fan of Messi, too.
We talk about Messi and soccer a lot.

Do you have an online page? Add me!

18 빈칸 ⓐ에 들어갈 말로 가장 알맞은 것을 고르시오.

① are ② doesn't ③ too
④ not ⑤ both

19 (A), (B), (C)의 각 네모 안에서 어법에 맞는 표현으로 알맞은 것을 고르시오.

	(A)		(B)		(C)
①	have	–	His	–	plays
②	have	–	He	–	playes
③	has	–	He	–	playes
④	has	–	His	–	playes
⑤	has	–	His	–	plays

주관식

20 밑줄 친 부분을 우리말로 옮겨 쓰시오.

서술형 평가

▶정답 및 해설 p.153

01 다음 설문지를 보고, 문장을 완성하시오.

	Mijin	Justin
Where are you from?	Korea	U.S.
Are you a middle school student?	Yes	Yes
Do you do your homework before 6 p.m.?	No	Yes

(1) Justin ________________ from Korea.

(2) Mijin and Justin ________________ students.

(3) Mijin ________________ her homework before 6 p.m.

(4) Justin ________________ his homework before 6 p.m.

02 다음 답변에 알맞은 질문을 쓰시오.

(1) A: ________________________________?
B: My favorite sport is tennis.

(2) A: ________________________________?
B: I'm from Peru.

03 다음 대화에서 어법상 어색한 부분을 찾아 바르게 고쳐 쓰시오. (2개)

A: Hi, Jack. How are you?
B: Good. Thanks. Linda, that is my friend, Joe.
A: Hi, Joe. I'm Linda. I'm Jack's classmate.
C: Hi, Linda. Nice meet you.

(1) ________________ → ________________

(2) ________________ → ________________

04 다음 우리말을 상자 안의 말을 이용하여 영어로 옮기시오.

a fan of　basketball　eat　cucumbers

(1) 나는 농구팬이다.
→ ________________________________

(2) 나는 오이를 먹지 않는다.
→ ________________________________

05 다음 글을 읽고, 상자 안의 말을 이용하여 Elena를 다른 사람에게 소개하는 글을 완성하시오.

Hello! My name is Elena. I'm from Rome, Italy. I like Korean food. My favorite food is *Gimbap*. I often make Korean food for my family and friends. They like it. I love cooking!

hometown　like　most　good

This is my friend, Elena.
__________ __________ is Rome, Italy.
She __________ *Gimbap* __________.
Also, she is __________ __________ cooking.
Elena's family and friends __________ her food very much.

Review Test 2

▶정답 및 해설 p.154

01 단어의 뜻이 바르게 연결되지 않은 것을 고르시오.

① pet – 애완동물
② popular – 아주 맛있는
③ exercise – 운동
④ favorite – 매우 좋아하는
⑤ different – 다른

주관식

02 다음 단어들을 모두 포함하는 단어를 쓰시오.

Germany	Korea	Canada	Argentina

03 다음 영영풀이에 해당하는 단어를 고르시오.

> to do something again and again to become better at it

① meet ② visit ③ watch
④ practice ⑤ walk

04 대화의 빈칸에 들어갈 말로 적절한 것을 고르시오.

> A: What is your favorite animal?
> B: ______________________.

① I don't have a dog.
② That's interesting!
③ I love chocolate cake.
④ I like zebras very much.
⑤ My favorite fruit is apple.

주관식

05 대화가 자연스럽게 이어지도록 (A)~(D)를 바르게 배열하시오.

> (A) That's great! What is your favorite K-pop song?
> (B) Yes, I love K-pop. I watch a lot of K-pop music videos.
> (C) My favorite song is "I Need U" by BTS.
> (D) Helen, do you like K-pop?

06 대화의 흐름상 아래 문장이 들어가기에 가장 적절한 곳을 고르시오.

> A: Hello, Sejin.
> B: Oh, hi, Daniel. This is my friend, Yui. (①) She is in my book club.
> A: Hi, Yui. My name is Daniel. I'm Sejin's classmate. (②) Glad to meet you.
> C: Glad to meet you, too, Daniel. (③)
> A: Yui, where are you from? (④)
> C: I'm from Japan. (⑤)
> A: I'm from Madrid, Spain.

> What about you?

① ② ③ ④ ⑤

07 다음 중 짝지어진 대화가 어색한 것을 고르시오.

① A: Nice to meet you.
B: Pleased to meet you, too.
② A: This is my sister, Erica.
B: Hi, Erica. Glad to meet you. I'm Colin.
③ A: What is your favorite food?
B: I love ramen most.
④ A: Do you like history novels?
B: Novels are in section A.
⑤ A: Where do you come from?
B: I'm from Singapore.

08 다음 문장을 영어로 바르게 옮긴 것을 고르시오.

그녀는 운동화를 신지 않는다.

① She not wear sneakers.
② She wears not sneakers.
③ She is not wear sneakers.
④ She do not wear sneakers.
⑤ She does not wear sneakers.

[09-10] 다음 중 어법상 어색한 문장을 고르시오.

09 ① Do you 14 years old?
② Henry is good at tennis.
③ I watch TV with my family.
④ She sometimes buys flowers.
⑤ Mr. Davison is not my science teacher.

10 ① This soup is very hot.
② She draws pictures every day.
③ Some animals aren't sleep at night.
④ I always listen to the radio in the bus.
⑤ Mr. Cruz grows a lot of trees in his garden.

주관식

11 다음 밑줄 친 부분을 어법에 맞게 고쳐 쓰시오.

My father works for a bank. He (1) go to work at 7 a.m. and comes home around 6 p.m. every day. He (2) isn't work on Saturdays and Sundays.

[12-13] 다음 글을 읽고, 물음에 답하시오.

Hello! (①) My name is Juho. (②)
I live in Seoul, Korea. (③)
They live in different countries,
and 그들은 다른 관심사를 가지고 있다. (④)
They all have online pages. (⑤) Meet my friends!

12 글의 흐름상 다음 문장이 들어가기에 가장 적절한 곳을 고르시오.

I have friends from all around the world.

① ② ③ ④ ⑤

주관식

13 밑줄 친 우리말과 같은 뜻이 되도록 괄호 안의 단어를 바르게 배열하시오.

(different, they, interests, have)

[14-15] 다음 글을 읽고, 물음에 답하시오.

Léo (A) is / are from France.
He likes cooking.
He (B) take / takes pictures of food.
He ________ them on his online page.
I like food, so I often (C) visit / visits his page.

14 글의 흐름상 빈칸에 들어가기에 가장 알맞은 말을 고르시오.

① lives ② makes ③ posts
④ goes ⑤ has

15 (A), (B), (C)의 각 네모 안에서 어법에 맞는 표현으로 알맞은 것을 고르시오.

	(A)		(B)		(C)
①	is	–	take	–	visits
②	is	–	takes	–	visit
③	is	–	takes	–	visits
④	are	–	take	–	visits
⑤	are	–	takes	–	visit

[16-18] **다음 글을 읽고, 물음에 답하시오.**

Kanya lives in Thailand.
She ⓐ like dramas, just ⓑ like me.
She watches a lot of Korean dramas.
So she studies Korean. She is not good at (A) it, but she practices (B) hard.

주관식

16 밑줄 친 ⓐ, ⓑ를 각각 알맞은 형태로 쓰시오. (형태를 바꿀 필요가 없으면 그대로 쓸 것)

ⓐ ____________________

ⓑ ____________________

주관식

17 밑줄 친 (A) it이 가리키는 것을 위 글에서 찾아 쓰시오. (한 단어)

18 밑줄 친 (B) hard와 같은 의미로 쓰인 것을 고르시오.

① Science tests are hard.
② Turtles have hard shells.
③ This bread is dry and hard.
④ Steve doesn't study very hard.
⑤ All the questions on this page are hard.

[19-20] **다음 글을 읽고, 물음에 답하시오.**

Emma ⓐ live in Canada.
We both love animals.
I ⓑ don't have a pet, but she has a dog.
His name is Max.
She ⓒ walks him every evening.

Santiago is from Argentina.
He plays soccer for his school.
He likes Lionel Messi.
I'm a fan of Messi, too.
We ⓓ talk about Messi and soccer a lot.

Do you ⓔ have an online page? Add me!

19 위 글을 읽고 답할 수 없는 질문을 고르시오.

① Does Emma like animals?
② What does Emma do with Max?
③ What do Emma and Santiago talk about?
④ Is Santiago a Lionel Messi fan?
⑤ What does Santiago do for his school?

20 밑줄 친 ⓐ~ⓔ 중 어법상 어색한 것을 고르시오.

① ⓐ　② ⓑ　③ ⓒ　④ ⓓ　⑤ ⓔ

서술형 평가

▶정답 및 해설 p.156

01 다음 사진을 보고, 상자 안의 말을 이용하여 자신을 소개하는 말을 완성해 봅시다.

from	speak

Hi, my name is Eva. I __________ __________ Canada. Many Canadians speak English, but I __________ __________ English. In my hometown, people __________ French.

02 가장 좋아하는 것들에 관한 다음 표를 보고, 질문에 대한 답을 쓰시오. (완전한 문장으로 쓸 것)

	color	food
Jane	yellow	pasta
Ted	black	hamburgers

(1) What is Jane's favorite color?
→ ______________________________

(2) Does Ted like hamburgers?
→ ______________________________

(3) Is pasta Ted's favorite food?
→ ______________________________

03 다음 대화의 빈칸에 공통으로 들어갈 수 있는 말을 쓰시오.

A: Hi, my name is Grace. I'm from England.
B: Hi, Grace. I'm Yosiko. I'm from Japan.
______________________________.
A: ______________________________, too.

04 다음 대화에서 어법상 틀린 부분을 찾아 바르게 고쳐 쓰시오. (2개)

A: Does you like sports, Jihee?
B: Yes, I love sports.
A: What is your favorite sport?
B: I like badminton most. What about you, Thomas?
A: Baseball is my favorite sport. I plays baseball with my friends every evening.

(1) ______________ → ______________

(2) ______________ → ______________

05 다음 글을 읽고, Léo와 Kanya의 대화를 완성하시오.

Léo is from France.
He likes cooking. He posts pictures of food on his online page.
Kanya lives in Thailand.
She likes Korean dramas. So she studies Korean. She is not good at it, but she practices hard.

Léo: Hi, my name is Léo.
Kanya: I'm Kanya. I'm from Thailand. What about you?
Léo: (1) ______________________.
Kanya: Do you have an online page?
Léo: Yes. (2) ______________________ on my online page. I like cooking.
Kanya: That's nice. I like Korean dramas.
Léo: Do you speak Korean?
Kanya: Yes. I study Korean. (3) __________ __________ it, but I practice hard.

쉬어가는 페이지

세계에서 가장 오래된 대학들은 어디일까요?

University of Bologna 볼로냐 대학교

이탈리아의 볼로냐에 소재한 볼로냐 대학은 1088년에 개교한 세계에서 가장 오랜 역사를 가진 대학이다. 법학, 의학, 철학, 신학 등의 교육을 실시하였으며, 특히 의학부가 세계 최초로 해부학을 가르친 것으로 유명하다. 23개의 학부와 단과대학으로 구성되어 있으며 도서관, 유럽 박물관, 전자체계연구센터, 암 연구센터 등의 부속 기관을 운영한다.

University of Oxford 옥스퍼드 대학교

정확한 개교일은 밝혀지지 않았지만 1096년에 강의한 기록이 발견되어 영어권 국가에서 가장 오래된 대학으로 여겨진다. 38개의 단과대학으로 구성되어 있으며 이는 독립적으로 운영된다. 유명 물리학자인 스티븐 호킹을 비롯해 27명의 영국 총리와 47명의 노벨상 수상자 등 많은 인재들을 배출하여 학교의 명성을 알렸다.

University of Salamanca 살라망카 대학교

스페인의 살라망카에 위치한 살라망카 대학교는 1254년 유럽에서 최초로 대학교 자격을 취득했다. 약 2,500개의 학과가 있으며 그 중 스페인어 강좌가 유명하여 많은 외국 학생들이 이곳에서 공부한다. 오랜 역사와 가치를 인정받아 1988년에 살라망카의 구시가지와 함께 유네스코 세계 유산에 등록되었다.

University of Paris 파리 대학교

12세기 프랑스 파리에 설립되었으며 예술, 의학, 법학, 신학의 4개 학부로 구성되어 있었다. 프랑스 혁명으로 인해 쇠퇴했으나 20세기에 다시 발전하기 시작하였다. 그러나 교육제도가 개편되면서 1970년대에 파리 대학교는 해체되어 13개의 독립 대학으로 나뉘었다. 제1대학부터 제9대학까지 파리 시내에 있으며 제10대학부터 제13대학은 파리 근교에 있다.

Discover Your Culture

Functions

계획 묻고 답하기

A: **What are you going to do** on your birthday?
B: I'**m going to have** a party.

장소 설명하기

There are many wonderful places in Korea.

Forms

- I'**m enjoying** my trip to Korea.
- You **can** learn about Korea from them.
- We **will** play it together later.

Words & Phrases

● 자신이 알고 있는 단어와 표현에 표시(V)해 봅시다.

Words

- ☐ **about** [əbáut] ㉹ 약, ~쯤
- ☐ **after** [ǽftər] ㉾ 후에
- ☐ **afternoon** [ǽːftərnúːn] ㉻ 오후
- ☐ **again** [əgén] ㉹ 다시, 또
- ☐ **amusement park** 놀이공원
- ☐ **artist** [áːrtist] ㉻ 예술가, 장인
- ☐ **bamboo** [bæmbúː] ㉻ 대나무
- ☐ **beach** [biːtʃ] ㉻ 해변
- ☐ **birthday** [bə́ːrθdèi] ㉻ 생일
- ☐ **celebrate** [séləbrèit] ㉶ 기념하다, 축하하다
- ☐ **combination** [kàmbənéiʃən] ㉻ 조합
- ☐ **decide** [disáid] ㉶ 결정하다
- ☐ **draw** [drɔː] ㉶ 그리다
- ☐ **during** [djú(ː)əriŋ] ㉾ ~동안
- ☐ **enjoy** [indʒɔ́i] ㉶ 즐기다
- ☐ **famous** [féiməs] ㉼ 유명한
- ☐ **gift** [gift] ㉻ 선물
- ☐ **holiday** [hálədèi] ㉻ 연휴, 휴일
- ☐ **leave** [liːv] ㉶ 떠나다
- ☐ **mean** [miːn] ㉶ 의미하다
- ☐ **move** [muːv] ㉻ 이동 ㉶ 움직이다
- ☐ **museum** [mju(ː)zí(ː)əm] ㉻ 박물관
- ☐ **palace** [pǽlis] ㉻ 궁전
- ☐ **place** [pleis] ㉻ 장소
- ☐ **plan** [plæn] ㉻ 계획 ㉶ 계획하다
- ☐ **sell** [sel] ㉶ 팔다
- ☐ **send** [send] ㉶ 보내다
- ☐ **special** [spéʃəl] ㉼ 특별한
- ☐ **spirit** [spírit] ㉻ 정신, 영혼
- ☐ **stick** [stik] ㉻ 막대
- ☐ **store** [stɔːr] ㉻ 상점
- ☐ **symbol** [símbəl] ㉻ 상징
- ☐ **Thanksgiving** [θæŋksgíviŋ] ㉻ 추수감사절
- ☐ **throw** [θrou] ㉶ 던지다
- ☐ **together** [təgéðər] ㉹ 함께
- ☐ **tourist** [tú(ː)ərist] ㉻ 관광객
- ☐ **traditional** [trədíʃənəl] ㉼ 전통의, 전통적인
- ☐ **usually** [júːʒuəli] ㉹ 보통
- ☐ **vacation** [veikéiʃən] ㉻ 방학, 휴가
- ☐ **welcome** [wélkəm] ㉶ 환영하다

Phrases

- ☐ **eat out** 외식하다
- ☐ **for free** 무료로
- ☐ **go hiking** 하이킹 가다
- ☐ **have a party** 파티를 하다
- ☐ **have fun** 즐겁게 보내다
- ☐ **take a trip** 여행을 가다

Check up

● 다음 영어를 우리말로, 우리말을 영어로 써 봅시다.

▶정답 p.156

영어 단어	우리말 뜻	영어 단어	우리말 뜻
beach	01	06	의미하다
spirit	02	07	예술가
usually	03	08	그리다
again	04	09	전통의
eat out	05	10	특별한

Word Test

▶정답 및 해설 p.157

01 단어의 관계가 같도록 빈칸에 알맞은 말을 쓰시오.

(1) before : after = buy : ___________

(2) shop : store = holiday : ___________

02 다음 빈칸에 공통으로 들어갈 말을 쓰시오.

- I ___________ a younger sister.
- We will ___________ fun at the amusement park today.
- She is going to ___________ a party on her birthday.

03 우리말과 같은 뜻이 되도록 빈칸에 알맞은 말을 쓰시오.

(1) Suzy will ___________ China tomorrow.
(수지는 내일 중국을 떠날 것이다.)

(2) We can ride the bus ___________ ___________ today.
(우리는 오늘 버스를 무료로 탈 수 있다.)

(3) What are you going to do ___________ the summer?
(너는 여름 동안 무엇을 할거니?)

04 빈칸에 알맞은 말을 보기에서 골라 쓰시오.

보기	celebrate	send	about	together

(1) I will ___________ this letter to Yuna.

(2) My family goes on vacation ___________.

(3) There are ___________ 20 stores on this street.

(4) Americans ___________ Christmas at home.

05 단어의 성격이 나머지와 다른 것을 고르시오.

① palace ② theater ③ museum
④ combination ⑤ amusement park

TIPS

- shop 명 가게, 상점
- younger sister 여동생
- ride 동 타다, 타고 가다
- letter 명 편지
- theater 명 극장

Functions

A 계획 묻고 답하기

A: What are you going to do this Sunday?
(너는 이번 일요일에 무엇을 할 예정이니?)

B: I'm going to bake some cookies.
(나는 쿠키를 좀 구울 예정이야.)

◆ **계획 묻기**

1) 상대의 계획을 물을 때 「be going to+동사원형」을 이용할 수 있다. '~할 예정이다', '~할 것이다'라는 의미를 나타낸다.
2) Do you have any plans (for[on] ~)?를 써서 '(~에) 계획이 있니?'라고 물어볼 수도 있다.

◆ **계획을 묻는 질문에 답하기**

미래에 예정된 일에 대해 답할 때 「be going to+동사원형」을 쓴다. going 대신 planning을 쓸 수도 있다.

예시 대화

1. **A:** What are you planning to do in Paris? (너희는 파리에서 무엇을 할 계획이니?)
   B: We're going to visit Monmartre. (우리는 몽마르트르 언덕을 방문할 예정이야.)
2. **A:** Do you have any plans for Christmas? (너는 크리스마스에 계획이 있니?)
   B: I'm going to make a Christmas tree. (나는 크리스마스 트리를 만들 예정이야.)

표현 plus

► 「be going to+동사원형」에서 be동사는 주어의 인칭과 수에 따라 am/are/is를 쓴다.
My cousin is going to come to my house tomorrow. We are going to play soccer.
(내 사촌이 내일 우리집에 올 예정이다. 우리는 축구를 할 예정이다.)

► 부정문: 「be동사+not+going to+동사원형」
I'm not going to go to the library this Sunday.
(나는 이번 일요일에는 도서관에 가지 않을 예정이야.)

B 장소 설명하기

A: Is there a famous place in Toronto?
(토론토에는 유명한 장소가 있니?)

B: There is a tall tower in Toronto. Many people go there.
(토론토에는 높은 타워가 하나 있어. 많은 사람들이 그곳을 가.)

1) 어떠한 장소를 설명할 때는 '~가 있다'라는 의미의 There is/are ~를 이용한다. be동사 뒤에 나오는 명사가 단수형이면 is, 복수형이면 are를 쓴다. 여기서 there는 '저기'라고 해석하지 않는다.
2) 부정문: There is/are not ~ (~가 없다)
   의문문: Is/Are there ~? (~가 있니?)

예시 대화

A: Are there any restaurants near the beach? (해변 근처에 식당들이 있니?)
B: Yes, there are many seafood restaurants. (응, 많은 해산물 식당이 있어.)

표현 plus

► Is/Are there ~?에 대한 응답은 Yes, there is/are. 또는 No, there isn't/aren't.로 할 수 있다.
A: Is there a subway station near here?
(이 근처에 지하철 역이 있니?)
B: No, there isn't.
(아니, 없어.)

Functions Test

▶정답 및 해설 p.157

01 다음 대화의 괄호 안에서 알맞은 말을 고르시오.

(1) A: Do you have any plans for tomorrow?
B: I am going (stay / to stay) at home and watch TV.

(2) A: There (is / are) a bookstore in this building.
B: Let's go there.

(3) A: What are you going to do during the weekend?
B: I'm (plan / planning) to go camping.

(4) A: Excuse me, (there is / is there) a public restroom near here?
B: No, there isn't.

TIPS
- stay ⓢ 머무르다
- during ⓙ ~동안에
- bookstore ⓜ 서점
- excuse me 실례합니다
- public restroom 공중 화장실
- near ⓗ 가까운

02 대화의 빈칸에 들어갈 말로 적절하지 <u>않은</u> 것을 고르시오.

> A: What are you going to do this Saturday?
> B: ______________________________

① I'm going to meet Tim.
② I don't have any plans.
③ That sounds wonderful.
④ I'm planning to buy some clothes.
⑤ It's my birthday, so I'm going to eat out.

- Saturday ⓜ 토요일
- clothes ⓜ 옷

03 대화가 자연스럽게 이어지도록 (A)~(D)를 바르게 배열하시오.

> (A) Yes. I'm going to visit Boryeong.
> (B) I'm going to enjoy the Mud Festival.
> (C) Wonderful! What are you going to do there?
> (D) Do you have any plans for this summer vacation?

- mud ⓜ 진흙
- festival ⓜ 축제

04 우리말과 같은 뜻이 되도록 빈칸에 알맞은 말을 쓰시오.

(1) A: What are Chris and Jim going to do this afternoon?
(Chris와 Jim은 오늘 오후에 무엇을 할 예정이니?)
B: They ________ ________ ________ ________ math together.
(그들은 함께 수학 공부를 할 예정이야.)

(2) A: ________ ________ any ice cream shops in this town?
(이 동네에는 아이스크림 가게들이 있니?)
B: Yes, ________ ________ two shops.
(응, 두 개의 가게가 있어.)

- afternoon ⓜ 오후
- shop ⓜ 가게

▶정답 및 해설 p.157

교과서 내용을 떠올리며 빈칸에 알맞은 말을 써 봅시다.

Listen & Talk 1

1

B What are you going to do on your birthday?

G I'm going to ________ ________ (영화를 보러 가다) ________ ________.

2

G Do you have any plans for Children's Day?

B Yes. I'm going to go to Children's Park.

G That's nice. ________ are you ________ (무엇을 할 예정이니) ________ ________ there?

B I'm going to watch a musical there. It's at the concert hall that afternoon.

G Great. ________ ________ (재미있게 보내)!

3

B Julie, Thanksgiving is next week, right?

G Yes, Yunho. It's a big ________ (휴일) in the US.

B What are you going to do for Thanksgiving?

G I'm ________ ________ ________ (방문할 예정이야) my grandparents. We have dinner together ________ ________ (매년). My grandmother cooks a big turkey.

B That's nice. Do you have any other plans?

G I'm going to ________ ________ (쇼핑을 가다). Stores have big sales on the day after Thanksgiving.

B That sounds good.

Listen & Talk 2

1

G What are you going to do this ________ (여름 방학) ________?

B I'm going to visit Turkey. There is a beautiful palace there.

2

G I'm going to ________ ________ (여행을 가다) ________ to Sokcho this weekend.

B Wow! What are you going to do there?

G First, I'm going to eat fresh fish. There is a good fish market in Sokcho, so I'm going to visit it.

B That sounds great. Are you ________ (갈 예정이니) ________ ________ to the beach, too?

G No. I'm going to ________ ________ (하이킹을 하다). There is a famous mountain, Seoraksan, there.

3

G I'm finally in London! It's wonderful, Josh.

B Welcome, Sumin. I'll show you around.

G Thank you. Are there any good places for ________ (관광객들) in London?

B Yes, there are many great museums here. We're going to visit the British Museum first.

G Okay. What ________ I ________ (볼 수 있니) there?

B There are a lot of historical things from around the world. You can see them ________ ________ (무료로).

G Great. I'm so excited!

A 현재진행형

I'm **enjoying** my trip to Korea. (나는 한국 여행을 즐기고 있다.)

Jessica **is listening** to music. (Jessica는 음악을 듣고 있다.)

The children **are making** sand castles. (그 아이들은 모래성을 만들고 있다.)

1) 지금 일어나고 있는 일이나 하고 있는 동작을 나타낼 때는 현재진행형인 「be동사의 현재형+v-ing」을 쓰며 '~하고 있다'로 해석한다.

2) 부정문: 「be동사 현재형+not+v-ing」 (~하고 있지 않다)
의문문: 「be동사 현재형+주어+v-ing?」 (~하고 있니?)

예문

My mother **is talking** with my aunt over the phone.
(어머니는 전화로 이모와 이야기를 하고 계신다.)

Sam and Eric **are not studying**. They **are chatting**.
(Sam과 Eric은 공부를 하고 있지 않다. 그들은 수다를 떨고 있다.)

A: **Are** you **doing** your homework right now? (너는 지금 숙제를 하고 있니?)
B: Yes, I am. (응, 그래.) / No, I'm not. (아니, 그렇지 않아.)

Grammar Plus

▸ v-ing 형태는 동사에 따라 다르다.
[일반적인 경우] 동사원형+-ing
do – doing, read – reading
[-e로 끝나는 동사] e를 빼고 +-ing
make – making,
come – coming
[단모음+단자음으로 끝나는 동사] 자음을 한번 더 쓰고 +-ing
put – putting, run – running
[-ie로 끝나는 동사] -ie를 y로 바꾸고 +-ing
lie – lying, die – dying

B 조동사 can과 will

You **can learn** about Korea. (당신은 한국에 대해 배울 수 있다.)

We **will play** it together later. (우리는 나중에 그것을 함께 할 것이다.)

I **can throw** balls very far. (나는 공을 매우 멀리 던질 수 있다.)

They **will be** home by six o'clock. (그들은 6시까지 집에 올 것이다.)

can과 will은 조동사로 동사의 앞에 쓰여 뜻을 더해준다. 조동사는 주어의 인칭과 수에 따라 형태가 변하지 않으며, 뒤에는 항상 동사원형이 온다.

1) can은 '~할 수 있다'라는 의미로 능력, 가능의 뜻을 나타내며, be able to와 바꿔 쓸 수 있다. 부정형은 cannot 또는 줄임말인 can't로 쓴다.

2) will은 '~할 것이다'라는 의미로 미래에 대한 예측이나 의지를 나타낸다. 부정형은 will not 또는 줄임말인 won't로 쓴다.

예문

Emily **can play** the violin. = Emily **is able to play** the violin.
(Emily는 바이올린을 켤 수 있다.)

I **can't[cannot] remember** her. = I'**m not able to remember** her.
(나는 그녀를 기억할 수가 없다.)

I **will take care** of my brother tomorrow. (나는 내일 내 남동생을 돌볼 것이다.)
My parents **won't[will not] buy** this house. (나의 부모님은 이 집을 사지 않으실 것이다.)

Grammar Plus

▸ 조동사의 의문형은 「조동사+주어+동사원형~?」 어순으로 쓴다. 응답 시 긍정은 「Yes, 주어+조동사」, 부정은 「No, 주어+조동사+not」로 나타낸다.

A: **Can** you **run** fast?
(너는 빨리 달릴 수 있니?)
B: **Yes, I can.** (응, 할 수 있어.)
/ **No, I can't.** (아니, 할 수 없어.)
A: **Will** you **come** to the party?
(너는 파티에 올 거니?)
B: **Yes, I will.** (응, 그럴 거야.)
/ **No, I won't.** (아니, 그러지 않을 거야.)

Grammar Test

▶정답 및 해설 p.157

01 괄호 안에서 알맞은 말을 고르시오.

(1) The little girl (sitting / is sitting) in the playground.

(2) Fans (are take / are taking) photos of the singer.

(3) Nate (can draw / cans draw) cartoons very well.

(4) We (not will / will not) make the same mistake again.

TIPS

- playground 명 놀이터
- take a photo 사진을 찍다
- cartoon 명 만화
- make a mistake 실수하다
- same 형 같은

02 우리말과 같은 뜻이 되도록 괄호 안의 단어를 이용하여 문장을 완성하시오.

(1) 사람들은 지금 기차를 기다리고 있다. (wait for)

→ People ___________ ___________ ___________ the train now.

(2) Tim은 이 컴퓨터를 고칠 수 있다. (fix)

→ Tim ___________ ___________ this computer.

(3) 우리는 식료품점에서 과일을 좀 살 것이다. (buy)

→ We ___________ ___________ some fruit at a grocery store.

- train 명 기차
- fix 동 고정시키다, *수리하다
- grocery store 식료품점, 슈퍼마켓

03 다음 우리말을 영어로 옮길 때 빈칸에 알맞은 표현을 모두 고르시오.

> 나의 할아버지는 차를 운전하지 못하신다.
> → My grandfather ___________________ a car.

① drive

② can drive

③ can't drive

④ is going to drive

⑤ is not able to drive

- grandfather 명 할아버지
- drive 동 운전하다

04 다음 문장을 영어로 바르게 옮긴 것을 고르시오.

> 그는 지금 자전거를 타고 있는 중이니?

① He riding his bike now?

② Does he ride his bike now?

③ He will ride his bike now?

④ Is he riding his bike now?

⑤ Does he riding his bike now?

- ride a bike 자전거를 타다

05 다음 문장에서 틀린 부분을 찾아 어법에 맞게 고쳐 쓰시오.

(1) Adam will goes to bed early tonight.

(2) Can watch you horror movies?

(3) He is choose a gift for his mother now.

TIPS
- go to bed 잠자리에 들다
- early ㉾ 일찍
- choose ㉺ 고르다
- gift ㊊ 선물

06 다음 중 어법상 어색한 문장을 고르시오.

① Jason is locking the door.

② She can't play the piano.

③ I will take a shower after yoga class.

④ Daniel won't is late for school tomorrow.

⑤ He is able to read the newspaper in English.

- lock ㉺ 잠그다
- take a shower 샤워를 하다
- be late for ~에 늦다
- newspaper ㊊ 신문

07 다음 글에서 밑줄 친 부분을 어법에 맞게 고쳐 쓰시오.

> (1) I going to the library now. The library is not close from my house, but I (2) will take not a bus. I can get there on foot.

(1) ____________ (2) ____________

- library ㊊ 도서관
- close ㉺ 닫다 *㉻ 가까운
- take a bus 버스를 타다
- on foot 걸어서

08 우리말과 같은 뜻이 되도록 괄호 안의 단어를 바르게 배열하시오.

(1) Mike는 탈의실에서 옷을 갈아 입고 있다.

(the fitting room, changing, in, Mike, is, his clothes)

→ ____________________________________.

(2) 너는 오늘 밤에 뮤지컬 표를 살 거니?

(you, the musical ticket, buy, tonight, will)

→ ____________________________________?

- change one's clothes 옷을 갈아입다
- fitting room 탈의실
- tonight ㉾ 오늘 밤에

Reading

▶정답 및 해설 p.158

● 교과서 내용을 떠올리며 빈칸에 알맞은 말을 써 봅시다.

A Gift Box from Korea

Tuesday, April 8th

Dear Mom and Dad,

Hi! How's everything? I'm ________ ________ ________ to
(제 여행을 즐기고 있어요)

Korea. Right now, I'm in Insa-dong. Tourists visit art shops and

eat ________ ________ here. On this street, ________ ________
(전통 음식) (내가 가장 좋아하는 장소)

________ is Ssamzigil. ________ ________ about 70 stores here.
(~가 있다)

They sell ________ ________. I'm sending some presents to you.
(특별한 선물들)

You ________ ________ about Korea from them.
(배우실 수 있어요)

I ________ ________ to you again soon.
(쓸 것이다)

Love, Sophia

TIPS

- right now 바로 지금
- tourist ㊔ 관광객, 여행자
- store ㊔ 가게, 상점
- sell ㊕ 팔다
- send ㊕ 보내다
- present ㊔ 선물
- soon ㊖ 곧

This is *buchae,* a Korean fan. Artists make these fans from bamboo and *hanji,* _________ _________ _________. Then they _________ beautiful pictures on them. You can see *mugunghwa* on your *buchae*. This flower is a symbol of the Korean people's _________ _________.

한국의 전통 종이 / 그려요 / 강인한 정신

TIPS

- fan 명 선풍기, 부채
- artist 명 화가, 예술가
- bamboo 명 대나무
- picture 명 그림, 사진
- symbol 명 상징

I'm also sending *yut* for *yunnori*. It is a traditional Korean board game. In the game, you _________ _________ _________. They make five different combinations. They _________ your move on the board. The combinations are *do, gae, geol, yut,* and *mo*. These names _________ _________. Koreans play this game _________ _________. We will play it together later!

막대기 네 개를 던져요 / 결정해요 / 동물들을 의미해요 / 명절 동안

- combination 명 조합
- move 명 이동, 움직임
- later 부 나중에

Reading Test

▶정답 및 해설 p.158

TIPS

[01~03] 다음 글을 읽고, 물음에 답하시오.

Tuesday, April 8th

Dear Mom and Dad,

Hi! How's everything? I'm enjoying my trip to Korea. Right now, I'm in Insa-dong. Tourists visit art shops and eat traditional food here. On this street, my favorite place is Ssamzigil. 여기에는 70여 개의 상점들이 있습니다. They sell special gifts. I'm sending some presents to you. You can learn about Korea from them.

I will write to you again soon.

Love, Sophia

01 위 글의 종류로 알맞은 것을 고르시오.

① 일기 ② 편지 ③ 광고문 ④ 기행문 ⑤ 신문 기사

02 괄호 안의 표현을 이용하여 다음 질문에 대한 답을 완성하시오.

Q: What is Sophia doing now?
A: She is ______________ to Korea. (take a trip)

03 밑줄 친 우리말을 괄호 안의 단어를 이용하여 영어로 옮기시오.
(about, store, here)

[04~05] 다음 글을 읽고, 물음에 답하시오.

ⓐ This is *buchae*, a Korean fan. Artists ⓑ make these fans from bamboo and *hanji*, traditional Korean paper. Then they draw beautiful pictures on ⓒ them. You ⓓ can sees *mugunghwa* on your *buchae*. This flower ⓔ is a symbol of the Korean people's strong spirit.

04 위 글을 읽고 답할 수 없는 질문을 고르시오.

① 소개하고 있는 물건은 무엇인가?

② 누가 이 물건을 만드는가?

③ 이 물건의 가격은 얼마인가?

④ 이 물건을 만드는 재료는 무엇인가?

⑤ 무궁화가 상징하는 의미는 무엇인가?

05 밑줄 친 ⓐ~ⓔ 중 어법상 어색한 것을 고르시오.

① ⓐ ② ⓑ ③ ⓒ ④ ⓓ ⑤ ⓔ

[06~08] 다음 글을 읽고, 물음에 답하시오.

I'm also ⓐ send *yut* for *yunnori*. It is a traditional Korean board game.
(A) They make five different combinations.
(B) They decide your move on the board.
(C) In the game, you throw four sticks.
The combinations are *do*, *gae*, *geol*, *yut*, and *mo*. These names mean animals. Koreans play this game during holidays. We ⓑ play will it together later!

06 위 글의 주제로 가장 적절한 것을 고르시오.

① 한국의 명절 풍습
② 윷놀이에서 이기는 법
③ 한국의 전통 놀이인 윷놀이
④ 윷놀이에 숨겨진 상징들
⑤ 한국의 다양한 놀이 문화

07 위 글의 내용이 자연스럽게 이어지도록 (A)~(C)를 바르게 배열한 것을 고르시오.

① (A) - (B) - (C) ② (A) - (C) - (B) ③ (B) - (C) - (A)
④ (C) - (A) - (B) ⑤ (C) - (B) - (A)

08 밑줄 친 ⓐ, ⓑ를 알맞은 형태로 고쳐 쓰시오.

ⓐ ____________________

ⓑ ____________________

TIPS

► 각 질문에 해당하는 답을 하나씩 대답해가며 답을 찾는다.

► 지시대명사가 가리키는 것이 무엇인지 살펴가며 자연스러운 연결을 찾는다.

▶정답 및 해설 p.159

01 단어의 뜻이 바르게 연결되지 않은 것을 고르시오.

① decide – 의미하다
② together – 함께
③ vacation – 방학
④ bamboo – 대나무
⑤ special – 특별한

02 다음 글에서 설명하는 They를 뜻하는 단어로 알맞은 것을 고르시오.

> They travel and have fun. They visit famous places and eat nice food. They are usually on holiday.

① artists ② children ③ tourists
④ drivers ⑤ students

03 다음 영영풀이에 해당하는 단어를 고르시오.

> a big house for a king or queen

① museum ② palace ③ theater
④ mall ⑤ beach

04 대화의 빈칸에 들어갈 말로 적절한 것을 고르시오.

> A: ______________________________
> B: Yes, there is. It's next to the flower shop.

① Is that your house?
② Where are you going now?
③ There are flowers in this park.
④ Is there a post office near here?
⑤ Are you planning to go skiing tomorrow?

주관식

05 대화가 자연스럽게 이어지도록 (A)~(D)를 순서대로 배열하시오.

> Do you have any plans for Children's Day?

> (A) I'm going to watch a musical there. It's at the concert hall that afternoon.
> (B) Great. Have fun!
> (C) Yes. I'm going to go to Children's Park.
> (D) That's nice. What are you going to do there?

주관식

06 우리말과 같은 뜻이 되도록 괄호 안의 말을 바르게 배열하시오.

> 너는 무엇을 먹을 예정이니?
> (going, eat, you, are, what, to)?

[07-08] 다음 대화를 읽고, 물음에 답하시오.

> A: Julie, Thanksgiving is next week, right?
> B: Yes, Yunho. It's a big holiday in the US.
> A: What are you going to do for Thanksgiving?
> B: I'm going to visit my grandparents. We have dinner together every year. My grandmother cooks a big turkey.
> A: That's nice. Do you have any other plans?
> B: ______________________________ Stores have big sales on the day after Thanksgiving.
> A: That sounds good.

07 글의 흐름상 빈칸에 들어갈 말로 가장 적절한 것을 고르시오.

① I will cook dinner.
② I'm not going to buy gifts.
③ I'm going to go shopping.
④ We're planning to eat turkey.
⑤ My Thanksgiving plans are great.

08 위 대화의 내용과 일치하지 않는 것을 고르시오.

① 대화가 이루어지는 시점은 추수감사절 전 주이다.
② 추수감사절은 미국의 큰 명절이다.
③ Julie는 추수감사절에 한 가지 계획이 있다.
④ Julie는 매 추수감사절에 조부모님과 함께 저녁을 먹는다.
⑤ 상점들은 추수감사절 다음날 큰 할인을 한다.

주관식

09 보기에서 알맞은 동사를 골라 현재진행형 형태로 써서 문장을 완성하시오.

보기 carry lie run

(1) My brother and my cat ________ ________ down on the sofa.
(2) The man ________ ________ two big bags.
(3) Jane ________ ________ to the bus stop.

10 다음 문장을 영어로 바르게 옮긴 것을 고르시오.

Fred는 기타를 연주할 수 있니?

① Is Fred playing the guitar?
② Does Fred plays the guitar?
③ Can Fred play the guitar?
④ Can Fred plays the guitar?
⑤ Does Fred can play the guitar?

11 다음 중 어법상 어색한 문장을 고르시오.

① He is cleaning the room.
② They won't believe my story.
③ What are you talk about now?
④ Will you call me tomorrow morning?
⑤ I can count from one to ten in French.

12 빈칸에 들어갈 말이 바르게 짝지어진 것을 고르시오.

- Amy and Chris are ________ Christmas gifts.
- I cannot ________ very well.

① open – swim
② opening – swim
③ open – swimming
④ opens – swimming
⑤ opening – swimming

[13-14] 다음 글을 읽고, 물음에 답하시오.

Tuesday, April 8th

Dear Mom and Dad,

Hi! How's everything? I ⓐenjoy my trip to Korea. Right now, I'm in Insa-dong. Tourists visit art shops and eat traditional food here. On this street, my favorite place is Ssamzigil. There are about 70 stores here. They sell special gifts. I ⓑsend some presents to you. You can learn about Korea from them.

I will write to you again soon.

Love, Sophia

주관식

13 밑줄 친 ⓐ와 ⓑ를 각각 현재진행형으로 고쳐 쓰시오.

ⓐ ________________ ⓑ ________________

14 위 글을 통해 알 수 없는 것을 고르시오.

① 편지의 수신자
② Sophia가 여행 중인 나라
③ 인사동에서 관광객들이 하는 일
④ Sophia가 인사동에서 가장 좋아하는 곳
⑤ Sophia가 보내는 선물의 종류

[15-17] 다음 글을 읽고, 물음에 답하시오.

① This is *buchae*, a Korean fan. ② Artists make these fans from bamboo and *hanji*, traditional Korean paper. ③ Bamboo is a very tall plant. Then they draw beautiful pictures on them. ④ You can see *mugunghwa* on your *buchae*. ⑤ This flower is a symbol of the Korean people's strong spirit.

15 위 글의 내용과 일치하는 것을 고르시오.

① 부채는 한국의 전통 종이로 만든다.
② 소나무는 부채의 재료이다.
③ 예술가들이 부채 위에 글씨를 쓴다.
④ 설명하는 부채에서 대나무를 볼 수 있다.
⑤ 부채는 한국인들의 강한 정신을 상징한다.

16 위 글에서 전체 흐름과 관계 없는 문장을 고르시오.

① ② ③ ④ ⑤

주관식

17 밑줄 친 they와 them이 가리키는 것을 위 글에서 찾아 쓰시오. (각각 한 단어)

they: ________________

them: ________________

[18-20] 다음 글을 읽고, 물음에 답하시오.

I'm ⓐ also sending *yut* for *yunnori*. It is a traditional Korean board game. In the game, you ⓑ throw four sticks. (A) [It / They] make five different combinations. They decide your ⓒ move on the board. The combinations are *do*, *gae*, *geol*, *yut*, and *mo*. These names (B) [mean / means] animals. Koreans play this game ⓓ during holidays. We will (C) [play / playing] it together ⓔ later!

18 밑줄 친 ⓐ~ⓔ 중 우리말 뜻이 바르게 연결되지 않은 것을 고르시오.

① ⓐ: 또한
② ⓑ: 맞추다
③ ⓒ: 움직임
④ ⓓ: ~동안
⑤ ⓔ: 나중에

19 위 글을 읽고 답할 수 없는 질문을 고르시오.

① 윷놀이의 윷은 몇 개인가?
② 윷을 만드는 재료는 무엇인가?
③ 윷놀이에서 나오는 조합은 몇 개인가?
④ 윷 조합의 이름은 무엇인가?
⑤ 한국인들은 윷놀이를 언제 즐기는가?

20 (A), (B), (C)의 각 네모 안에서 어법에 맞는 표현으로 알맞은 것을 고르시오.

	(A)		(B)		(C)
①	It	–	mean	–	play
②	It	–	means	–	playing
③	They	–	means	–	play
④	They	–	mean	–	playing
⑤	They	–	mean	–	play

서술형 평가

▶정답 및 해설 p.160

01 밑줄 친 우리말과 같은 뜻이 되도록 괄호 안의 단어를 바르게 배열하시오.

> A: (1) <u>너는 이번 일요일에 무엇을 할 예정이니</u>?
> B: I'm going to play soccer with my friends.
> A: (2) <u>너는 다른 계획들도 가지고 있니</u>?
> B: Yes, I'm going to eat pizza with them after that.

(1) ______________________________?
(to, are, do, this Sunday, you, going, what)

(2) ______________________________?
(have, do, plans, you, other)

02 그림을 보고, 괄호 안의 단어를 이용하여 현재진행형 문장을 완성하시오.

(1) The man and the woman ____________ at a restaurant. (order, food)

(2) Clara ____________ her birthday. (celebrate)

03 다음 글에서 어법상 <u>틀린</u> 부분을 찾아 바르게 고쳐 쓰시오. (2개)

> Arty and Jake are going to joining a musical club. Arty can sing very well. Jake be able to dance.

(1) ____________ → ____________

(2) ____________ → ____________

04 주어진 문장과 같은 뜻이 되도록 빈칸에 알맞은 말을 쓰시오.

(1) My aunt and uncle will visit us this Friday.
→ My aunt and uncle ________ ________ ________ ________ us this Friday.

(2) Andy will not do his homework today.
→ Andy ________ ________ ________ ________ ________ his homework today.

05 그림을 보고, 괄호 안에 주어진 말을 이용하여 문장을 완성하시오.

Sophia's parents are in their garden.

(1) ____________________ in the garden.
(there, trees)

(2) They ________________ on the chairs.
(sit)

(3) Sophia's mother ____________________ under the tree. (read, a book)

Review Test 2

▶정답 및 해설 p.161

01 단어의 뜻이 바르게 연결되지 않은 것을 고르시오.

① draw – 그리다
② spirit – 상징
③ traditional – 전통의
④ museum – 박물관
⑤ afternoon – 오후

02 다음 단어들을 모두 포함하는 단어를 고르시오.

Thanksgiving　Christmas　New Year's Day

① club　② palace　③ weekend
④ holiday　⑤ hometown

주관식

03 빈칸에 공통으로 들어갈 알맞은 말을 쓰시오.

- We have ________ 25 students in my class.
- The speaker is talking ________ culture.

04 다음 중 짝지어진 대화가 어색한 것을 고르시오.

① A: Can your baby walk?
B: No, she can't. She is only 6 months old.
② A: Is there a movie theater near here?
B: Yes, there is one in the mall.
③ A: Will you go to the library tomorrow?
B: Yes. The library will close tomorrow.
④ A: Do you have any plans for this weekend?
B: I don't have any special plans.
⑤ A: What are you going to do during Chuseok?
B: I'm going to visit my uncle in Busan.

05 대화가 자연스럽게 이어지도록 (A)~(D)를 바르게 배열한 것을 고르시오.

I'm going to take a trip to Sokcho this weekend.

(A) That sounds great. Are you going to go to the beach, too?
(B) Wow! What are you going to do there?
(C) No. I'm going to go hiking. There is a famous mountain, Seoraksan, there.
(D) First, I'm going to eat fresh fish. There is a good fish market in Sokcho, so I'm going to visit it.

① (A) – (D) – (B) – (C)
② (B) – (C) – (D) – (A)
③ (B) – (D) – (A) – (C)
④ (C) – (A) – (B) – (D)
⑤ (C) – (B) – (D) – (A)

06 빈칸에 들어갈 말이 바르게 짝지어진 것을 고르시오.

- There ________ a lot of people on the road.
- Are you going ________ a postcard to Emily?

① is – sending
② is – to send
③ are – send
④ are – to sending
⑤ are – to send

[07-08] 다음 대화를 읽고, 물음에 답하시오.

A: I'm finally in London! It's wonderful, Josh.
B: Welcome, Sumin. I'll show you around.
A: Thank you. 런던에는 관광객을 위한 좋은 장소들이 있니?
B: Yes, there are many great museums here. We're going to visit the British Museum first.
A: Okay. What can I see there?
B: There are a lot of historical things from around the world. You can see them for free.
A: Great. I'm so excited!

07 위 대화의 내용과 일치하지 않는 것을 고르시오.

① 수민이와 Josh는 지금 런던에 있다.
② 수민이는 Josh에게 런던을 안내해 줄 것이다.
③ 두 사람은 대영박물관을 먼저 구경할 예정이다.
④ 대영박물관의 입장료는 무료이다.
⑤ 수민이는 대영박물관에 가게 되어 기뻐하고 있다.

주관식

08 밑줄 친 우리말과 같은 뜻이 되도록 괄호 안의 말을 바르게 배열하시오.

(are, tourists, in London, any good places, there, for)

주관식

09 다음 문장을 지시대로 바꾸어 쓰시오.

(1) The woman is looking at the map.
(의문문으로)
→ ____________________?

(2) Henry can speak French.
(부정문으로)
→ Henry ____________________.

10 다음 중 어법상 어색한 문장을 고르시오.

① Can you play badminton?
② Linda won't buy a new hat.
③ He is drinking water with a straw.
④ What is making she in the kitchen?
⑤ We will take a taxi to the airport tomorrow.

주관식

11 다음 우리말을 괄호 안의 말을 이용하여 영어로 옮기시오.

그는 질문을 하고 있지 않다.
(he, ask, a question)

12 빈칸에 들어갈 단어의 형태가 다른 하나를 고르시오.

① They're ________ chess in the room.
② I'm not able to ________ basketball today.
③ You can't ________ computer games now.
④ Will you ________ Romeo in the school play?
⑤ Is she going to ________ the violin at the concert?

주관식

13 밑줄 친 부분을 어법에 맞게 고쳐 쓰시오.

It is 7 p.m. now. I'm hungry but (1) I don't can eat snacks. My mom is cooking dinner. We (2) will going to eat delicious fried rice.

(1) ____________ → ____________
(2) ____________ → ____________

[14-15] **다음 글을 읽고, 물음에 답하시오.**

Dear Mom and Dad,

Hi! How's everything? I'm enjoying my trip to Korea. Right now, I'm in Insa-dong. Tourists visit art shops and (A) [eat / eating] traditional food here. On this street, my favorite place is Ssamzigil. There (B) [is / are] about 70 stores here. They sell special gifts. I'm sending some presents to you. You can learn about Korea from them.

I will (C) [write / writing] to you again soon.

Love, Sophia

14 위 글의 내용과 일치하지 않는 것을 고르시오.

① 편지를 쓰는 사람은 Sophia이다.
② Sophia는 지금 한국을 여행 중이다.
③ Sophia는 인사동에서 쌈지길을 제일 좋아한다.
④ Sophia의 부모님은 한국에 대해 잘 안다.
⑤ 쌈지길에는 70여 개의 가게가 있다.

15 (A), (B), (C)의 각 네모 안에서 어법에 맞는 표현으로 알맞은 것을 고르시오.

	(A)	(B)	(C)
①	eat	is	write
②	eat	are	write
③	eating	are	writing
④	eating	is	writing
⑤	eating	are	write

[16-17] **다음 글을 읽고, 물음에 답하시오.**

This is *buchae*, a Korean fan. Artists make these fans ____(A)____ bamboo and *hanji*, traditional Korean paper. Then they draw beautiful pictures ____(B)____ them. You can see *mugunghwa* on your *buchae*. This flower is a symbol of the Korean people's strong spirit.

16 빈칸 (A)와 (B)에 들어갈 말이 바르게 짝지어진 것을 고르시오.

	(A)	(B)		(A)	(B)
①	from	on	②	of	to
③	with	by	④	to	for
⑤	by	with			

주관식

17 위 글의 밑줄 친 부분을 우리말로 옮겨 쓰시오.

[18-20] **다음 글을 읽고, 물음에 답하시오.**

I'm also sending *yut* for ⓐ*yunnori*. ⓑIt is a traditional Korean board game. In ⓒthe game, you throw four sticks. ⓓThey make five different combinations. They decide your move on the board. The combinations are *do*, *gae*, *geol*, *yut*, and *mo*. These names mean animals. 한국 사람들은 이 게임을 명절 동안 해요. We will play ⓔit together later!

18 위 글의 제목으로 가장 적절한 것을 고르시오.

① Perfect Gifts for Visitors to Korea
② Enjoy Korea's Holidays with Games
③ *Yunnori*: A Fun Korean Board Game
④ What Animals Do Koreans Love Most?
⑤ How Do Koreans Celebrate Holidays?

19 밑줄 친 ⓐ~ⓔ가 가리키는 대상이 나머지와 다른 것을 고르시오.

① ⓐ ② ⓑ ③ ⓒ ④ ⓓ ⑤ ⓔ

20 밑줄 친 우리말을 영어로 바르게 옮겼을 때 쓰이지 않는 말을 고르시오.

① Koreans ② move ③ game
④ during ⑤ holidays

서술형 평가

▶정답 및 해설 p.162

[01-02] 다음 대화를 읽고, 물음에 답하시오.

A: ______________________ tomorrow?
B: I'm going to go fishing with my father.
A: Fishing? Where?
B: 우리 할아버지 댁 근처에 작은 강이 하나 있어.
A: That sounds interesting. Have fun!

01 위 대화의 빈칸에 들어갈 수 있는 말을 2개 이상 쓰시오.

→ ________________________________

02 밑줄 친 우리말과 같은 뜻이 되도록 괄호 안의 말을 이용하여 문장을 쓰시오.

(a small river, near, my grandfather's house)

→ ________________________________

03 다음 문장을 현재진행형으로 바꾸어 쓰시오.

(1) Juhee swims in the pool every Sunday.
→ Juhee ______________________ now.

(2) Kate checks her email in the morning.
→ Kate ______________________ now.

(3) We make sandwiches before lunch.
→ We ______________________ now.

04 다음 표를 보고, 문장을 완성하시오.

	watch horror movies	lift a 20-kilogram bag
Mike	(O)	(O)
Julie	(O)	(X)
Robert	(X)	(O)

(1) Mike and Julie can ________________.

(2) Julie is ________________ horror movies, but she can't lift a 20-kilogram bag.

(3) Mike and Robert are ________________.

05 Jason의 일정표를 보고, 빈칸에 알맞은 말을 쓰시오.

Today (Monday)	Plans
Tuesday	Go to an amusement park
Wednesday	Visit my uncle
Thursday	Go shopping
Friday	Wash my dog
Saturday	Study math with Charlie

(1) A: What __________ Jason __________ __________ __________ tomorrow?
B: He is going to go to an amusement park.

(2) A: __________ he __________ __________ __________ shopping this Wednesday?
B: No, he __________. He is going to visit his uncle.

(3) A: __________ Jason and Charlie have plans this Saturday?
B: Yes. They __________ __________ __________ __________ math together.

쉬어가는 페이지

해외 여행 시 주의해야 할 손동작을 기억해 두세요.

브이~

손등이 보이는 브이는 영국과 호주에서 상대방에게 모욕을 주는 제스처이다. 영국과 프랑스 사이에서 벌어진 100년 전쟁 당시, 영국은 화살로 프랑스를 이기고 있었다. 프랑스는 영국군 포로를 잡으면 다시는 활을 쏘지 못하게 검지와 중지를 잘라버렸는데, 이것으로 인해 이 제스처는 상대방을 비하하는 욕이 되었다고 한다.

하이파이브!

흔히 '하이파이브'를 연상시키는 손바닥을 펼쳐서 내미는 동작이 그리스에서는 금기사항이다. 이는 "지옥에나 가라"는 의미를 담고 있어 상대방에게 저주를 내리는 행위로 여겨진다. 비잔틴 시대에 수갑을 찬 죄인들이 행진할 때 구경꾼들이 손바닥에 화산재와 배설물을 묻혀 죄인의 얼굴에 문지르는 풍습이 있었기 때문이다.

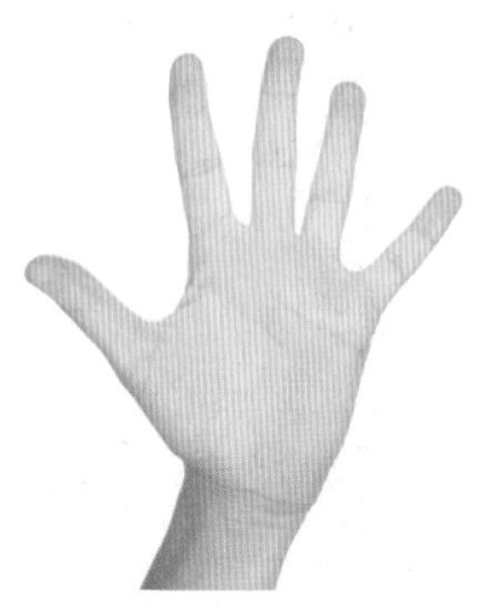

오케이!

'알겠다'라는 의미로 자주 쓰이는 오케이 사인은 프랑스에서 '가치가 없다', '형편없다'는 부정적인 뜻을 담고 있다. 뿐만 아니라, 브라질에서는 상대방에게 할 수 있는 가장 무례한 욕으로 여겨지기 때문에 사용하지 않도록 주의해야 한다.

로큰롤!

록 페스티벌이나 힙합 공연에서 자주 보이는 검지와 새끼 손가락을 핀 제스처는 이탈리아, 브라질, 스페인에서는 사용하면 안 된다. 이 동작은 상대방의 애인이나 배우자에 대한 큰 모욕을 뜻하기 때문이다.

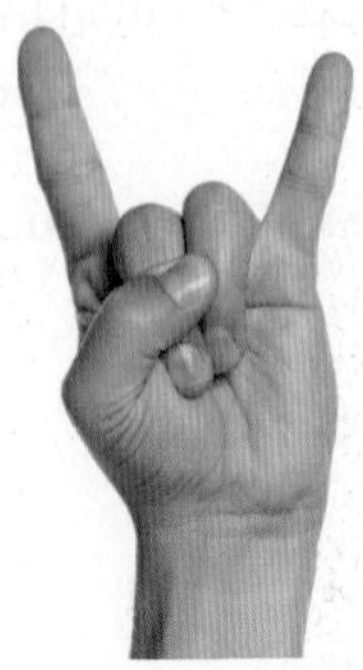

Lesson 3

Spend Smart, Save Smart

Functions

조언하기

A: **You should** keep a spending diary.
B: Okay, I'll try.

허락 요청하고 답하기

A: **Can I** try on this shirt?
B: **Yes, of course.** / **I'm sorry, but you can't**.

Forms

- We **sold** many things at the flea market.
- People **enjoyed looking** at the items.

Words & Phrases

● 자신이 알고 있는 단어와 표현에 표시(V)해 봅시다.

Words

☐ **advice** [ədváis]	명 조언, 충고	☐ **item** [áitem]	명 물품
☐ **already** [ɔːlrédi]	부 이미, 벌써	☐ **keep** [kiːp]	동 유지하다, (기록 등을) 쓰다
☐ **anything** [éniθìŋ]	명 무엇, 아무것	☐ **learn** [ləːrn]	동 배우다
☐ **arrive** [əráiv]	동 도착하다	☐ **list** [list]	명 목록
☐ **borrow** [bárou]	동 빌리다	☐ **low** [lou]	형 낮은
☐ **bring** [briŋ]	동 가져오다, 데려오다	☐ **make** [meik]	동 만들다, (돈을) 벌다
☐ **buy** [bai]	동 사다	☐ **owner** [óunər]	명 주인
☐ **carefully** [kέərfəli]	부 주의하여	☐ **pocket money**	용돈
☐ **collect** [kálekt]	동 모으다, 수집하다	☐ **price** [prais]	명 가격
☐ **customer** [kʌ́stəmər]	명 고객	☐ **price tag**	가격표
☐ **decision** [disíʒən]	명 결정, 판단	☐ **receipt** [risíːt]	명 영수증
☐ **discount** [diskáunt]	명 할인	☐ **rest** [rest]	명 나머지 동 쉬다
☐ **donate** [dóuneit]	동 기부하다	☐ **return** [ritə́ːrn]	동 돌려주다, 반품하다
☐ **enough** [inʌ́f]	형 충분한	☐ **sale** [seil]	명 할인 판매
☐ **expensive** [ikspénsiv]	형 비싼	☐ **save** [seiv]	동 저축하다, 구하다
☐ **find** [faind]	동 찾다	☐ **sell** [sel]	동 팔다
☐ **flea market**	벼룩시장	☐ **shout** [ʃaut]	동 소리치다
☐ **habit** [hǽbit]	명 습관	☐ **spending** [spéndiŋ]	명 지출
☐ **half** [hæf]	명 절반	☐ **try** [trai]	동 시도하다, 노력하다
☐ **instead** [instéd]	부 대신에	☐ **wisely** [waizli]	부 현명하게

Phrases

☐ **a pair of**	한 쌍의	☐ **in the end**	마침내, 결국
☐ **get tired**	피곤하다, 지치다	☐ **keep a diary**	일기를 쓰다
☐ **go to bed**	자다	☐ **try on**	입어 보다

Check up

● 영어와 우리말을 알맞게 연결해 봅시다. ▶정답 p.163

1. owner •	• 이미, 벌써		6. try on •	• 모으다, 수집하다
2. advice •	• 주인		7. flea market •	• 절반
3. low •	• 할인		8. collect •	• 벼룩시장
4. discount •	• 조언, 충고		9. save •	• 저축하다
5. already •	• 낮은		10. half •	• 입어 보다

Word Test

▶정답 및 해설 p.163

01 단어의 관계가 같도록 빈칸에 알맞은 말을 쓰시오.

(1) buy : sell = teach : ___________

(2) wise : wisely = careful : ___________

02 빈칸에 알맞은 말을 보기에서 골라 쓰시오.

보기	discount	donate	return	enough

(1) You should ___________ the book before Friday.

(2) I want to ___________ my old clothes to child-care center.

(3) Two slices of pizza is ___________ for lunch.

(4) Members can get a 20 percent ___________.

03 우리말과 같은 뜻이 되도록 빈칸에 알맞은 말을 쓰시오.

(1) My sister ___________ ___________ ___________.
(우리 언니는 일기를 쓴다.)

(2) I found my wallet ___________ ___________ ___________.
(나는 마침내 내 지갑을 찾았다.)

04 단어의 성격이 나머지와 다른 것을 고르시오.

① glove ② cap ③ scarf
④ expensive ⑤ sunglasses

05 빈칸에 들어갈 말이 순서대로 바르게 짝지어진 것을 고르시오.

• Ethan went ___________ bed at 9 o'clock yesterday.
• I bought a pair ___________ shoes at the flea market.

① on – with ② on – of ③ at – with
④ to – from ⑤ to – of

TIPS

• child-care center 보육원

• wallet 명 지갑

A 조언하기

A: You should spend your pocket money wisely.
(너는 용돈을 현명하게 써야 해.)

B: Okay, I'll try. Thank you for the advice.
(알겠어요, 노력할게요. 조언 감사합니다.)

◆ 상대에게 조언하기

상대방에게 조언할 때 '~해야 한다'라는 의미를 가진 조동사 should를 이용하여 「You should+동사원형」으로 나타낸다. '~하지 말아야 한다'라는 부정 표현은 「You shouldn't[should not]+동사원형」으로 나타낸다.

◆ 조언하는 말에 답하기

상대방의 조언에는 Okay, I will (try). (알았어요, 그렇게 (노력)할게요.), Thank you for the[your] advice. (조언 감사합니다.), I'll keep that in mind. (명심할게요.) 등의 표현을 이용하여 답할 수 있다.

예시 대화

A: You shouldn't watch too much TV. It's bad for your eyes.
(너는 TV를 너무 많이 봐서는 안 돼. 그건 눈에 나쁘단다.)

B: Thank you for the advice. (충고 고맙습니다.)

표현 Plus

▶ 강한 경고성 의미로 충고를 할 때는 had better를 써서 「You had better+동사원형」으로 나타낼 수 있다. '~하는 것이 좋을 것이다'로 해석하며 보통 윗사람이 아랫사람에게 쓰는 표현이다.

You had better run fast. The train will leave soon.
(너는 빨리 뛰는 게 좋을 거야. 기차가 곧 떠날거야.)

B 허락 요청하고 답하기

A: Can I look at your album? (너의 사진첩을 봐도 될까?)

B: Yes, of course. (물론 되지.)

◆ 허락 요청하기

'~해도 될까요?'라는 의미로 상대방에게 허락을 요청할 때는 조동사 can을 써서 「Can I+동사원형~?」으로 물어볼 수 있다. 「May I+동사원형~?」으로 물어보면 더 공손한 표현이 된다.

◆ 허락 요청에 답하기

허락을 요청하는 말에 수락할 때는 Yes, of course. (네, 물론이죠.) , Of course you can. (물론 되지요.) , Yes, you can[may]. (네, 됩니다.), Go ahead. (그렇게 하세요.) 등으로 답한다. 거절할 때는 I'm sorry, but you can't. 또는 I'm afraid you can't. (죄송하지만 안 됩니다.) 등으로 답한다.

예시 대화

1. **A:** Can I open the window? (제가 창문을 열어도 될까요?)
   B: Sure. Go ahead. (그럼요. 그렇게 하세요.)
2. **A:** May I see your ID card? (신분증을 봐도 될까요?)
   B: I'm afraid it is at my house. (유감스럽지만 그것은 집에 있어요.)

표현 Plus

▶ 허락을 요청하는 말에 거절할 때는 No, you can't. (아니오, 안됩니다.) 이라고 딱 잘라 말하기 보다는 앞에 I'm sorry, but ~ (미안하지만~) 또는 I'm afraid ~ (유감스럽지만~) 같은 말을 붙여 말하는 것이 대화를 매끄럽게 해준다.

Functions Test

▶정답 및 해설 p.163

01 괄호 안에서 알맞은 말을 고르시오.

(1) A: You should (are / be) nice to your brother.
B: Okay, I will try.

(2) A: You (should not / not should) make a lot of noise.
B: I'm sorry. I'll be careful.

02 대화의 빈칸에 들어갈 말로 적절한 것을 고르시오.

A: Can I borrow this book?
B: ______________________

① Yes, I do.
② Of course I can.
③ I'm afraid I can't.
④ Sure. Go ahead.
⑤ I'll keep that in mind.

03 대화가 자연스럽게 이어지도록 (A)~(D)를 바르게 배열하시오.

I'm going to buy a new shirt.

(A) Of course you can.
(B) Oh, that's good news. I'll do that.
(C) Can I come with you? I need a cap.
(D) Then you should go to the mall. They're having a big sale.

04 대화의 밑줄 친 부분을 대체할 수 있는 것을 고르시오.

A: <u>Can I</u> take a seat here?
B: Yes, of course.

① Should I
② May I
③ Do I
④ Can you
⑤ Am I

05 우리말과 같은 뜻이 되도록 빈칸에 알맞은 말을 쓰시오.

(1) A: You __________ __________ __________ too much soft drinks.
(너는 청량음료를 너무 많이 마시면 안 돼.)
B: Okay, I will keep that in mind.
(알겠어, 명심할게.)

(2) A: Can I try on this hat?
(제가 이 모자를 써봐도 될까요?)
B: I'm sorry, but __________ __________.
(죄송하지만, 안 됩니다.)

TIPS

- nice ㉭ 좋은, *친절한
- make a noise 소란을 피우다, 소리를 내다
- careful ㉭ 조심하는, 주의 깊은
- take a seat 앉다
- soft drinks 청량음료
- try on 착용해보다

Script

▶정답 및 해설 p.164

● 교과서 내용을 떠올리며 빈칸에 알맞은 말을 써 봅시다.

Listen & Talk 1

1

B Look! I like these shoes. I'll buy them.

G Wait! Do you really need them? You should ______ ______ carefully.
결정을 하다

2

G Hi, Jinsu! Where are you going?

B Hi, Mina. I'm going to BA Mall.

G Are you going to ______ ______?
무언가 사다

B Yes. I need a baseball glove.

G Then you should go to D-Mart. They're ______ ______ ______ ______ now.
큰 할인을 하고 있어

B Oh, really? Then I should go there ______.
대신

3

B Mom, I need some money.

W You got your ______ ______ two days ago. Where is that ten dollars?
용돈

B Well, I ______ ______ it all.
이미 썼어요
I bought some snacks and a shirt.

W You bought another new shirt? You don't plan your spending.

B The shirt was only seven dollars. It was ______ ______.
할인 중

W But you don't need a new shirt. You should ______ ______ ______ ______ and only buy the things on the list.
쇼핑목록을 만들다

B Okay, Mom. I'll do that next time.

Listen & Talk 2

1

G Excuse me. Can I ______ ______ this cap?
써보다

M Yes, of course.

2

B Excuse me. I'm ______ ______ a gift for my brother.
찾고 있어요

W ______ ______ these headphones?
~는 어떠세요

B He already has good ones. Oh, ______ ______ is this phone case? I like it.
얼마

W It's ten dollars.

B It's a little expensive. Can I ______ ______ ______?
할인을 받다

W I'm sorry, but you can't. It's not on sale.

B Okay, I'll just take it.

3

M May I help you?

G Yes, please. ______ ______ ______ ______ this jacket?
제가 입어봐도 되나요

M Yes, of course. You can ______ ______ any item in our store.
입어보다

G Thanks. Well, I like this jacket. How much is it?

M It's 20 dollars.

G Okay. Can I ______ this coupon?
사용하다

M Yes. You can get a 30 percent discount. Then, it's 14 dollars.

G Great. I'll take it.

Grammar

A 동사의 과거형

We **sold** many things at the market. (우리는 시장에서 많은 것을 팔았다.)

She **was** our first customer. (그녀는 우리의 첫 번째 고객이었다.)

I **opened** the door with this key. (나는 이 열쇠로 문을 열었다.)

과거의 상태나 동작을 나타낼 때는 동사의 과거형을 사용한다.

1) be동사의 과거형: am과 is의 과거형은 was, are의 과거형은 were로 쓴다.

2) 일반동사의 과거형: 동사에 따라 변화형이 다르다.

대부분의 동사	동사원형 + -ed	watch → watched
e로 끝나는 동사	동사원형 + -d	invite → invited
자음 + y로 끝나는 동사	y를 i로 바꾸고 + -ed	cry → cried
단모음 + 단자음으로 끝나는 동사	자음을 한 번 더 쓰고 + -ed	stop → stopped
불규칙 동사들		cut, put, ate, had ...

예문

We **were** a little sleepy. (우리는 약간 졸렸다.)

My father **washed** his car yesterday. (나의 아버지는 어제 세차를 했다.)

Fred **studied** English in college. (Fred는 대학에서 영어를 공부했다.)

I **planned** my trip to the US. (나는 미국여행을 계획했다.)

Ron **cut** his steak with a knife. (Ron은 칼로 스테이크를 썰었다.)

Grammar plus

▶ **1. 과거형 부정문**

• be동사: 「be동사+not」

He **was not** sad at the news.
(그는 그 소식에 슬퍼하지 않았다.)

• 일반동사: 「didn't[did not]+동사원형」

I **didn't[did not] live** in Suwon.
(나는 수원에 살지 않았다.)

▶ **2. 과거형 의문문**

• be동사: 「be동사+주어~?」

Were you at home an hour ago?
(너는 한 시간 전에 집에 있었니?)

• 일반동사: 「Did+주어+동사원형~?」

Did she like the party?
(그녀는 그 파티를 좋아했니?)

B 동명사

People enjoyed **looking** at the items. (사람들은 물건들을 보는 것을 즐겼다.)

I finished **writing** a book report. (나는 독후감 쓰는 것을 끝냈다.)

She stopped **eating** and stood up. (그녀는 먹는 것을 멈추고 일어났다.)

동명사는 v-ing 형태로 쓰며, '~하기', '~하는 것'이라고 해석한다.
동사의 뜻과 성질을 가지고 있으면서 동시에 명사의 역할을 하기 때문에, 문장에서 명사처럼 주어, 목적어, 보어로 쓸 수 있다. enjoy, finish, keep, avoid, practice, stop 등의 동사는 뒤에 목적어로 동명사를 쓴다.

예문

The little girl kept **singing** in the car.
(그 작은 소녀는 차 안에서 계속해서 노래를 불렀다.)

My mother avoids **using** plastic dishes.
(나의 어머니는 플라스틱 접시를 사용하는 것을 피하신다.)

Grammar plus

▶ 주어 역할을 하는 동명사: '~하는 것은[이]'
동명사(구)가 문장의 주어일 때 동사는 3인칭 단수형을 쓴다.

Making new friends *is* exciting.
(새로운 친구를 사귀는 것은 신이 난다.)

▶ 보어 역할을 하는 동명사: '~하는 것 (이다)'

The best exercise is **walking**.
(최고의 운동은 걷는 것이다.)

Grammar Test

▶정답 및 해설 p.164

TIPS

01 괄호 안에서 알맞은 말을 고르시오.

(1) He (studies / studied) math at home last Sunday.

(2) The TV show (begined / began) 10 minutes ago.

(3) I didn't (have / had) dinner last night.

- begin 동 시작하다
- minute 명 분
- ago 부 ~전에

02 밑줄 친 부분의 용법이 나머지와 다른 것을 고르시오.

① His job is training basketball players.

② Making fun of your friends is wrong.

③ Henry kept talking about his girlfriend.

④ My brother is cleaning the living room.

⑤ Did you enjoy playing chess with Jacob?

- job 명 일, 직장
- train 동 훈련시키다
- make fun of ~을 놀리다
- wrong 형 틀린, 잘못된

03 괄호 안의 말을 과거형으로 써서 문장을 완성하시오.

(1) The weather ____________ very nice yesterday. (be)

(2) I ____________ some cheesecakes at the bakery. (buy)

(3) We ____________ ____________ about the accident. (not / know)

- weather 명 날씨
- bakery 명 제과점
- accident 명 사고

04 다음 문장을 영어로 바르게 옮긴 것을 고르시오.

> 그는 오늘 아침에 우산을 가져가지 않았다.

① He took not his umbrella this morning.

② He not taked his umbrella this morning.

③ He did not take his umbrella this morning.

④ He not did took his umbrella this morning.

⑤ He does not take his umbrella this morning.

- take 동 가지고 가다
- umbrella 명 우산

05 빈칸에 들어갈 말을 보기에서 골라 알맞은 형태로 쓰시오.

보기	sing	ride	cook

(1) She enjoys ___________ a bicycle on weekends.

(2) Mr. Kim finished ___________ dinner for his daughter.

(3) Jessica is practicing ___________ for the concert next week.

TIPS

• daughter 명 딸

06 우리말과 같은 뜻이 되도록 괄호 안의 말을 이용하여 문장을 완성하시오.

(1) 그는 언제 미국에 왔니? (come)

→ When ___________ he ___________ to the US?

(2) Julie는 매일 저녁 체육관에서 운동하는 것을 즐긴다. (enjoy, exercise)

→ Julie ___________ ___________ at the gym every evening.

(3) 너는 도서관에서 크게 말하는 것을 멈춰야 해. (stop, speak)

→ You should ___________ ___________ loudly in the library.

• gym 명 체육관
• evening 명 저녁
• speak 동 말하다

07 다음 문장에서 틀린 부분을 찾아 어법에 맞게 고쳐 쓰시오.

(1) Did you saw the eagle in the sky?

(2) I caught a bad cold, so I am sick yesterday.

(3) Justin not was in his room.

• eagle 명 독수리
• catch a cold 감기에 걸리다
• sick 형 아픈

08 우리말과 같은 뜻이 되도록 괄호 안의 단어를 바르게 배열하시오.

(1) 나는 어제 동아리 모임에 가지 않았다.

(did, I, not, the club meeting, go to)

→ ______________________________________ yesterday.

(2) 너는 그를 학교에서 만났니?

(at school, meet, you, him, did)

→ ______________________________________?

(3) 학생들은 계속해서 운동장을 달렸다.

(the students, running, kept, in the field)

→ ______________________________________.

• club 명 동호회, 동아리
• meeting 명 회의, 모임
• field 명 운동장

▶정답 및 해설 p.164

● 교과서 내용을 떠올리며 빈칸에 알맞은 말을 써 봅시다.

Let's Go to the Flea Market

Friday, May 25th

Tomorrow, my sister and I _________ _________ things at the _________ _________! We found many good items around the house. I cleaned them, and she made their _________ _________. These things _________ _________ _________ new owners now. Woo-hoo!

(팔 것이다 / 벼룩 시장 / 가격표들 / ~을 위한 준비가 되다)

Saturday, May 26th

We arrived at the flea market _________ _________ _________. I put our items on the table. My sister shouted, "Good items here!" People _________ _________ _________ them, but they didn't buy anything.

(10시쯤 / ~을 보는 것을 즐겼다)

Then, a girl came. She said, "I like these shoes. But they're _________ _________ _________." "Okay, then you _________ _________ a 20 percent _________," I said. She was our first customer!

(조금 비싸다 / 할인을 받을 수 있어요)

TIPS

- May 명 5월
- find 동 찾다
- item 명 항목, *물품
- around 전 *여기저기, 둘레에
- owner 명 주인

- arrive 동 도착하다
- shout 동 소리 지르다
- buy 동 사다
- customer 명 손님, 고객

Time passed, and we got tired. Then a woman said, "__________ (계속 노력하렴) __________!" She had a table next to us. She gave some bread to us. We __________ __________ (소리치기 시작했다) again, "Best prices here!"

__________ __________ __________ (마침내), we sold many things.

__________ __________ (얼마나 많이) did we make?

We got 24,000 won. That's great! How will we use this money?

First, we will __________ __________ (절반을 저축하다) of the money.

Then, we will donate 20 percent of __________ __________ (나머지) for hungry children. After that, we will go shopping. Maybe we will buy things at the flea market __________ __________ __________ (저렴한 가격으로)!

TIPS

- pass 동 지나가다, *(시간이) 흐르다
- tired 형 피곤한, 지친
- bread 명 빵
- best price 최저가

- make 동 만들다, *(돈을) 벌다
- donate 동 기부하다
- maybe 부 어쩌면, 아마

Reading Test

▶정답 및 해설 p.164

[01~02] 다음 글을 읽고, 물음에 답하시오.

Friday, May 25th
(A) We found many good items around the house.
(B) Tomorrow, my sister and I will sell things at the flea market!
(C) These things are ready for new owners now.
(D) I cleaned them, and she made their price tags.
Woo-hoo!

01 위 글의 내용이 자연스럽게 이어지도록 (A)~(D)를 바르게 배열한 것을 고르시오.

① (A) - (C) - (B) - (D)
② (B) - (A) - (D) - (C)
③ (B) - (D) - (C) - (A)
④ (C) - (A) - (B) - (D)
⑤ (D) - (B) - (A) - (C)

02 위 글에 나타난 글쓴이의 심정으로 가장 적절한 것을 고르시오.

① angry ② worried ③ tired ④ sad ⑤ excited

[03~06] 다음 글을 읽고, 물음에 답하시오.

Saturday, May 26th

We arrived at the flea market around ten o'clock. I ⓐ putted our items on the table. My sister shouted, "Good items here!" 사람들은 그것들을 보는 것을 즐겼지만, 아무것도 사지 않았다.

Then, a girl came. She said, "I like these shoes. But they're a little expensive." "Okay, then you can have a 20 percent discount," I said. She ⓑ were our first __________!

03 위 글을 읽고 답할 수 없는 질문을 고르시오.

① 글쓴이가 참여한 행사는 어떤 것인가?
② 그 행사가 열린 요일은 무슨 요일인가?
③ 소녀가 구입한 물건은 무엇인가?
④ 소녀가 글쓴이로부터 받은 혜택은 무엇이었는가?
⑤ 소녀가 글쓴이의 물건을 마음에 들어 한 이유는 무엇인가?

04 밑줄 친 ⓐ와 ⓑ를 어법에 맞게 고쳐 쓰시오.

ⓐ __________ ⓑ __________

TIPS

► these 같은 지시형용사나 them, their 같은 대명사가 무엇을 가리키는지 생각해본다.

► 위 글에서 감정을 나타내는 표현을 찾아본다.

05 밑줄 친 우리말과 같은 뜻이 되도록 괄호 안의 단어를 이용하여 문장을 완성하시오.

People enjoyed __________ (look) at them, but they __________ __________ (not, buy) anything.

06 글의 흐름상 빈칸에 들어갈 말로 알맞은 것을 고르시오.

① friend ② neighbor ③ owner
④ customer ⑤ student

TIPS

► 첫 번째 빈칸은 enjoy 뒤에 동사가 어떤 형태로 와야 하는지를, 두 번째 빈칸은 과거형 부정문의 형태를 생각해서 작성한다.

► 글쓴이와 소녀와의 관계를 생각해본다.

[07~08] 다음 글을 읽고, 물음에 답하시오.

Time passed, and we got tired. Then a woman said, "Keep (A) [try / trying]!" She had a table next to us. She (B) [gave / gives] some bread to us. We started shouting again, "Best prices here!"

In the end, we sold many things. (①) How much (C) [we made / did we make]? We got 24,000 won. (②) That's great! How will we use this money? (③) Then, we will donate 20 percent of the rest for hungry children. (④) After that, we will go shopping. (⑤) Maybe we will buy things at the flea market at low prices!

07 글의 흐름상 다음 문장이 들어가기에 가장 적절한 곳을 고르시오.

First, we will save half of the money.

① ② ③ ④ ⑤

08 (A), (B), (C)의 각 네모 안에서 어법에 맞는 표현으로 알맞은 것을 고르시오.

	(A)	(B)	(C)
①	try	gave	we made
②	trying	gave	did we make
③	try	gives	did we make
④	trying	gives	we made
⑤	trying	gave	we made

Review Test 1

▶정답 및 해설 p.165

01 단어의 뜻이 바르게 연결되지 않은 것을 고르시오.

① find - 찾다
② expensive - 비싼
③ customer - 고객
④ donate - 저축하다
⑤ item - 물품

주관식

02 단어의 관계가 같도록 빈칸에 알맞은 말을 쓰시오.

leave : arrive = ________ : sell

[03-04] 빈칸에 알맞은 단어를 고르시오.

03

At a store, you pay for the cap. Then you can get a ________ from the owner.

① rest ② diary ③ list
④ sale ⑤ receipt

04

You are buying a book at a bookstore. The book is 10 dollars, and you have 20 dollars. So, you have ________ money for the book.

① half ② enough ③ foreign
④ low ⑤ correct

05 대화의 빈칸에 들어갈 말로 적절하지 않은 것을 고르시오.

A: Can I use your computer?
B: ______________________________

① Sure. Go ahead.
② Of course you can.
③ We have computers.
④ I'm afraid you can't.
⑤ I'm sorry, but you can't.

06 빈칸에 들어갈 말로 적절한 것을 고르시오.

A: __________ all your notes before the exam.
B: Thank you for your advice. I'll keep that in mind.

① You studied
② You will study
③ You are studying
④ You should study
⑤ You are going to study

주관식

07 우리말과 같은 뜻이 되도록 괄호 안의 말을 바르게 배열하시오.

너는 학교에 늦어서는 안 된다.
(not, for school, should, you, be late)

[08-09] 다음 대화를 읽고, 물음에 답하시오.

A: Excuse me. I'm looking for a gift for my brother.
B: How about these headphones? (①)
A: He already has good ones. (②) Oh, how much is this phone case? I like it.
B: It's ten dollars. (③)
A: It's a little expensive. (④)
B: I'm sorry, but you can't. It's not on sale.
A: Okay, I'll just take it. (⑤)

08 대화의 흐름상 다음 문장이 들어가기에 가장 적절한 곳을 고르시오.

Can I get a discount?

① ② ③ ④ ⑤

09 대화에 나타난 두 사람의 관계로 가장 적절한 것을 고르시오.

① 남동생 - 누나
② 학생 - 은행원
③ 고객 - 점원
④ 남자친구 - 여자친구
⑤ 직원 - 가게 주인

10 빈칸에 들어갈 말로 알맞은 것을 고르시오.

> Sam ___________ his finger two days ago.

① cuts ② cut ③ cutted
④ cutting ⑤ will cut

11 빈칸에 들어갈 말이 바르게 짝지어진 것을 고르시오.

> I kept ___________ her name behind her, but she ___________ back.

① call - not looked
② calling - didn't look
③ called - looked not
④ calling - did look not
⑤ called - look didn't

12 다음 문장을 영어로 바르게 옮긴 것을 고르시오.

> 그는 밤늦게 외출하는 것을 피했다.

① He avoids go out late at night.
② He avoid went out late at night.
③ He avoided go out late at night.
④ He avoided going out late at night.
⑤ He avoided wenting out late at night.

13 다음 중 어법상 어색한 문장을 고르시오.

① Do you like eating hot dogs?
② Gary finished carries the boxes.
③ The homework is writing a short story.
④ She doesn't enjoy traveling in the winter.
⑤ Tom hit a home run, so his team won the game.

[14-15] 다음 글을 읽고, 물음에 답하시오.

> Friday, May 25th
> Tomorrow, my sister and I will sell things at the flea market! We found many good items around the house. I cleaned them, and she made their price tags. These things are ready for ___________ now. Woo-hoo!

14 위 글의 내용과 일치하는 것을 고르시오.

① 벼룩시장은 일요일에 열린다.
② 글쓴이는 벼룩시장에서 팔 물건을 만들었다.
③ 글쓴이는 판매할 물품들을 닦았다.
④ 글쓴이의 여동생은 물품의 가격표를 제거했다.
⑤ 글쓴이와 여동생은 물품을 팔고 싶지 않다.

15 글의 흐름상 빈칸에 들어갈 말로 알맞은 것을 고르시오.

① the recycle ② free coupons
③ my house ④ a donation
⑤ new owners

[16-18] 다음 글을 읽고, 물음에 답하시오.

Saturday, May 26th

We ⓐ arrived at the flea market around ten o'clock. I put our items on the table. My sister shouted, "Good items here!" People enjoyed looking at them, but they ⓑ didn't buy anything.

____(A)____, a girl came. She said, "I like ⓒ this shoes. But they're a little expensive." "Okay, ____(B)____ you can have a 20 percent discount," I said. She was our first customer!

Time ⓓ passed, and we got tired. Then a woman said, "Keep trying!" She ⓔ had a table next to us. She gave some bread to us. We started shouting again, "Best prices here!"

16 밑줄 친 ⓐ~ⓔ 중 어법상 어색한 것을 고르시오.

① ⓐ ② ⓑ ③ ⓒ ④ ⓓ ⑤ ⓔ

17 빈칸 (A)와 (B)에 공통으로 들어갈 말로 알맞은 것을 고르시오.

① But (but)
② So (so)
③ Then (then)
④ Also (also)
⑤ Instead (instead)

18 밑줄 친 a woman의 성품을 나타내는 말로 가장 알맞은 것을 고르시오.

① bad ② cold ③ shy
④ funny ⑤ kind

[19-20] 다음 글을 읽고, 물음에 답하시오.

____(A)____ the end, we sold many things. ① How much did we make? We got 24,000 won. That's great! ② How will we use this money? First, we will save half of the money. ③ Then, we will donate 20 percent of the rest ____(B)____ hungry children. ④ After that, we will go shopping. ⑤ Saving money is an important habit. Maybe we will buy things at the flea market ____(C)____ low prices!

19 위 글에서 전체 흐름과 관계 없는 문장을 고르시오.

① ② ③ ④ ⑤

20 빈칸 (A), (B), (C)에 들어갈 말이 바르게 짝지어진 것을 고르시오.

	(A)		(B)		(C)
①	At	–	to	–	for
②	In	–	for	–	at
③	For	–	on	–	with
④	On	–	at	–	by
⑤	To	–	with	–	on

서술형 평가

▶정답 및 해설 p.167

01 대화의 빈칸에 들어갈 수 있는 말을 2개 이상 쓰시오.

A: My eyes get tired easily these days.
B: You should not use your smartphone too much. It's bad for your eyes.
A: ____________________

02 조동사 can과 주어진 표현을 이용하여 사진 속 인물이 허락을 요청하는 문장을 완성하시오.

(take your order)

(1) ____________________?

(turn off the radio)

(2) ____________________?

03 다음 우리말을 괄호 안의 말을 이용하여 영어로 옮기시오.

(1) 그는 감자칩 먹는 것을 즐긴다.
(enjoy, eat, potato chips)
→ ____________________

(2) 나의 형은 계속해서 다리를 떨었다.
(brother, keep, shake his legs)
→ ____________________

(3) 우리는 개 집 짓는 것을 끝냈다.
(finish, build, the dog house)
→ ____________________

04 다음 표를 보고, Jessica가 한 일과 하지 않은 일을 나타내는 문장을 완성하시오.

Jessica's Schedule	결과
study for the math exam	(O)
jog for 30 minutes	(×)
wash the sneakers	(O)

(1) Jessica ____________________.
(2) Jessica ____________________.
(3) A: ____________________ the sneakers?
B: ____________________

05 다음 대화에서 어법상 틀린 부분을 찾아 바르게 고쳐 쓰시오. (2개)

A: Look at this ring, Claire!
B: It's beautiful. How many is it?
A: It's 60 dollars. It's too expensive.
B: Then you should go to the first floor. Many items are sale there.

Review Test 2

▶정답 및 해설 p.167

01 단어의 뜻이 바르게 연결되지 않은 것을 고르시오.

① collect – 수집하다
② enough – 부족한
③ customer – 고객
④ decision – 결정
⑤ rest – 나머지

02 빈칸에 들어갈 말로 알맞은 것을 고르시오.

> I want a new bike. It is 150 dollars. I have 100 dollars now. I'm going to ________ 50 dollars for the bike.

① return ② believe ③ donate
④ save ⑤ shout

주관식

03 다음 영영풀이에 해당하는 단어를 쓰시오.

> exactly or about 50 percent of something

04 대화의 빈칸에 들어갈 말로 적절한 것을 고르시오.

> A: Tom, are you using this room?
> B: No, I'm not.
> A: Then you should turn off the light.
> B: ____________________

① Okay, I will.
② Yes, you may.
③ Of course you can.
④ I'm afraid you can't.
⑤ Do you need some advice?

05 다음 중 짝지어진 대화가 어색한 것을 고르시오.

① A: Can I take this map?
B: Sure. Go ahead. It's free.
② A: May I get some water?
B: Of course you can.
③ A: Can I park my car here?
B: I'm sorry, but I can't.
④ A: You should not run on the stairs.
B: I'll keep that in mind.
⑤ A: You should keep a spending diary.
B: Thank you for your advice.

06 빈칸에 들어갈 말로 알맞지 않은 것을 고르시오.

> She ________ watching the TV show.

① avoided ② liked ③ enjoyed
④ kept ⑤ didn't

07 대화의 빈칸에 들어갈 말로 적절한 것을 고르시오.

> A: Hi, Jinsu! Where are you going?
> B: Hi, Mina. I'm going to BA Mall.
> A: Are you going to buy anything?
> B: Yes. I need a baseball glove.
> A: Then you should go to D-Mart. They're having a big sale now.
> B: Oh, really? ____________________

① How can I get to BA Mall?
② Then I should go there instead.
③ I didn't buy anything at the mall.
④ I bought my baseball glove there.
⑤ I'm sorry, but you can't get a discount.

08 빈칸에 들어갈 금액으로 알맞은 것을 고르시오.

A: May I help you?
B: Yes, please. Can I try on this jacket?
A: Yes, of course. You can try on any item in our store.
B: Thanks. Well, I like this jacket. How much is it?
A: It's 20 dollars.
B: Okay. Can I use this coupon?
A: Yes. You can get a 30 percent discount. Then, it's ________ dollars.
B: Great. I'll take it.

① 6 ② 20 ③ 30 ④ 14 ⑤ 12

09 밑줄 친 부분의 용법이 나머지와 다른 것을 고르시오.

① Did you finish taking a shower?
② My hobby is reading history books.
③ They are enjoying a picnic on the beach.
④ Eating a lot of vegetables is good for you.
⑤ I practiced baking cupcakes for the contest.

10 다음 중 어법상 어색한 문장을 고르시오.

① A beautiful girl were at the bus stop.
② Glen and Ann visited New York last week.
③ Did you set up the alarm clock last night?
④ The baby enjoyed playing with the new toy.
⑤ She stopped reading the book and began watching TV.

주관식

11 밑줄 친 부분을 어법에 맞게 고쳐 쓰시오.

In my first year of middle school, I (1) getted the Best Student Award in my class. My parents were surprised and excited. They kept (2) to smile. I was very happy.

[12-14] 다음 글을 읽고, 물음에 답하시오.

Friday, May 25th
Tomorrow, my sister and I (A) [will sell / selling] things at the flea market! We (B) [finded / found] many good items around the house. I cleaned them, and she (C) [makes / made] their price tags. These things are ready for new owners now. Woo-hoo!

12 위 글의 종류로 알맞은 것을 고르시오.

① 신문기사 ② 일기 ③ 독후감
④ 설명문 ⑤ 편지글

주관식

13 위 글의 밑줄 친 them이 가리키는 것을 위 글에서 찾아 쓰시오. (1단어)

14 (A), (B), (C)의 각 네모 안에서 어법에 맞는 표현으로 알맞은 것을 고르시오.

	(A)	(B)	(C)
①	will sell	found	makes
②	will sell	found	made
③	will sell	finded	made
④	selling	found	makes
⑤	selling	finded	made

[15-17] 다음 글을 읽고, 물음에 답하시오.

Saturday, May 26th

We arrived at the flea market around ten o'clock. I put our items on the table. My sister shouted, "Good items here!" People enjoyed looking at them, but they didn't buy anything.

Then, a girl came. She said, "I like these shoes. ____________" "Okay, then you can have a 20 percent discount," I said. She was our first customer!

15 위 글에서 글쓴이의 역할로 알맞은 것을 고르시오.

① 벼룩시장 자원봉사자 ② 소녀의 친구
③ 벼룩시장 판매자 ④ 벼룩시장 고객
⑤ 중고물품 수집가

16 밑줄 친 around와 같은 의미로 쓰인 것을 고르시오.

① The moon goes around the Earth.
② A boy is running around the table.
③ The kids are sitting around a big tree.
④ Sophia put her arms around her mother's neck.
⑤ The price of this computer is around 1,000 dollars.

17 글의 흐름상 빈칸에 들어갈 말로 가장 적절한 것을 고르시오.

① Are they new shoes?
② I can give you a discount.
③ I'm not going to buy them.
④ But they're a little expensive.
⑤ I have enough money for them.

[18-20] 다음 글을 읽고, 물음에 답하시오.

Time ⓐ passed, and we got tired. Then a woman said, "계속 노력하렴!" She had a table next to us. She gave some bread to us. We started ⓑ shouting again, "Best prices here!"

In the end, we ⓒ selled many things. How much did we ⓓ make?

We got 24,000 won. That's great! How ⓔ will we use this money? First, we will save half of the money. Then, we will donate 20 percent of the rest for hungry children. After that, we will go shopping. Maybe we will buy things at the flea market at low prices!

18 위 글을 읽고 답할 수 없는 질문을 고르시오.

① 옆자리의 여자가 글쓴이에게 준 것은 무엇인가?
② 글쓴이와 동생이 외친 말은 무엇인가?
③ 벼룩시장이 끝난 시각은 언제인가?
④ 글쓴이는 어떤 지출 계획을 세웠는가?
⑤ 글쓴이가 굶주린 어린이들을 위해 기부할 금액은 얼마인가?

주관식

19 밑줄 친 우리말을 괄호 안의 말을 이용하여 영어로 옮기시오.

(keep, try)

20 밑줄 친 ⓐ~ⓔ 중 어법상 어색한 것을 고르시오.

① ⓐ ② ⓑ ③ ⓒ ④ ⓓ ⑤ ⓔ

서술형 평가

▶정답 및 해설 p.169

[01-02] 다음 학생들의 상황을 보고, 조동사 should와 괄호 안의 표현을 이용하여 조언하는 문장을 쓰시오.

01

"I'm always sleepy."

→ ______________________________.
(go to bed)

02

"My teeth hurt."

→ ______________________________.
(stop, so much candy)

03 옷 가게에서의 대화를 읽고, 밑줄 친 우리말을 괄호 안의 표현을 이용하여 영어로 옮기시오.

A: Can I help you?
B: (1) 이 셔츠를 입어봐도 될까요?
A: Of course you can.
B: (2) 탈의실을 이용해도 될까요?
A: Sure. It's right behind you.
B: Thank you.

(1) ______________________? (try on)

(2) ______________________?
(the fitting room)

04 다음 두 문장을 한 문장으로 바꿔 쓸 때 빈칸에 알맞은 말을 쓰시오.

(1) Lewis plays the flute. He practices it every day.
→ Lewis practices ______________ the flute every day.

(2) Julia started exercising in the morning. She still exercises regularly.
→ Julia keeps ______________ in the morning.

(3) My dog often bites my slippers. He enjoys it.
→ My dog enjoys ______________ my slippers.

05 다음 글에서 어법상 틀린 부분을 찾아 바르게 고쳐 쓰시오. (2개)

We take a trip to Jeju Island last month. We watched the sunrise on Seongsan Ilchulbong Peak. The weather didn't was very good, but the sunrise was great. After that, we had a wonderful time on the beach.

쉬어가는 페이지

세계의 벼룩시장의 매력에 빠져 볼까요?

생투앵 벼룩시장 (Marches aux Puces de Saint-Ouen)

생투앵 시장은 1885년에 시작되었다고 기록되고 있으며 현재 파리의 관광 명소로 손꼽힌다. 2,500여 개의 가게를 포함한 14개의 개별 시장으로 이루어져 있다. 골동품과 앤티크 가구부터 오래된 음반, 판화, 식기류 등 다양한 물건을 판매한다. 온갖 진귀한 물품들이 진열되어 있어서 생투앵 시장을 구경하면 마치 갤러리나 박물관에 온 느낌이 든다.

포토벨로 마켓 (Portobello Market)

런던 노팅힐에 위치한 포토벨로 마켓은 영화 '노팅힐'로 더 잘 알려졌다. 크게 앤티크 거리, 과일 거리, 잡화 거리로 나뉜다. 알록달록한 파스텔 톤의 건물이 나란히 붙어서 아기자기한 분위기를 낸다. 포토벨로 마켓에는 잡화뿐만 아니라 여러 먹을 거리를 판매하는데, 그 종류가 다양하고 비교적 저렴해서 현지인들도 즐겨찾는다.

산텔모 일요시장 (San Telmo Antique Market)

산텔모는 아르헨티나에서 가장 다양한 문화권 사람들이 정착한 곳이다. 1970년에 이 문화를 활성화시키고 보존하기 위해 매주 일요일에 야외 시장을 열기 시작했다. 취급하는 품목은 장식품, 보석, 가죽제품, 그림, 인형, 도자기 등으로 다양하다. 진열하는 골동품은 1970년대 이전의 것이어야 하고, 필히 보조 인원 하나를 두어야 한다는 것 등 까다로운 기준을 충족해야 노점을 열 수 있다.

엘 라스트로 벼룩시장 (El Rastro)

스페인의 수도 마드리드에서 매주 일요일마다 열리는 벼룩시장으로 약 500년의 역사를 자랑한다. 스페인 특산 가죽 제품, 수공예 장식품, 의류, 가구, 골동품, 회화 등 온갖 물건이 있다. 예전에는 앤티크 물품을 주로 판매했지만, 현재는 거의 새 상품들을 판매한다. 많은 인파가 모이는 만큼 활기가 넘치고 구경거리가 많지만 소매치기를 조심해야 한다.

The Power of Ideas

Functions

동의하기 · 이의 제기하기

A: This movie is boring.
B: **I think so, too. / I don't think so.**

이유 묻고 답하기

A: **Why** do you use this computer?
B: **Because** it's fast.

Forms

- This story **teaches us an important lesson**.
- Do you want **to find** out new things?

Words & Phrases

● 자신이 알고 있는 단어와 표현에 표시(V)해 봅시다.

Words

- ☐ **agree** [əgríː] ⓢ 동의하다
- ☐ **amazing** [əméiziŋ] ⓗ 놀라운
- ☐ **autumn** [ɔ́ːtəm] ⓜ 가을
- ☐ **because** [bikɔ́(ː)z] ⓙ 때문에, ~여서
- ☐ **boring** [bɔ́ːriŋ] ⓗ 지루한
- ☐ **break** [breik] ⓢ 깨지다, 고장 나다
- ☐ **carry** [kǽri] ⓢ 가지고 다니다
- ☐ **center** [séntər] ⓜ 중심
- ☐ **century** [séntʃəri] ⓜ 100년, 세기
- ☐ **discovery** [diskʌ́vəri] ⓜ 발견
- ☐ **early** [ə́ːrli] ⓑ 일찍
- ☐ **easily** [íːzəli] ⓑ 쉽게
- ☐ **fact** [fækt] ⓜ 사실
- ☐ **fall** [fɔːl] ⓢ 떨어지다
- ☐ **important** [impɔ́ːrtənt] ⓗ 중요한
- ☐ **impossible** [impɑ́səbl] ⓗ 불가능한
- ☐ **invention** [invénʃən] ⓜ 발명(품)
- ☐ **inventor** [invéntər] ⓜ 발명가
- ☐ **leaf** [liːf] ⓜ 나뭇잎
- ☐ **lesson** [lésən] ⓜ 교훈
- ☐ **obvious** [ɑ́bviəs] ⓗ 분명한, 명백한
- ☐ **plant** [plænt] ⓜ 식물
- ☐ **present** [prézənt] ⓜ 선물, 현재
- ☐ **print** [print] ⓢ 인쇄하다
- ☐ **question** [kwéstʃən] ⓜ 질문 ⓢ 의문을 갖다
- ☐ **quickly** [kwíkli] ⓑ 빠르게
- ☐ **refrigerator** [rifrídʒərèitər] ⓜ 냉장고
- ☐ **report** [ripɔ́ːrt] ⓜ 보고서
- ☐ **submarine** [sʌ̀bməríːn] ⓜ 잠수함
- ☐ **surprisingly** [sərpráiziŋli] ⓑ 놀랍게도
- ☐ **taste** [teist] ⓢ ~ 맛이 나다
- ☐ **teach** [tiːtʃ] ⓢ 가르치다
- ☐ **technology** [teknɑ́lədʒi] ⓜ (과학) 기술
- ☐ **too** [tuː] ⓑ 너무
- ☐ **understand** [ʌ̀ndərstǽnd] ⓢ 이해하다
- ☐ **universe** [júːnəvə̀ːrs] ⓜ 우주
- ☐ **useful** [júːsfəl] ⓗ 유용한
- ☐ **village** [vílidʒ] ⓜ 마을
- ☐ **wonder** [wʌ́ndər] ⓢ 궁금해하다
- ☐ **wrong** [rɔ(ː)ŋ] ⓗ 틀린, 잘못된

Phrases

- ☐ **come from** ~에서 오다
- ☐ **find out** 발견하다, 알아내다
- ☐ **go around** ~둘레를 돌다
- ☐ **go on** 이어지다
- ☐ **go on a picnic** 소풍을 가다
- ☐ **right away** 곧바로

Check up

● 다음 영어를 우리말로, 우리말을 영어로 써 봅시다.

▶정답 p.169

영어 단어	우리말 뜻	영어 단어	우리말 뜻
technology	01	06	깨지다, 고장 나다
important	02	07	명백한
plant	03	08	~ 맛이 나다
useful	04	09	냉장고
find out	05	10	소풍을 가다

Word Test

▶정답 및 해설 p.169

01 단어의 관계가 같도록 빈칸에 알맞은 말을 쓰시오.

(1) possible: impossible = __________ : interesting

(2) science: scientist = invention: __________

(3) deliver: delivery = discover: __________

TIPS

- possible ㊍ 가능한
- scientist ㊔ 과학자
- delivery ㊔ 배달
- discover ㊖ 발견하다

02 빈칸에 들어갈 말이 순서대로 바르게 짝지어진 것을 고르시오.

- This cheese comes __________ cow milk.
- The planets go __________ the sun.

① from – on ② up – around ③ up – from
④ from – around ⑤ with – on

- cow ㊔ 소
- planet ㊔ 행성

03 빈칸에 알맞은 말을 보기에서 골라 쓰시오.

보기 fact carry submarine

(1) I didn't know that. Is that a __________?

(2) I want to travel by __________ under the sea.

(3) My brother usually doesn't __________ a bag.

- usually ㊕ 보통, 대개

04 다음 밑줄 친 말과 바꿔 쓸 수 있는 것을 고르시오.

Johnny eats food very <u>fast</u>.

① too ② early ③ easily
④ quickly ⑤ surprisingly

05 우리말과 같은 뜻이 되도록 빈칸에 알맞은 말을 쓰시오.

(1) I learned an important __________ from this book.
(나는 이 책에서부터 중요한 교훈을 배웠다.)

(2) You need to see a doctor __________ __________.
(너는 곧바로 병원에 가야 한다.)

(3) I'm sorry, but I don't __________ with you.
(죄송하지만 저는 당신의 의견에 동의하지 않습니다.)

- see a doctor 병원에 가다, 진찰을 받다

Functions

A 동의하기 · 이의 제기하기

A: Cheesecakes at this bakery are very delicious.
(이 제과점의 치즈케이크는 무척 맛있어.)

B: I think so, too.
(나도 그렇게 생각해.)

◆ 동의하기

상대방의 의견과 같은 뜻을 나타낼 때 I think so, too.(나도 그렇게 생각해.), I agree.(나도 동의해.)라는 표현을 쓴다.

◆ 이의 제기하기

상대방의 의견과 반대의 뜻을 나타낼 때 I don't think so.(나는 그렇게 생각하지 않아.), I don't agree.(나는 동의하지 않아.)라는 표현을 쓴다. 이의를 제기한 뒤에 그 이유를 밝혀주면 대화가 훨씬 더 부드러워진다.

예시 대화

1. **A:** It's too crowded here. (여기는 너무 사람들로 붐빈다.)
   B: I agree. (나도 동의해.)
2. **A:** Rollercoasters are really fun. (롤러코스터는 정말 재미있어.)
   B: I don't think so. They're scary. (나는 그렇게 생각하지 않아. 그것들은 무서워.)

표현 Plus

▶ 자신의 의견을 밝힌 뒤에 상대방의 의견을 물을 때 '너는 어때?'라는 의미로 다음과 같은 표현을 쓸 수 있다.

What about you?
How about you?
What do you think?

A: This song is great. What do you think? (이 노래 정말 좋다. 너는 어떻게 생각해?)
B: I don't think so. It's too boring. (나는 그렇게 생각하지 않아. 그것은 너무 지루해.)

B 이유 묻고 답하기

A: Why are you upset?
(너는 왜 기분이 좋지 않니?)

B: Because my brother broke my camera.
(왜냐하면 남동생이 내 카메라를 망가뜨렸거든.)

◆ 이유 묻기

이유를 물을 때는 의문사 why를 쓴다. be동사가 있는 문장은 「Why+be동사+주어~?」로, 일반동사나 조동사가 있는 문장은 「Why+do동사/조동사+주어+동사원형~?」 어순으로 쓴다.

◆ 이유를 묻는 질문에 답하기

이유를 묻는 질문에는 「Because+주어+동사~」 구문을 이용하여 답할 수 있다.

예시 대화

1. **A:** Why did you leave early yesterday? (너는 어제 왜 일찍 떠났니?)
   B: Because I was really tired. (왜냐하면 나는 정말 피곤했거든.)
2. **A:** Why should we wait here? (우리는 왜 이곳에서 기다려야 하니?)
   B: Because the bus comes in 30 minutes later.
   (왜냐하면 버스가 30분 뒤에 오거든.)

표현 Plus

▶ 의문사 why 대신 '왜', '어째서'라는 뜻의 how come을 사용할 수 있다.

How come he is so happy?
(어째서 그는 그렇게 행복해하니?)

Functions Test

▶정답 및 해설 p.170

01 대화의 빈칸에 들어갈 말로 적절하지 않은 것을 고르시오.

A: Soccer is exciting.
B: ______________________________

① You're right.
② I agree.
③ I think so, too.
④ Of course you can.
⑤ I don't think so.

02 대화의 각 빈칸에 알맞은 말을 보기에서 고르시오.

A: It's too cold.
B: Yes. I don't like winter. I love summer.
A: __________(A)__________
B: Because I like many water activities. Summer is great.
A: __________(B)__________ Hot weather is terrible.

보기
ⓐ I think so, too.
ⓑ Why is it cold outside?
ⓒ Why do you like summer?
ⓓ I don't agree.

03 밑줄 친 우리말과 같은 뜻이 되도록 괄호 안의 단어들을 바르게 배열하시오.

A: Here is your orange juice and a paper cup.
B: Thank you, but I have my own cup.
A: 너는 왜 그것을 사용하니? (use, you, why, it, do)
B: Because it's good for the environment.

→ ______________________________?

04 우리말과 같은 뜻이 되도록 빈칸에 알맞은 말을 쓰시오.

(1) A: This onion soup is tasty.
(이 양파 수프는 맛있어.)
B: I ________ ________ ________. Its' too salty.
(나는 그렇게 생각하지 않아. 그건 너무 짜.)

(2) A: ________ ________ ________ go to the library yesterday?
(너는 왜 어제 도서관에 갔니?)
B: ________ I had my reading club meeting there.
(왜냐하면 그곳에서 내 독서 동아리 모임이 있었거든.)

TIPS

- activity 명 활동
- terrible 형 끔찍한
- outside 부 밖에

- paper cup 종이컵
- environment 명 환경

- onion 명 양파
- soup 명 수프
- tasty 형 맛있는
- salty 형 짠
- reading club 독서 동아리
- meeting 명 회의, 만남, 모임

Script

▶정답 및 해설 p.170

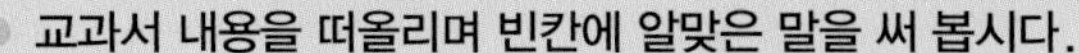

● 교과서 내용을 떠올리며 빈칸에 알맞은 말을 써 봅시다.

Listen & Talk 1

1

G I don't like classical music. It's ________(지루해).

B I ________ ________ ________(그렇게 생각하지 않아). It's interesting. Try Mozart's music.

2

B I'm hungry. Let's have hamburgers ________ ________(점심으로).

G Again? You eat hamburgers too often.

B They're really delicious. And they're not very ________(비싼).

G I know. But they're ________ ________ ________ ________ ________(너의 건강에 좋지 않아).

B They have vegetables inside! They're healthy.

G I don't think so. They have too much fat and salt.

3

G Today we're going to talk about our class field trip. Where can we go?

B1 We can ________ ________(하이킹을 가다) on Dobongsan. Hiking is exciting.

G I think so, ________(~도, 역시). Hiking is fun.

B2 I don't think so. Hiking is hard. Can we go to the city zoo?

B1 It's a fun place, but we went there last year.

G ________ ________(~은 어때) Bukchon Hanok Village? It's nice there.

B2 I think so, too. ________ ________(~가 있어) lots of cultural programs there.

B1 Sounds good.

Listen & Talk 2

1

B I like this smartphone best.

G ________(왜) do you ________(좋아하니) it?

B Because it's thin.

2

B ________ ________ ________ ________(넌 뭘 하고 있니)?

G I'm reading a book. It's an e-book.

B Why do you read e-books?

G ________(왜냐하면) I can carry them easily. I have 20 books in my e-book reader now.

B That's great. Can I buy e-books from ________ ________(온라인 서점들)?

G Yes. You can also ________(빌리다) them on the library website.

3

G Did you like this video about robots? I loved it.

B Yes, ________ ________(그랬어). Robots will do many things for humans ________ ________ ________(미래에는).

G I think so, too. We will have more free time ________ ________(덕분에) them.

B You're right. I want the cooking robot from the video. It will cook ________ ________(많은) delicious food for me.

G That sounds great. I want a cleaning robot.

B Why do you want a cleaning robot?

G Because I can ________ ________(시간을 아끼다). It will clean my room every day.

B That's nice. Home robots will help us a lot.

A 수여동사

This story teaches us an important lesson.
(이 이야기는 우리에게 중요한 교훈을 가르쳐준다.)

Brad **sent me some letters** from Boston.
(Brad는 보스턴에서 내게 편지 몇 통을 보냈다.)

Can I **ask you a question** about the exam?
(시험에 대해 질문을 해도 되나요?)

'…에게 ~(해)주다'라는 의미를 나타내며 목적어를 두 개 갖는 동사를 수여동사라고 한다. 수여동사에는 give, teach, send, show, tell, write, buy, get, cook, make, ask **등이 있다. 수여동사의 목적어에는 간접목적어(…에게)와 직접목적어(~를)가 있으며, 「수여동사+간접목적어+직접목적어」의 어순으로 쓴다.**

예문

She **gave my friends concert tickets.**
(그녀는 내 친구들에게 공연 표를 주었다.)

Hannah's mother **made her a pretty doll.**
(Hannah의 어머니는 그녀에게 예쁜 인형을 하나 만들어 주었다.)

Mr. Lewis **showed our class a documentary.**
(Lewis 선생님은 우리 학급에게 다큐멘터리를 보여주셨다.)

Grammar Plus

▶ 수여동사와 두 개의 목적어는 「수여동사+직접목적어+전치사+간접목적어」 어순으로 쓸 수도 있다. 간접목적어 앞의 전치사는 동사에 따라 다르다.

- **to를 쓰는 동사:** give, teach, send, show, tell, write 등

Mr. Lee teaches us science.
→ Mr. Lee teaches science **to** us.
(이 선생님은 우리에게 과학을 가르치신다.)

- **for를 쓰는 동사:** make, buy, get, cook 등

I'll buy you this scarf. → I'll buy this scarf **for** you. (내가 너에게 이 스카프를 사줄게.)

- **of를 쓰는 동사:** ask 등

He asked me questions. → He asked questions **of** me. (그는 내게 질문들을 했다.)

B 동사의 목적어 역할을 하는 to부정사

Do you want **to find out** new things?
(새로운 것을 발견하고 싶은가?)

We hope **to see** you again soon.
(우리는 당신을 곧 다시 보기를 희망합니다.)

He didn't expect **to win** the gold medal.
(그는 금메달을 딸 것을 기대하지 않았다.)

to부정사는 「to+동사원형」 형태로 want, hope, need, decide, promise, expect, plan **등의 동사 뒤에서 목적어 역할을 한다.** like, love, hate, begin, start **등의 동사는 목적어로 to부정사와 동명사를 모두 쓸 수 있다.**

예문

I am planning **to study** law in college.
(나는 대학에서 법을 공부할 계획이다.)

Jessica loves **to wear[wearing]** blue jeans.
(Jessica는 청바지 입는 것을 좋아한다.)

Eddie began **to walk[walking]** along the river.
(Eddie는 강을 따라 걷기 시작했다.)

Grammar Plus

▶ to부정사는 목적어 이외에도 문장에서 명사처럼 주어, 보어로 쓰인다.

- 주어로 쓰이는 to부정사: '~하는 것은[이]'

To learn a language is hard.
(언어를 배우는 것은 어렵다.)

- 보어로 쓰이는 to부정사: '~하는 것(이다)'

My goal is **to exercise** every day.
(나의 목표는 매일 운동을 하는 것이다.)

Grammar Test

▶정답 및 해설 p.170

TIPS

01 괄호 안에서 알맞은 말을 고르시오.

(1) Andy showed (his yearbook me / me his yearbook).

(2) The band started (play / to play) music on the street.

(3) Ryan made a toy (to / for) his son.

(4) She promised (to call / calling) me on Saturday.

- yearbook 명 졸업앨범
- band 명 밴드, 악단
- son 명 아들

02 빈칸에 들어갈 말을 보기에서 골라 알맞은 형태로 쓰시오.

보기	wear	travel	become	pass

(1) I'm expecting __________ __________ the exam. I studied very hard.

(2) Cindy wants __________ __________ a chef in the future.

(3) My parents are planning __________ __________ to Italy this summer.

(4) We don't need __________ __________ raincoats. It's sunny.

- pass 동 통과하다
- exam 명 시험
- raincoat 명 비옷

03 다음 문장을 영어로 바르게 옮긴 것을 고르시오.

> 삼촌은 내게 솜사탕을 하나 사주셨다.

① My uncle bought a cotton candy me.

② My uncle bought me a cotton candy.

③ My uncle bought to me a cotton candy.

④ My uncle bought a cotton candy to me.

⑤ My uncle bought of me a cotton candy.

- uncle 명 삼촌, 외삼촌, 고모부, 이모부
- cotton candy 솜사탕

04 밑줄 친 to의 용법이 나머지와 다른 것을 고르시오.

① They hope to buy a new TV.

② We decided to take a family photo.

③ I'm planning to visit Sue this weekend.

④ Kelly sent the letter to her father in China.

⑤ I promised to practice the piano every day.

- take a photo 사진을 찍다
- send 동 보내다

TIPS

05 우리말과 같은 뜻이 되도록 괄호 안의 말을 이용하여 문장을 완성하시오.

(1) 너는 이 병들을 박스에 넣어야 한다. (need, put)

→ You __________ __________ __________ these bottles into the box.

(2) 내게 휴지를 좀 주세요. (me, some napkins)

→ Please give __________ __________ __________.

(3) Emily는 학교 농구팀에 가입하기로 결정했다. (decide, join)

→ Emily __________ __________ __________ the school basketball team.

• put 동 두다, 넣다
• napkin 명 휴지, 냅킨

06 다음 문장을 영어로 옮겼을 때 네 번째에 오는 단어로 알맞은 것을 고르시오.

그는 장미꽃을 사고 싶어한다.

① to ② he ③ roses
④ wants ⑤ buy

• rose 명 장미

07 다음 중 어법상 어색한 문장을 고르시오.

① I don't like to watch action movies.

② My mom made me pancakes today.

③ Henry's grandfather gave a toy car him.

④ Ms. Lopez showed us the pictures of her son.

⑤ She doesn't want to talk about the test scores.

• pancake 명 팬케이크

08 우리말과 같은 뜻이 되도록 괄호 안의 단어를 바르게 배열하시오.

(1) 나는 Peter에게 선물을 하나 보낼 예정이다.

(a gift, going, Peter, send, to, I'm)

→ ______________________________.

(2) 그녀는 다음 여름에 나를 방문하겠다고 약속했다.

(to, next summer, visit, she, promised, me)

→ ______________________________.

(3) 내가 너에게 한국어 단어를 조금 가르쳐 줄게.

(some Korean words, teach, I, to, will, you)

→ ______________________________.

• gift 명 선물
• visit 동 방문하다
• next 형 다음
• Korean 명 한국인, *한국어

▶정답 및 해설 p.171

● 교과서 내용을 떠올리며 빈칸에 알맞은 말을 써 봅시다.

Question the Obvious

"Today, I'm going to tell you ________ ________ ________: Earth is not the center of the universe."
(중요한 사실을)

"What are you talking about, Copernicus?"

"Earth is the center, and the sun ________ ________ it!"
(주위를 돌다)

"No, we were wrong. Earth ________ ________ the sun."
(주위를 돌다)

"No way!" "________ ________ ________ here!"
(~에서 나가다)

"Today, I'm going to talk about new discoveries."

________ ________ ________ ________, the center of the universe was Earth. This was obvious, and everyone believed it. But Copernicus asked, "________ ________ ________ ________?" His question started a big change. Today, Earth isn't the center of the universe ________. This story teaches us an important lesson. We should always ________ ________ ________. Then we can make discoveries.
(16세기까지 / 그것이 정말 진짜일까 / 더 이상 / 명백한 것들에 의문을 가지다)

TIPS

- Earth 명 지구
- center 명 중심
- universe 명 우주
- wrong 형 틀린, 잘못된

- discovery 명 발견
- teach 동 가르치다, 깨닫게 하다
- lesson 명 수업, *교훈

There are other examples in history. ________ ________ ________, (과거에) humans couldn't travel through the air. But some people ________ ________ ________, (궁금해 하기 시작했다) "Can we travel through the air?" The Wright brothers also asked this question, and they ________ (마침내) made an airplane. The same went for the submarine. Traveling under the water ________ ________, (불가능해 보였다) but people finally ________ ________ ________. (방법을 찾아냈다)

TIPS

- example 명 예
- through 전 ~을 통해 [통과하여]
- submarine 명 잠수함

It's still going on today. Where ________ meat ________ ________? (~에서 오다) Of course, it comes from animals. But some scientists wanted to get meat in a different way. "________ ________ (어떨까) plants?" they wondered. They used beans and peas, and they made new, healthy "meat." Surprisingly, it doesn't ________ ________ (~같은 맛이 나다) beans or peas. It ________ exactly ________ (~같은 맛이 나다) real meat.

- go on 계속되다
- plant 명 식물
- bean 명 콩
- pea 명 완두콩
- surprisingly 부 놀랍게도
- exactly 부 정확히, 꼭

Do you want to ________ ________ (발견하다) new things? Then look around and question obvious things, just like history's ________ ________! (위대한 발명가들)

Reading Test

▶정답 및 해설 p.171

[01~03] 다음 글을 읽고, 물음에 답하시오.

Until the 16th century, ⓐ the center of the universe was Earth. ⓑ This was obvious, and everyone believed ⓒ it. But Copernicus asked, "Is ⓓ it really true?" His question started a big change. Today, Earth isn't the center of the universe anymore. ⓔ This story teaches us an important lesson. We should always question obvious things. Then we can make ____________.

01 위 글에서 코페르니쿠스를 언급한 이유로 가장 적절한 것을 고르시오.

① 16세기 사람들의 어리석음을 지적하려고
② 우주에 대한 연구가 왜 중요한지 설명하려고
③ 명백한 것에 의문을 던진 역사 속 인물의 예를 들려고
④ 성공한 과학자의 삶을 통해 과학의 중요성을 강조하려고
⑤ 다른 사람들과의 의견 충돌을 해결하는 법을 알려주려고

02 밑줄 친 ⓐ~ⓔ가 가리키는 내용이 나머지와 다른 것을 고르시오.

① ⓐ ② ⓑ ③ ⓒ ④ ⓓ ⑤ ⓔ

03 글의 흐름상 빈칸에 들어갈 말로 가장 적절한 것을 고르시오.

① decisions ② mistakes ③ discoveries
④ money ⑤ stories

[04~05] 다음 글을 읽고, 물음에 답하시오.

There are other examples in history.
(A) But some people began to wonder, "Can we travel through the air?"
(B) In the past, humans couldn't travel through the air.
(C) The Wright brothers also asked this question, and they finally made an airplane.
The same went for the submarine. ⓐ Traveling under the water looked impossible, but people finally found a way.

TIPS

► 글의 요지와 밀접한 관련이 있으므로 글의 앞이나 뒤에서 요지를 찾아 관련지어 보도록 한다.

► 앞 문장과 연관 지어 그 결과로 얻을 수 있는 것을 생각해본다.

• mistake 명 실수

TIPS

04 위 글의 내용이 자연스럽게 이어지도록 (A)~(C)를 바르게 배열하시오.

► But과 같은 접속사나 this 같은 말에 유의하여 자연스러운 연결을 찾는다.

05 밑줄 친 ⓐ Traveling과 다른 용법으로 쓰인 것을 고르시오.

① Sam enjoys watching dramas.

② Playing the piano is my hobby.

③ People started shouting my name.

④ My mom likes reading newspapers.

⑤ Rachel and Finn are singing together.

[06~08] 다음 글을 읽고, 물음에 답하시오.

It's still going on today. Where ⓐ does meat come from? Of course, it comes from animals. (①) But some scientists wanted to get meat in a different way. (②) They used beans and peas, and they ⓑ made new, healthy "meat." (③) Surprisingly, it doesn't taste like beans or peas. (④) It ⓒ tastes exactly like real meat. (⑤)

Do you want to find out new things? Then ⓓ looking around and question obvious things, just ⓔ like history's great inventors!

06 위 글의 내용과 일치하는 것을 고르시오.

① 일부 과학자들은 고기를 먹는 것을 싫어했다.

② 과학자들은 동물들에게 사료로 콩과 완두콩을 주었다.

③ 새로운 고기는 건강에 좋지 않은 것으로 밝혀졌다.

④ 새로 만든 고기는 동물에게서 얻은 고기와 똑같은 맛이 난다.

⑤ 위대한 발명가들은 주변의 명백한 사실들에는 관심을 두지 않는다.

► 글의 내용과 하나씩 대조해가면서 답을 찾는다.

07 글의 흐름상 다음 문장이 들어가기에 가장 적절한 곳을 고르시오.

"How about plants?" they wondered.

① ② ③ ④ ⑤

► they가 누구를 가리키는지 생각해보고 자연스러운 위치를 찾는다.

08 밑줄 친 ⓐ~ⓔ 중 어법상 어색한 것을 고르시오.

① ⓐ ② ⓑ ③ ⓒ ④ ⓓ ⑤ ⓔ

Review Test 1

▶정답 및 해설 p.172

01 단어의 뜻이 바르게 연결되지 않은 것을 고르시오.

① wrong – 틀린, 잘못된
② obvious – 분명한, 명백한
③ carry – 가지고 다니다
④ universe – 우주
⑤ impossible – 가능한

02 다음 단어를 모두 포함하는 단어를 고르시오.

telephone airplane robot computer

① picnic ② invention ③ plant
④ center ⑤ lesson

주관식

03 빈칸에 알맞은 단어를 쓰시오.

We are living in the 21st __________ now.

[04-05] 대화의 빈칸에 들어갈 말로 가장 적절한 것을 고르시오.

04

A: That action movie was great!
B: ______________ It was boring for me.

① Okay, I will.
② Sure, go ahead.
③ I don't think so.
④ Because I was happy.
⑤ I'm sorry, but you can't.

05

A: Why did you talk to Mr. Chan?
B: ______________________________

① Because I kept talking.
② I didn't talk about my grade.
③ He is a very good math teacher.
④ But he was not in his office today.
⑤ Because I had questions about the test.

주관식

06 우리말과 같은 뜻이 되도록 빈칸에 알맞은 말을 쓰시오.

A: What are you doing?
B: I'm reading a book. It's an e-book.
A: (1) 너는 왜 전자책을 읽니?
B: (2) 왜냐하면 나는 이걸 쉽게 가지고 다닐 수 있거든. I have 20 books in my e-book reader now.
A: That's great. Can I buy e-books from online bookstores?
B: Yes. You can also borrow them on the library website.

(1) __________ __________ you __________ e-books?
(2) __________ I can carry them easily.

[07-08] 다음 대화를 읽고, 물음에 답하시오.

A: Today we're going to talk about our class field trip. Where can we go? (①)
B: We can go hiking on Dobongsan. (②) Hiking is exciting.
A: I think so, too. Hiking is fun.
C: I don't think so. Hiking is hard. (③)
B: It's a fun place, but we went there last year.
A: How about Bukchon Hanok Village? It's nice there. (④)
C: I think so, too. There are lots of cultural programs there. (⑤)
B: Sounds good.

07 위 대화의 주제로 가장 적절한 것을 고르시오.

① 소풍 일정 짜기
② 전통 문화 체험
③ 하이킹의 장단점
④ 학급 견학 장소 선정
⑤ 서울의 추천 관광 명소

08 대화의 흐름상 다음 문장이 들어가기에 가장 적절한 곳을 고르시오.

Can we go to the city zoo?

① ② ③ ④ ⑤

09 빈칸에 들어갈 말로 알맞은 것을 고르시오.

I decided ________ at the festival.

① sing ② sings ③ sang
④ singing ⑤ to sing

주관식

10 우리말과 같은 뜻이 되도록 괄호 안의 단어를 이용하여 문장을 완성하시오.

누나는 지난주에 부산에서 내게 엽서를 보냈다.
(send, a postcard)
→ My sister ________ ________ ________ ________ from Busan last week.

11 두 문장이 같은 뜻이 되도록 할 때, 빈칸에 들어갈 말이 나머지와 다른 것을 고르시오.

① My father gave me cookies.
= My father gave cookies ________ me.
② Owen made his dog a little house.
= Owen made a little house ________ his dog.
③ Jisu is teaching her brother taekwondo.
= Jisu is teaching taekwondo ________ her brother.
④ I showed my friends my new shoes.
= I showed my new shoes ________ my friends.
⑤ Fred told his classmates a funny story.
= Fred told a funny story ________ his classmates.

12 다음 중 어법상 어색한 문장을 고르시오.

① Sam wants to climb the tree.
② Lucy hopes to go skiing this weekend.
③ I don't like doing my math homework.
④ They began working here six months ago.
⑤ We're expecting spending two days in Jeju.

[13-15] 다음 글을 읽고, 물음에 답하시오.

Until the 16th century, the center of the universe was Earth. This was obvious, and everyone believed it. But Copernicus asked, "Is it really true?" His question started a big change. Today, Earth isn't the center of the universe anymore. This story teaches us an important lesson. We should always question ________ things. Then we can make discoveries.

13 위 글의 요지로 가장 적절한 것을 고르시오.

① 우주의 중심은 지구가 아니다.
② 다른 사람들의 믿음을 존중해야 한다.
③ 새로운 발견은 우연에 의해 얻어진다.
④ 명백한 것에 의문을 갖는 것은 중요하다.
⑤ 우주에 관한 더 많은 발견이 필요하다.

주관식

14 밑줄 친 it이 나타내는 것을 우리말로 쓰시오.

주관식

15 글의 흐름상 빈칸에 알맞은 말을 본문에서 찾아 쓰시오. (1단어)

[16-17] 다음 글을 읽고, 물음에 답하시오.

There are other examples in history. (①) In the past, humans (A) [can't / couldn't] travel through the air. (②) But some people began (B) [wonder / to wonder], "Can we travel through the air?" (③) The Wright brothers also asked this question, and they finally made an airplane. (④) Traveling under the water looked (C) [impossible / impossibly], but people finally found a way. (⑤)

16 글의 흐름상 다음 문장이 들어가기에 가장 적절한 곳을 고르시오.

The same went for the submarine.

① ② ③ ④ ⑤

17 (A), (B), (C)의 각 네모 안에서 어법에 맞는 표현으로 알맞은 것을 고르시오.

	(A)		(B)		(C)
①	can't	–	wonder	–	impossible
②	couldn't	–	to wonder	–	impossible
③	can't	–	to wonder	–	impossibly
④	couldn't	–	wonder	–	impossibly
⑤	couldn't	–	to wonder	–	impossibly

[18-20] 다음 글을 읽고, 물음에 답하시오.

It's still going ____(A)____ today. Where does meat come from? Of course, it comes from animals. But some scientists wanted to get meat ____(B)____ a different way. "How about ____ⓐ____?" they wondered. They used beans and peas, and they made new, healthy "meat." Surprisingly, it doesn't taste like beans or peas. It tastes exactly like real meat. <u>여러분은 새로운 것을 발견하고 싶은가?</u> Then look around and question obvious things, just ____(C)____ history's great inventors!

18 글의 흐름상 빈칸 ⓐ에 들어갈 말로 알맞은 것을 고르시오.

① meat ② plants ③ health ④ animals ⑤ scientists

19 빈칸 (A), (B), (C)에 들어갈 말이 바르게 짝지어진 것을 고르시오.

	(A)		(B)		(C)
①	out	–	with	–	on
②	to	–	by	–	with
③	on	–	in	–	like
④	with	–	to	–	by
⑤	by	–	on	–	to

주관식

20 밑줄 친 우리말을 괄호 안의 말을 이용하여 영어로 옮기시오.

(want, find out, new things)

________________________________?

서술형 평가

▶정답 및 해설 p.173

[01-02] 괄호 안의 지시에 맞게 응답하는 말과 그 이유를 써서 대화를 완성하시오.

01

A: Korea is a beautiful country.
B: (1) ____________________ (동의하기)
My favorite place is Jeju Island.
A: Why do you like Jeju Island so much?
B: (2) ____________________

02

A: Smartphones are helpful for us.
B: (1) ____________________ (이의 제기)
They are bad for us.
A: Why do you think so?
B: (2) ____________________

03 다음 두 문장을 한 문장으로 연결하여 쓰시오.

(1) Inho will get a new backpack from his parents. He is expecting it.
→ Inho is expecting ____________________
____________________.

(2) I will work at a restaurant during the summer vacation. I decided it.
→ I decided ____________________
____________________.

[04-05] 그림을 보고, 괄호 안의 표현을 이용하여 같은 의미를 나타내는 두 가지 문장을 쓰시오.

04

(the man, the girl, gave, a teddy bear)
(1) ____________________
(2) ____________________

05

(my mother, we, cooked, hamburgers)
(1) ____________________
(2) ____________________

Review Test 2

▶정답 및 해설 p.174

01 단어의 뜻이 바르게 연결되지 않은 것을 고르시오.

① center - 중심
② taste - ~ 한 냄새가 나다
③ useful - 유용한
④ question - 의문을 갖다
⑤ plant - 식물

02 빈칸에 들어갈 말로 알맞은 것을 고르시오.

> You want to keep fruits or vegetables fresh. Then you should keep them in the ___________.

① village ② report ③ airplane
④ refrigerator ⑤ universe

03 빈칸에 공통으로 들어갈 말로 알맞은 것을 고르시오.

> • Jason gave a necklace to his mother as a ________.
> • The past is the time before the ________.

① future ② lesson ③ present
④ way ⑤ fall

04 빈칸에 들어갈 말로 알맞지 않은 것을 고르시오.

> A: It's raining outside. Rainy days are wonderful.
> B: ______________________________

① I agree.
② I don't agree.
③ I don't think so.
④ I can do that.
⑤ I think so, too.

주관식

05 대화가 자연스럽게 이어지도록 (A)~(D)를 바르게 배열하시오.

> This gallery is nice.

> (A) Why do you like his paintings?
> (B) I think so, too. There are a lot of famous paintings.
> (C) Because I love the colors in his paintings. I love yellow and blue.
> (D) Yes, there are. I really like Van Gogh's paintings.

06 다음 중 짝지어진 대화가 어색한 것을 고르시오.

① A: The hat looks strange.
B: I think so, too. It looks funny.
② A: Boxing is a great sport.
B: I don't agree. It is a dangerous sport.
③ A: Why do you like this book?
B: Because it's full of interesting stories.
④ A: Jennifer Lawrence is a wonderful actress.
B: I don't think so. She is my favorite actress.
⑤ A: Why are you buying so much food?
B: Because I invited my friends to my home.

[07-08] 다음 대화를 읽고, 물음에 답하시오.

> A: Did you like this video about robots? I loved it.
> B: Yes, I did. Robots will do many things for humans in the future.
> A: I think so, too. We will have more free time thanks to them.
> B: You're right. I want the cooking robot from the video. It will cook lots of delicious food for me.

A: That sounds great. I want a cleaning robot.
B: 너는 왜 청소 로봇을 원하니?
A: Because I can save time. It will clean my room every day.
B: That's nice. Home robots will help us a lot.

07 대화의 내용과 일치하지 않는 것을 고르시오.

① 두 사람은 모두 로봇에 관한 비디오를 보았다.
② B는 로봇에 관한 비디오를 마음에 들어 한다.
③ A는 로봇 덕분에 사람들의 자유시간이 늘 거라고 생각한다.
④ A와 B는 같은 종류의 로봇을 원한다.
⑤ A는 로봇이 방 청소를 해주기를 바란다.

주관식

08 밑줄 친 우리말을 괄호 안의 말을 이용하여 영어로 옮기시오.

(why, want, a cleaning robot)
__________________________?

주관식

09 빈칸에 공통으로 들어갈 알맞은 말을 쓰시오.

• I hope ________ have a cat.
• Please give some more time ________ us.

10 다음 문장을 영어로 바르게 옮긴 것을 모두 고르시오.

나는 그들에게 달걀 샌드위치를 만들어 주었다.

① I made they egg sandwiches.
② I made egg sandwiches them.
③ I made them egg sandwiches.
④ I made for they egg sandwiches.
⑤ I made egg sandwiches for them.

주관식

11 두 문장이 같은 뜻이 되도록 빈칸에 알맞은 말을 쓰시오.

My dog began running fast.
= My dog began ________ ________ fast.

12 다음 중 어법상 어색한 문장을 고르시오.

① Please teach me K-pop songs.
② He didn't show me the photos.
③ Tom passed the salt to his father.
④ She cooked us noodles for lunch.
⑤ He asked of me questions about English.

[13-14] 다음 글을 읽고, 물음에 답하시오.

A: Today, 저는 여러분에게 중요한 사실을 말씀드릴 겁니다.: Earth is not the center of the universe.
B: What are you talking about, Copernicus?
C: Earth is the center, and the sun goes around it!
A: No, we were __________. Earth goes around the sun.
B: No way!
C: Get out of here!

13 밑줄 친 우리말을 영어로 바르게 옮긴 것을 고르시오.

① I told an important fact to you.
② I'll tell for you an important fact.
③ I'm telling to you an important fact.
④ I'm going to tell you an important fact.
⑤ I'm going to tell an important fact you.

14 글의 흐름상 빈칸에 들어갈 말로 알맞은 것을 고르시오.

① useful ② late ③ wrong
④ tired ⑤ real

[15-16] 다음 글을 읽고, 물음에 답하시오.

Until the 16th century, the center of the universe was Earth. This was obvious, and (A) [no one / everyone] believed it. But Copernicus asked, "Is it really true?" His question (B) [started / finished] a big change. Today, Earth isn't the center of the universe anymore. 이 이야기는 우리에게 중요한 교훈을 가르쳐 준다. We should always (C) [question / believe] obvious things. Then we can make discoveries.

주관식

15 밑줄 친 우리말과 같은 뜻이 되도록 괄호 안의 말을 바르게 배열하시오.

(us, lesson, teaches, this story, an important)

16 (A), (B), (C)의 각 네모 안에서 문맥에 맞는 표현으로 가장 적절한 것을 고르시오.

	(A)		(B)		(C)
①	no one	–	finished	–	question
②	everyone	–	started	–	believe
③	no one	–	finished	–	believe
④	everyone	–	finished	–	believe
⑤	everyone	–	started	–	question

[17-18] 다음 글을 읽고, 물음에 답하시오.

There are other ⓐexamples in history. In the past, humans couldn't travel through the ⓑair. But some people began to ⓒwonder, "Can we travel through the air?" The Wright brothers also asked this question, and they ⓓfinally made a(n) ___(A)___. The same went for the ___(B)___. Traveling under the water looked ⓔimpossible, but people finally found a way.

17 밑줄 친 ⓐ~ⓔ 중 우리말 뜻이 바르게 연결되지 않은 것을 고르시오.

① ⓐ: 예시들
② ⓑ: 공중
③ ⓒ: 궁금해하다
④ ⓓ: 끝까지
⑤ ⓔ: 불가능한

주관식

18 빈칸 (A), (B)에 각각 들어갈 알맞은 발명품을 쓰시오.

(A) ______________ (B) ______________

[19-20] 다음 글을 읽고, 물음에 답하시오.

It's still going on today. Where does meat come from? Of course, it comes from animals. But some scientists wanted to get meat ______________. "How about plants?" they wondered. They used beans and peas, and they made new, healthy "meat." Surprisingly, it doesn't taste like beans or peas. It tastes exactly like real meat.

Do you want to find out new things? Then look around and question obvious things, just like history's great inventors!

19 빈칸에 들어갈 말로 알맞은 것을 고르시오.

① at low prices
② during winter
③ at grocery stores
④ in a different way
⑤ from other countries

20 밑줄 친 like와 같은 용법으로 쓰인 것을 고르시오.

① She doesn't like pop songs.
② Chad looks like his grandfather.
③ We really liked meeting you again.
④ I didn't like the taste of the yogurt.
⑤ Do you like playing with toy cars?

서술형 평가

▶정답 및 해설 p.176

01 다음 대화의 빈칸에 들어갈 수 있는 말을 두 가지 이상 쓰시오.

A: Are you going to run in the park today?
B: Yes, I run every day. Running is a good exercise.
A: ______________________________ It can be bad for your knees. I watched a TV program about it.
B: Oh, I didn't know that.

02 사진을 보고, 괄호 안의 말을 이용하여 대화의 질문을 완성하시오.

A: ______________________________?
(the children, happy)
B: Because it is snowing.

03 다음 표를 보고, 괄호 안의 표현을 이용하여 문장을 완성하시오.

이름	Charlie
(1) 장래희망	야구선수 (a baseball player)
(2) 결심	학교 야구팀에 가입하기 (join, the school baseball team)
(3) 해야 할 일	매일 야구 연습하기 (practice, every day)

(1) Charlie wants ______________________________.
(2) He decided ______________________________.
(3) He needs ______________________________.

04 우리말과 같은 뜻이 되도록 괄호 안에 주어진 말을 바르게 배열하시오.

(1) 나는 그에게 매주 이메일을 쓴다.
(I, him, emails, write, every week)
→ ______________________________

(2) 엄마는 내게 원피스를 만들어 주셨다.
(for, a dress, made, my mother, me)
→ ______________________________

05 다음 글에서 어법상 어색한 곳을 찾아 바르게 고쳐 쓰시오. (2개)

Last weekend, I went to the zoo with Vivian. I took a lot of pictures there. She wanted to see the pictures. I promised to send the pictures her by email. I'm planning doing that tonight.

쉬어가는 페이지

아이디어가 반짝이는 이색 발명품을 살펴볼까요?

나만 쓸 수 있는 컵

이스라엘 디자이너가 만든 제품으로 주인만 쓸 수 있는 컵이다. 컵의 하단에 구멍이 있는데, 그 부분에 열쇠를 꽂으면 구멍을 막을 수 있다. 열쇠가 없으면 컵에 구멍이 있기 때문에 컵이 제 역할을 못하는 것에서 착안하였다.

롤링벤치

한국 출신의 디자이너가 만든 벤치이다. 비가 오고 난 후 젖어있는 벤치에 앉기 꺼려질 때 유용한 발명품이다. 벤치 옆에 있는 손잡이를 돌리면, 벤치가 회전하면서 아래의 젖지 않은 쪽이 위로 올라온다.

포스트잇 손목시계

해야 할 일을 자주 잊어버려서 손바닥에 메모를 하는 사람들을 위한 상품이다. 프랑스의 디자인 회사에서 만든 제품으로 손목시계 모양으로 되어 있어 메모를 적은 후 손목시계처럼 손목에 감아 착용할 수 있다. 중요한 일들을 잊어버리지 않도록 도와준다.

360도 회전 멀티탭

중국 출신의 디자이너가 만든 360도 회전 멀티탭은 플러그의 크기나 모양과 상관없이 여러 개를 동시에 꽂을 수 있게 한다. 각 콘센트는 한 방향에 고정되어 있는 것이 아니라 360도로 회전하며 레고처럼 조립이 자유로워서 원하는 만큼의 콘센트를 연결할 수 있다.

학교시험 완전 마스터

내신 다지기

★ 1학기 중간고사 ① 회 ★

01 단어의 뜻이 바르게 연결되지 않은 것을 고르시오.

① plan - 계획
② spirit - 정신, 영혼
③ interest - 관심
④ place - 장소
⑤ traditional - 새로운

02 빈칸에 들어갈 말로 알맞은 것을 고르시오.

I like Justin Bieber very much. He is my ________ singer.

① boring ② favorite ③ delicious
④ safe ⑤ different

주관식

03 빈칸에 알맞은 말을 쓰시오.

Natasha is from Russia. She is Russian.
Roberto is from Italy. He is ________.

04 나머지를 포함하는 의미를 가진 단어를 고르시오.

① science ② math ③ subject
④ history ⑤ English

05 다음 글이 설명하는 것을 고르시오.

Two teams play this sport. There are five players on each team. The players throw a large ball through a net. Then, they score.

① soccer ② baseball ③ tennis
④ basketball ⑤ golf

주관식

06 우리말과 같은 뜻이 되도록 빈칸에 알맞은 말을 쓰시오.

Fred는 그림 그리는 것을 잘하지 못한다.
→ Fred ________ ________ ________ ________ drawing.

★★

07 대화의 빈칸에 들어갈 말로 알맞은 것을 고르시오.

A: What are you going to do tomorrow?
B: ________________________

① No, I don't like plans for tomorrow.
② There are many fun places in Seoul.
③ I'm going to go to the movies with Ian.
④ She will give you a call again tomorrow.
⑤ You can play computer games after dinner.

08 다음 중 짝지어진 대화가 어색한 것을 고르시오.

① A: Where are you from?
B: My hometown is Jeju.
② A: Glad to meet you.
B: I'm fine. How about you?
③ A: What is your name?
B: My name is Jake.
④ A: Is there a river in this town?
B: Yes, there is.
⑤ A: What are you going to do this weekend?
B: I'm going to visit my grandparents.

[09-10] 다음 대화를 읽고, 물음에 답하시오.

A: Hello, Sejin.
B: Oh, hi, Daniel. ____(A)____ is my friend, Yui. She is in my book club.
A: Hi, Yui. My name is Daniel. I'm Sejin's classmate. Glad to meet you.
C: Glad to meet you, too, Daniel.

▶정답 및 해설 p.177

A: Yui, where are you from?
C: I'm from Japan. What ___(B)___ you?
A: I'm from Madrid, Spain.

09 빈칸 (A)와 (B)에 들어갈 말이 바르게 짝지어진 것을 고르시오.

(A) (B) (A) (B)
① It – for ② This – about
③ That – on ④ She – with
⑤ He – to

10 위 대화의 내용과 일치하지 않는 것을 고르시오.
① 세진은 Daniel과 Yui를 소개해주고 있다.
② 세진과 Yui는 같은 독서동아리 회원이다.
③ 세진과 Daniel은 같은 반 친구이다.
④ Yui는 중국 사람이다.
⑤ Daniel은 스페인에서 왔다.

11 다음 대화의 내용과 일치하지 않는 것을 고르시오.

A: I'm going to take a trip to Sokcho this weekend.
B: Wow! What are you going to do there?
A: First, I'm going to eat fresh fish. There is a good fish market in Sokcho, so I'm going to visit it.
B: That sounds great. Are you going to go to the beach, too?
A: No. I'm going to go hiking. There is a famous mountain, Seoraksan, there.

① 주말에 갈 여행에 관해 이야기하고 있다.
② A는 속초에서 생선을 먹을 예정이다.
③ B는 해변에 갈 예정이다.
④ 속초에는 좋은 수산시장이 있다.
⑤ A는 설악산에서 하이킹을 할 것이다.

★★
12 빈칸에 들어갈 말이 순서대로 바르게 짝지어진 것을 고르시오.

• My sister is __________ to music in her room now.
• Mr. Wilson __________ my math teacher.

① listen – are not
② listens – doesn't
③ listening – doesn't
④ listens – is not
⑤ listening – is not

[13-14] 다음 문장을 괄호 안의 지시대로 바꾸어 쓰시오.

주관식
13 Jason likes chocolate ice cream. (부정문으로)
→ ______________________________

주관식
14 Brian and his girlfriend take a walk in the park. (현재진행형으로)
→ ______________________________

★★
15 다음 문장을 영어로 바르게 옮긴 것을 고르시오.

그녀는 새 탁자를 살 것이다.

① She can buy a new table.
② She will buys a new table.
③ She is buying a new table.
④ She is going to buy a new table.
⑤ She going to buying a new table.

16 다음 중 어법상 어색한 문장을 고르시오.

① Does your mother drive?
② Bill goes to school at 8 o'clock.
③ The birds singing on the tree now.
④ I can run 100 meters in 15 seconds.
⑤ Those kids are the students of this school.

[17-18] 다음 글을 읽고, 물음에 답하시오.

Hello! My name ⓐbe Juho.
I live in Seoul, Korea.
I have friends from all around the world.
They live in different countries,
and they have different interests.
They all have online pages. Meet my friends!

Léo is from France.
He ⓑlike cooking.
He takes pictures of food.
He posts them on his online page.
I like food, so I often visit his page.

17 위 글의 내용과 일치하지 않는 것을 고르시오.

① 이 글을 쓴 사람은 주호이다.
② 주호의 친구들은 비슷한 취미를 가지고 있다.
③ Léo는 주호의 프랑스 친구이다.
④ Léo는 온라인 페이지를 가지고 있다.
⑤ Léo는 음식 사진을 찍는다.

주관식

18 밑줄 친 ⓐ, ⓑ를 알맞은 형태로 고쳐 쓰시오.

ⓐ ____________________
ⓑ ____________________

[19-20] 다음 글을 읽고, 물음에 답하시오.

Kanya lives in Thailand.
She likes dramas, just like me.
She watches a lot of Korean dramas.
So she studies Korean. She is not good at it,
but she practices hard.

Emma lives in Canada.
We both love animals.
I don't have a pet, but she has a dog.
His name is Max.
She walks him every evening.

Santiago is from Argentina.
He plays soccer for his school.
He likes Lionel Messi.
I'm a fan of Messi, too.
We talk about Messi and soccer a lot.

Do you have an online page? Add me!

19 위 글에서 언급되지 않은 것을 고르시오.

① Kanya가 한국어를 공부하는 이유
② Kanya가 즐겨보는 것
③ Emma가 사는 나라
④ Santiago의 나이
⑤ Santiago가 좋아하는 축구 선수

20 밑줄 친 him이 가리키는 대상으로 알맞은 것을 고르시오.

① Juho
② Kanya
③ Emma
④ Max
⑤ Santiago

[21-22] 다음 글을 읽고, 물음에 답하시오.

Tuesday, April 8th

Dear Mom and Dad,

Hi! How's everything? 저는 한국 여행을 즐기고 있어요. Right now, I'm in Insa-dong. (①) Tourists visit art shops and eat traditional food here. (②) On this street, my favorite place is Ssamzigil. (③) There are about 70 stores here. They sell special gifts. I'm sending some presents to you. (④) You can learn about Korea from them. (⑤)

Love, Sophia

21 글의 흐름상 다음 문장이 들어가기에 가장 적절한 곳을 고르시오.

I will write to you again soon.

① ② ③ ④ ⑤

주관식 ★★

22 밑줄 친 우리말을 괄호 안의 말을 이용하여 영어로 옮기시오.

(enjoy, my trip, to)

[23-25] 다음을 읽고, 물음에 답하시오.

This is *buchae*, a Korean fan. Artists make these fans ⓐ from bamboo and *hanji*, traditional Korean paper. Then they draw beautiful pictures on them. You can see *mugunghwa* on your *buchae*. This flower is a symbol of the ⓑ Korean people's strong spirit.

I'm also ⓒ sending *yut* for *yunnori*. It is a traditional Korean board game. In the game, you throw four sticks. They make five different combinations. They decide your move on the board. The combinations are *do*, *gae*, *geol*, *yut*, and *mo*. These names ⓓ means animals. Koreans play this game during holidays. We ⓔ will play it together later!

23 위 글의 내용을 바르게 이해하지 못한 사람을 고르시오.

① 아연: 글쓴이는 한국의 전통을 보여주는 물건 두 가지를 설명하고 있어.
② 진우: 전통 부채를 만들기 위해서는 한지가 필요해.
③ 준희: 무궁화는 한국인들의 선한 마음을 상징하는 꽃이야.
④ 영훈: 윷놀이를 할 때 막대기 네 개를 던져서 다섯 가지 조합을 만들어.
⑤ 민아: 한국인들은 윷놀이를 명절 때 즐겨.

주관식

24 밑줄 친 They가 가리키는 것을 위 글에서 찾아 영어로 쓰시오. (2단어)

25 밑줄 친 ⓐ~ⓔ 중 어법상 어색한 것을 고르시오.

① ⓐ ② ⓑ ③ ⓒ ④ ⓓ ⑤ ⓔ

01 단어의 뜻이 바르게 연결되지 않은 것을 고르시오.

① celebrate – 환영하다
② symbol – 상징
③ often – 종종, 자주
④ trip – 여행
⑤ famous – 유명한

02 다음 단어를 모두 포함하는 단어를 고르시오.

dog　cat　hamster　turtle

① country　② subject　③ pet
④ club　⑤ sport

03 다음 대화가 이루어지는 장소로 가장 적절한 곳을 고르시오.

A: We can learn about Korea here.
B: Yes. There are many things about Korean culture here. I like this *hanbok*, Korean traditional clothes. It's beautiful.
A: I like Korean traditional toys, like *jegi* or *paengi*, over there.

① amusement park　② beach
③ restaurant　④ zoo
⑤ museum

04 빈칸에 들어갈 말로 알맞은 것을 고르시오.

I'll ___________ your name to the list. Now you can join the event.

① throw　② add　③ work
④ sell　⑤ mean

주관식

05 우리말과 같은 뜻이 되도록 빈칸에 알맞은 말을 쓰시오.

A: Do you have any special plans this afternoon?
(너는 오늘 오후에 특별한 계획이 있니?)
B: Yes. I will ___________ ___________ with my mother.
(응. 나는 엄마와 쇼핑을 하러 갈 거야.)

★★
06 대화의 빈칸에 들어갈 말로 적절한 것을 고르시오.

A: What's your favorite subject?
B: ___________________________

① Do you like history?
② No, I don't like math.
③ My favorite color is blue.
④ I like science very much.
⑤ Yes, I do. What about you?

07 다음 중 짝지어진 대화가 어색한 것을 고르시오.

① A: Hi. My name is Tom.
B: Glad to meet you. I'm Angela.
② A: Do you like movies?
B: Yes. I love animation movies.
③ A: Where do you come from?
B: I'm from Mexico.
④ A: What are you going to eat for dinner?
B: No, I don't like pizza.
⑤ A: Are there many books in your house?
B: Yes. There are about 100 books.

▶정답 및 해설 p.178

08 다음 대화의 빈칸 (A)~(C)에 각각 알맞은 질문을 보기 에서 골라 쓰시오.

A: ______(A)______
B: It's science. I don't like science. But we have history class today, too. I can't wait!
A: ______(B)______
B: Yes. It's my favorite subject. What about you? ______(C)______
A: I like math. It's really interesting.
B: That's good. We also have math after history class today.

보기
ⓐ Do you like history?
ⓑ What is our first class today?
ⓒ What is your favorite subject?

(A) ________ (B) ________ (C) ________

[09-10] 다음 대화를 읽고, 물음에 답하시오.

A: Julie, Thanksgiving is next week, right?
B: Yes, Yunho. It's a big holiday in the US.
A: What are you going to do for Thanksgiving?
B: I'm going to visit my grandparents. We have dinner together every year. My grandmother cooks a big turkey.
A: That's nice. ____________________
B: I'm going to go shopping. Stores have big sales on the day after Thanksgiving.
A: That sounds good.

09 빈칸에 들어갈 말로 알맞은 것을 고르시오.
① What is your hobby?
② Do you like Thanksgiving?
③ When do you go shopping?
④ Do you have any other plans?
⑤ What is your favorite holiday?

10 위 대화에서 언급되지 않은 것을 고르시오.
① 추수감사절이 어느 나라 명절인지
② Julie가 추수감사절에 어디를 방문하는지
③ Julie의 할머니가 추수감사절에 무슨 요리를 하는지
④ 윤호가 추수감사절에 무엇을 하는지
⑤ Julie가 왜 쇼핑을 가는지

11 문장의 빈칸에 들어갈 수 없는 말을 고르시오.

I ________ play soccer.

① am ② will ③ don't
④ can ⑤ am going to

주관식
12 우리말과 같은 뜻이 되도록 괄호 안의 말을 이용하여 문장을 완성하시오.

그는 지금 잡지를 읽고 있다.
→ He ____________ a magazine right now. (read)

★★
13 다음 문장을 영어로 바르게 옮긴 것을 고르시오.

Dan은 흰 색 티셔츠를 입지 않는다.

① Dan isn't wear white T-shirts.
② Dan wears not white T-shirts.
③ Dan doesn't wear white T-shirts.
④ Dan not does wear white T-shirts.
⑤ Dan doesn't wearing white T-shirts.

14 다음 중 어법상 어색한 문장을 고르시오.
① Jake and Tom aren't friends.
② Can you calling Helen now?
③ He will buy a house in Florida.
④ There is a green cup on the table.
⑤ We are going to meet Kate tomorrow.

주관식 ★★

15 밑줄 친 부분을 어법에 맞게 고쳐 쓰시오.

> Michele is my best friend. We go to the same school, so we meet every day. But we (1) can meet not this summer. She (2) be going to spend her summer vacation in France. I'll really miss her!

(1) ______________

(2) ______________

[16-17] 다음 글을 읽고, 물음에 답하시오.

> Hello! My name is Juho.
> I live in Seoul, Korea.
> I have friends from all around the world.
> They live in different countries,
> and they have different interests.
> They all have online pages. Meet my friends!
>
> Léo is from France.
> He likes cooking.
> He takes pictures ___(A)___ food.
> He posts them on his online page.
> I like food, so I often visit his page.
>
> Kanya lives in Thailand.
> She likes dramas, just ___(B)___ me.
> 그녀는 많은 한국 드라마를 봐.
> So she studies Korean. She is not good ___(C)___ it, but she practices hard.

주관식

16 밑줄 친 우리말을 괄호 안의 말을 이용하여 영어로 옮기시오.

> (watch, a lot of, dramas)

17 빈칸 (A), (B), (C)에 들어갈 말이 바르게 짝지어진 것을 고르시오.

	(A)	(B)	(C)
①	on	– to	– in
②	to	– for	– with
③	by	– with	– on
④	of	– like	– at
⑤	with	– of	– to

[18-20] 다음 글을 읽고, 물음에 답하시오.

> Emma lives in Canada.
> We both ⓐloves animals.
> I ⓑnot have a pet, but she has a dog.
> His name is Max.
> She ⓒwalks him every evening.
>
> Santiago is from Argentina.
> (A) He plays soccer for his school.
> He ⓓlike Lionel Messi.
> I'm a ____________ of Messi, too.
> We talk about Messi and soccer a lot.
>
> ⓔDoes you have an online page? Add me!

주관식

18 밑줄 친 (A)와 같은 의미가 되도록 빈칸에 알맞은 단어를 쓰시오.

> He is a soccer ____________ on his school team.

19 빈칸에 들어갈 말로 알맞은 것을 고르시오.

① friend ② pet ③ fan ④ member ⑤ interest

★★

20 밑줄 친 ⓐ~ⓔ 중 어법상 옳은 것을 고르시오.

① ⓐ ② ⓑ ③ ⓒ ④ ⓓ ⑤ ⓔ

[21-23] 다음 글을 읽고, 물음에 답하시오.

Tuesday, April 8th

Dear Mom and Dad,

Hi! How's everything? I'm enjoying my trip ____(A)____ Korea. Right now, I'm in Insa-dong. Tourists visit art shops and eat traditional food here. On this street, my favorite place is Ssamzigil. There are about 70 stores here. They sell special gifts. I'm sending some presents ____(B)____ you. You can learn about Korea from them.

I will write ____(C)____ you again soon.

Love, Sophia

21 밑줄 친 them이 가리키는 것으로 알맞은 것을 고르시오.

① tourists ② art shops ③ parents
④ 70 stores ⑤ presents

주관식

22 빈칸 (A), (B), (C)에 공통으로 들어갈 알맞은 말을 쓰시오. (1단어)

23 위 글의 내용과 일치하지 않는 것을 고르시오.

① 편지를 쓴 날짜는 4월 8일이다.
② 편지를 받는 사람은 Sophia의 부모님이다.
③ Sophia는 한국에서 공부하고 있다.
④ Sophia는 인사동에서 쌈지길을 가장 좋아한다.
⑤ Sophia는 편지와 함께 선물을 보낸다.

[24-25] 다음을 읽고, 물음에 답하시오.

This is *buchae*, a Korean fan. Artists (A) [make / take] these fans from bamboo and *hanji*, traditional Korean paper. (①) Then they draw beautiful pictures on them. (②) This flower is a symbol of the Korean people's strong spirit. (③)

I'm also sending *yut* for *yunnori*. (④) It is a traditional Korean board game. (⑤) In the game, you throw four sticks. They make five (B) [different / same] combinations. They decide your move on the board. The combinations are *do, gae, geol, yut,* and *mo.* These names mean animals. Koreans play this game during holidays. We will play it together (C) [late / later]!

24 글의 흐름상 다음 문장이 들어가기에 가장 적절한 곳을 고르시오.

You can see *mugunghwa* on your *buchae.*

① ② ③ ④ ⑤

25 (A), (B), (C)의 각 네모 안에서 문맥에 맞는 표현으로 가장 적절한 것을 고르시오.

	(A)	(B)	(C)
①	take	different	late
②	take	same	late
③	make	different	late
④	make	different	later
⑤	make	same	later

01 단어의 뜻이 바르게 연결되지 않은 것을 고르시오.

① obvious – 분명한, 명백한
② refrigerator – 냉장고
③ shout – 소리치다
④ meal – 물품
⑤ century – 100년, 세기

주관식

02 단어의 관계가 같도록 빈칸에 알맞은 말을 쓰시오.

right: wrong = possible: ___________

03 빈칸에 들어갈 말로 알맞은 것을 고르시오.

A: Please stop shaking your legs.
B: Sorry, Mom. It's my bad ___________. I feel nervous, so I keep shaking them.

① spending ② culture ③ advice
④ habit ⑤ customer

04 빈칸에 공통으로 들어갈 말로 알맞은 것을 고르시오.

• You look tired. You should ___________ on the sofa.
• I'll save the ___________ of the money.

① half ② list ③ leaf
④ rest ⑤ advice

주관식

05 우리말과 같은 뜻이 되도록 빈칸에 알맞은 말을 쓰시오.

A: ___________ ___________ ___________ go to the lake yesterday?
(너는 어제 왜 호수에 갔니?)
B: Because I wanted to catch fish there.
(왜냐하면 그곳에서 물고기를 잡고 싶었거든.)

★★

[06-07] 대화의 빈칸에 들어갈 말로 가장 적절한 것을 고르시오.

06

A: Can I watch TV after dinner?
B: ___________________________________

① Okay, I'll try.
② I think so, too.
③ Of course I can.
④ Because it is too late.
⑤ I'm sorry, but you can't.

07

A: Yoga is a good exercise.
B: ___________________________________

① I play sports with my friends.
② I agree. It gives people energy.
③ I go to the gym with my family.
④ You should exercise for your health.
⑤ I don't like exercising in the morning.

주관식

08 우리말과 같은 뜻이 되도록 괄호 안의 말을 바르게 배열하시오.

너는 너의 지출을 작성해야 해.
(your, should, you, spending, write down)

▶정답 및 해설 p.181

[09-10] 다음 대화를 읽고, 물음에 답하시오.

A: May I help you?
B: Yes, please. Can I try on this jacket?
A: Yes, of course. You can try on any item in our store.
B: Thanks. Well, I like this jacket. 얼마인가요?
A: It's 20 dollars.
B: Okay. Can I use this coupon?
A: Yes. You can get a 30 percent discount. Then, it's 14 dollars.
B: Great. I'll take it.

주관식

09 밑줄 친 우리말을 영어로 옮기시오.

10 위 대화의 내용과 일치하지 않는 것을 고르시오.

① A는 가게 점원이다.
② B는 상품을 입어볼 수 있다.
③ A는 B에게 할인 쿠폰을 주었다.
④ B는 재킷을 사기로 결정했다.
⑤ B는 14달러를 지불해야 한다.

★★

11 빈칸에 들어갈 말이 바르게 짝지어진 것을 고르시오.

• Mary and I finished ___________ paper dolls.
• We hope ___________ you in London.

① make – to see
② to make – seeing
③ making – seeing
④ to make – see
⑤ making – to see

12 다음 두 문장이 같은 뜻이 되도록 빈칸에 알맞은 말을 고르시오.

I bought Becky a T-shirt.
= I bought a T-shirt ___________ Becky.

① to ② for ③ of
④ by ⑤ at

13 다음 문장을 영어로 바르게 옮긴 것을 고르시오.

그는 TV 프로그램을 보는 것을 멈추었다.

① He stops to watch the TV show.
② He stop watched the TV show.
③ He did stop watch the TV show.
④ He stopped watching the TV show.
⑤ He stopped to watch the TV show.

14 밑줄 친 부분의 용법이 나머지와 다른 것을 고르시오.

① He is solving a math problem.
② My dream is becoming an actor.
③ Did you enjoy playing badminton?
④ Walking to school is not easy for me.
⑤ I don't like eating noodles for breakfast.

주관식

15 다음 글에서 어법상 틀린 부분을 찾아 바르게 고쳐 쓰시오. (2개)

Last month, I decided reading two books. I readed two books last month. But I didn't read any books this month. I'm planning to read four books next month.

[16-17] 다음 글을 읽고, 물음에 답하시오.

Friday, May 25th

Tomorrow, my sister and I ⓐsell things at the flea market! We found many good items around the house. I ⓑclean them, and she made their price tags. These things are ready for new owners now. Woo-hoo!

16 위 글의 내용과 일치하지 않는 것을 고르시오.

① The flea market is on May 26th.
② The writer will go to the flea market with his sister.
③ The writer is planning to buy things at the flea market.
④ The writer found many items in his house.
⑤ The writer is excited about the flea market.

주관식 ★★

17 밑줄 친 ⓐ와 ⓑ를 알맞은 형태로 고쳐 쓰시오.

ⓐ ________________

ⓑ ________________

[18-20] 다음 글을 읽고, 물음에 답하시오.

Saturday, May 26th

We arrived at the flea market around ten o'clock. I put our items on the table. My sister shouted, "Good items here!" People enjoyed looking at ⓐthem, but they didn't (A) [sell / buy] anything.

Then, a girl came. She said, "I like these shoes. But ⓑthey're a little expensive." "Okay, then ⓒyou can have a 20 percent discount," I said. She was our first (B) [customer / owner]!

Time passed, and we got tired. Then a woman said, "Keep trying!" ⓓShe had a table next to us. She gave some bread to us. We started shouting again, "Best prices here!"

In the end, we sold many things. How much did we (C) [spend / make]? We got 24,000 won. That's great! 우리는 이 돈을 어떻게 쓸 것인가? First, we will save half of the money. Then, we will donate 20 percent of ⓔthe rest for hungry children. After that, we will go shopping. Maybe we will buy things at the flea market at low prices!

18 (A), (B), (C)의 각 네모 안에서 문맥에 맞는 표현으로 가장 적절한 것을 고르시오.

	(A)	(B)	(C)
①	sell	customer	make
②	sell	owner	spend
③	buy	customer	make
④	buy	owner	make
⑤	buy	customer	spend

19 밑줄 친 ⓐ~ⓔ가 가리키는 것으로 적절하지 않은 것을 고르시오.

① ⓐ: our items
② ⓑ: best prices
③ ⓒ: the girl
④ ⓓ: the woman
⑤ ⓔ: 12,000 won

주관식

20 밑줄 친 우리말을 괄호 안의 말을 이용하여 영어로 옮기시오.

(use, this money)

[21-23] 다음 글을 읽고, 물음에 답하시오.

Until the 16th century, the center of the universe was Earth. This was obvious, and everyone __________ it. But Copernicus asked, "Is it really true?" His question started a big change. Today, Earth isn't the center of the universe anymore. 이 이야기는 우리에게 중요한 교훈을 가르쳐 준다. We should always question obvious things. Then we can make discoveries.

There are other examples in history. ① In the past, humans couldn't travel through the air. ② But some people began to wonder, "Can we travel through the air?" ③ The Wright brothers also asked this question, and they finally made an airplane. ④ The Wright brothers lived in a small town. ⑤ The same went for the submarine. Traveling under the water looked impossible, but people finally found a way.

21 빈칸에 들어갈 말로 가장 적절한 것을 고르시오.

① wondered ② believed

③ questioned ④ didn't know

⑤ didn't like

★★

22 밑줄 친 우리말을 영어로 바르게 옮긴 것을 모두 고르시오.

① This story teaches an important lesson.

② This story teaches we an important lesson.

③ This story teaches us an important lesson.

④ This story teaches an important lesson of us.

⑤ This story teaches an important lesson to us.

23 위 글에서 전체 흐름과 관계 없는 문장을 고르시오.

① ② ③ ④ ⑤

[24-25] 다음 글을 읽고, 물음에 답하시오.

It's ⓐ still going on today. Where does meat ⓑ come from? Of course, it comes from animals.

(A) "How about plants?" they wondered.

(B) But some scientists wanted to get meat in a different way.

(C) They used beans and peas, and they made new, healthy "meat."

ⓒ Surprisingly, it doesn't taste like beans ⓓ or peas. It tastes ⓔ exactly like real meat.

24 글의 내용이 자연스럽게 이어지도록 (A)~(C)를 바르게 배열한 것을 고르시오.

① (A)-(B)-(C)

② (A)-(C)-(B)

③ (B)-(A)-(C)

④ (B)-(C)-(A)

⑤ (C)-(B)-(A)

25 밑줄 친 ⓐ~ⓔ 중 우리말 뜻이 바르게 연결되지 않은 것을 고르시오.

① ⓐ: 여전히 ② ⓑ: ~에서 나오다

③ ⓒ: 놀랍게도 ④ ⓓ: ~이나

⑤ ⓔ: 특히

01 단어의 뜻이 바르게 연결되지 않은 것을 고르시오.

① discovery - 발견
② receipt - 영수증
③ inventor - 발명품
④ submarine - 잠수함
⑤ amazing - 놀라운

02 빈칸에 공통으로 들어갈 말로 알맞은 것을 고르시오.

• I'll ___________ running for 30 minutes.
• Do you ___________ a diary every day?

① get ② stop ③ carry
④ bring ⑤ keep

주관식

03 우리말과 같은 뜻이 되도록 대화의 빈칸에 알맞은 말을 쓰시오.

A: The museum is not open today. Where do you want to go?
(박물관은 오늘 안 여네. 너는 어디에 가고 싶니?)
B: Then, let's go to the movie theater ___________.
(그럼, 대신에 영화관에 가자.)

04 다음 영영풀이에 해당하는 단어를 고르시오.

to give something, like money or clothes to a person or an organization to help

① agree ② donate ③ believe
④ shout ⑤ borrow

05 다음 중 짝지어진 대화가 어색한 것을 고르시오.

① A: Can I put my coat here?
B: Sure. Go ahead.
② A: Why are you learning English?
B: Because I'm planning to visit Canada.
③ A: Beyoncé is a great singer.
B: I don't agree. Her songs are very good.
④ A: This orange juice tastes bad.
B: I think so, too. It's not delicious.
⑤ A: You should wear your seat belt.
B: Okay, I will.

06 대화의 빈칸에 들어갈 말로 적절한 것을 고르시오.

A: Why do you like studying in the library?
B: ___________________________

① The library is too far.
② Because it is very quiet there.
③ I think so, too. It has many books.
④ Yes, I love studying in the library.
⑤ You should study hard for your exam.

주관식 ★★

07 우리말과 같은 뜻이 되도록 빈칸에 알맞은 말을 두 가지 쓰시오.

___________ take a seat here?
(제가 여기에 앉아도 될까요?)

08 다음 문장을 영어로 바르게 옮긴 것을 고르시오.

너는 청량음료를 너무 많이 마시지 않아야 해.

① You not should drink soda too much.
② You should drink not soda too much.
③ You should not drink soda too much.
④ You don't should drink soda too much.
⑤ You should not drinking soda too much.

주관식

09 대화가 자연스럽게 이어지도록 (A)~(D)를 순서대로 배열하시오.

Hi, Jinsu! Where are you going?

(A) Then you should go to D-Mart. They're having a big sale now.
(B) Are you going to buy anything?
(C) Hi, Mina. I'm going to BA Mall.
(D) Yes. I need a baseball glove.

10 다음 대화에서 흐름상 어색한 것을 고르시오.

A: I'm hungry. Let's have hamburgers for lunch.
B: Again? ① You eat hamburgers too often.
A: They're really delicious. ② And they're not very expensive.
B: I know. ③ But they're not good for your health.
A: ④ They have vegetables inside! They're healthy.
B: ⑤ I agree. They have too much fat and salt.

★★
11 빈칸에 들어갈 말로 알맞지 않은 것을 고르시오.

The girl ________ talking about her family.

① kept ② started ③ stopped
④ enjoyed ⑤ decided

12 빈칸에 들어갈 말이 나머지와 다른 것을 고르시오.

① Peter told his secret ______ Lewis.
② I sent flowers ______ my grandmother.
③ She cooked a pasta ______ her son.
④ He wrote romantic letters ______ me.
⑤ Julie showed her ring ______ Tim.

주관식 ★★
13 우리말과 같은 뜻이 되도록 괄호 안의 말을 이용하여 문장을 완성하시오.

내 여동생은 넘어져서 그녀의 무릎을 다쳤다.
→ My sister ________ (fall) and ________ (hurt) her knees.

14 빈칸에 들어갈 말이 바르게 짝지어진 것을 고르시오.

I planned ________ an email ________ Cindy.

① sent – for
② sending – to
③ to send – to
④ to send – for
⑤ sending – of

15 다음 중 어법상 어색한 문장을 고르시오.

① Please show me your passport.
② Jacob cut his finger last Friday.
③ Did you finish cooking dinner?
④ He listens to the radio yesterday.
⑤ I want to wash my hands and feet.

[16-17] 다음 글을 읽고, 물음에 답하시오.

Friday, ⓐMay 25th

Tomorrow, my sister and I will sell things at the ⓑflea market! We found many good ⓒitems around the house. I cleaned them, and she made their ⓓprice tags. These things are ready for new ⓔowners now. Woo-hoo!

16 위 글의 종류로 가장 적절한 것을 고르시오.

① article ② diary ③ letter
④ novel ⑤ recipe

17 밑줄 친 ⓐ~ⓔ 중 우리말 뜻이 바르게 연결되지 않은 것을 고르시오.

① ⓐ: 5월 ② ⓑ: 벼룩시장
③ ⓒ: 물품들 ④ ⓓ: 가격표들
⑤ ⓔ: 고객들

18 ⓐ a girl에 관한 내용과 일치하지 않는 것을 모두 고르시오.

① 글쓴이가 파는 신발을 마음에 들어 했다.
② 사고 싶은 물건이 비싸다고 생각했다.
③ 글쓴이에게 할인을 해 달라고 부탁했다.
④ 글쓴이로부터 물품을 구입했다.
⑤ 글쓴이의 마지막 손님이었다.

주관식

19 밑줄 친 우리말과 같은 뜻이 되도록 괄호 안의 말을 바르게 배열하시오.

(some bread, she, us, gave, to)

[18-19] 다음 글을 읽고, 물음에 답하시오.

Saturday, May 26th

We arrived at the flea market around ten o'clock. I put our items on the table. My sister shouted, "Good items here!" People enjoyed looking at them, but they didn't buy anything.

Then, ⓐa girl came. She said, "I like these shoes. But they're a little expensive." "Okay, then you can have a 20 percent discount," I said. She was our first customer!

Time passed, and we got tired. Then a woman said, "Keep trying!" She had a table next to us. 그녀는 우리에게 약간의 빵을 주었다. We started shouting again, "Best prices here!"

20 빈칸 (A)와 (B)에 들어갈 말로 알맞게 짝지어진 것을 고르시오.

In the end, we sold many things. How much did we ___(A)___? We got 24,000 won. That's great! How will we use this money? First, we will save half of the money. Then, we will donate 20 percent of the rest for hungry children. After that, we will ___(B)___ shopping. Maybe we will buy things at the flea market at low prices!

	(A)	(B)		(A)	(B)
①	make	go	②	take	get
③	have	make	④	use	do
⑤	save	come			

[21-23] 다음 글을 읽고, 물음에 답하시오.

Until the 16th century, the center of the universe was Earth. This was obvious, and everyone believed it. (①) But Copernicus asked, "Is it really true?" His question started a big change. Today, Earth isn't the center of the universe anymore. (②) This story teaches us an important lesson. We should always question obvious things. (③)

역사에는 또 다른 예시들이 있다. In the past, humans couldn't travel through the air. But some people began to wonder, "Can we travel through the air?" (④) The Wright brothers also asked this question, and they finally made an airplane. The same went for the submarine. Traveling under the water looked impossible, but people finally found a way. (⑤)

21 글의 흐름상 다음 문장이 들어가기에 가장 적절한 곳을 고르시오.

> Then we can make discoveries.

① ② ③ ④ ⑤

22 위 글의 제목으로 가장 적절한 것을 고르시오.

① How Do We Make Discoveries?
② Great Inventions in Our History
③ Is Earth the Center of the Universe?
④ Copernicus and His Important Question
⑤ Differences Between Airplanes and Submarines

23 밑줄 친 우리말을 영어로 바르게 옮긴 것을 고르시오.

① There is other examples in history.
② Other examples are in history there.
③ There other examples are in history.
④ In history are there other examples.
⑤ There are other examples in history.

[24-25] 다음 글을 읽고, 물음에 답하시오.

It's still going on today. Where does meat come ___(A)___? Of course, it comes ___(A)___ animals. But some scientists wanted to get meat in a different way. "How about plants?" they wondered. They used beans and peas, and they made new, healthy "meat." Surprisingly, it doesn't taste ___(B)___ beans or peas. It tastes exactly ___(B)___ real meat.

Do you want to find out new things? Then look around and question obvious things, just like history's great inventors!

주관식 ★★

24 빈칸 (A)와 (B)에 각각 알맞은 말을 쓰시오.

(A) ____________

(B) ____________

25 위 글의 내용을 바르게 이해하지 못한 사람을 고르시오.

① 민희: 고기는 동물에서 얻을 수 있어.
② 승훈: 다른 방식으로 고기를 얻고 싶어한 과학자들이 있었어.
③ 서연: 콩과 완두콩으로 만든 고기가 발명되었어.
④ 지우: 새로운 고기는 건강에 좋다고 해.
⑤ 준형: 새로운 고기는 실제 고기와 맛이 달랐어.

제 1 회 듣기평가

01 대화를 듣고, 남자가 구매한 케이크로 가장 적절한 것을 고르시오.

① 
② 
③ 
④

⑤

02 다음을 듣고, 'this'가 가리키는 것으로 가장 적절한 것을 고르시오.

① 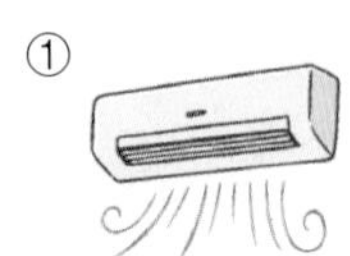
② 
③  
④ 
⑤ 

03 다음을 듣고, 주말의 날씨로 가장 적절한 것을 고르시오.

① 
② 
③ 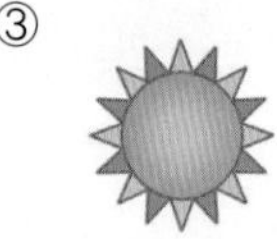
④ 
⑤ 

04 대화를 듣고, 여자의 마지막 말의 의도로 가장 적절한 것을 고르시오.

① 사과 ② 승낙 ③ 거절
④ 제안 ⑤ 칭찬

05 다음을 듣고, 남자가 언급하지 <u>않은</u> 것을 고르시오.

① 이름 ② 나이 ③ 고향
④ 장래 희망 ⑤ 좋아하는 가수

06 대화를 듣고, 두 사람이 만날 시각을 고르시오.

① 2:00 p.m. ② 2:30 p.m.
③ 3:00 p.m. ④ 3:30 p.m.
⑤ 4:00 p.m.

07 대화를 듣고, 여자의 장래 희망으로 가장 적절한 것을 고르시오.

① 사업가 ② 무용수 ③ 은행원
④ 연예인 ⑤ 요리사

08 대화를 듣고, 여자의 심정으로 가장 적절한 것을 고르시오.

① 슬픈 ② 놀란 ③ 지루한
④ 부끄러운 ⑤ 걱정스러운

09 대화를 듣고, 남자가 대화 직후에 할 일로 가장 적절한 것을 고르시오.

① 자전거 가르쳐 주기 ② 자전거 사러 가기
③ 연장 가져오기 ④ 자전거 타러 가기
⑤ 수리공 기다리기

10 대화를 듣고, 무엇에 관한 내용인지 가장 적절한 것을 고르시오.

① 좋아하는 계절 ② 수영수업 등록
③ 여름 방학 계획 ④ 인기 있는 동아리
⑤ 잘하는 과목

▶정답 및 해설 p.185

11 대화를 듣고, 대화가 일어나고 있는 장소로 가장 적절한 것을 고르시오.

① 우체국 ② 도서관 ③ 은행
④ 식료품점 ⑤ 제과점

12 대화를 듣고, 여자가 지각한 이유로 가장 적절한 것을 고르시오.

① 기차를 놓쳐서 ② 버스를 잘못 타서
③ 표를 잃어버려서 ④ 시간을 착각해서
⑤ 늦잠을 자서

13 대화를 듣고, 두 사람의 관계로 가장 적절한 것을 고르시오.

① 화가 - 모델 ② 선생님 - 학생
③ 의사 - 환자 ④ 미용사 - 손님
⑤ 사진사 - 손님

14 대화를 듣고, 여자가 남자에게 부탁한 일로 가장 적절한 것을 고르시오.

① 주스 사오기 ② 컵 씻기
③ 날씨 확인하기 ④ 온도 낮추기
⑤ 가게에 전화하기

15 대화를 듣고, 남자가 여자에게 제안한 것으로 가장 적절한 것을 고르시오.

① 배드민턴 경기 관람 ② 새로운 회원 모집
③ 배드민턴 연습 ④ 동아리 가입 기간 확인
⑤ 테니스 동아리 가입

16 대화를 듣고, 여자가 가려고 하는 장소를 고르시오.

① ② ③ ④ ⑤

17 대화를 듣고, 여자의 직업으로 가장 적절한 것을 고르시오.

① 비행기 조종사 ② 승무원
③ 경찰관 ④ 관광 안내원
⑤ 택시 기사

18 대화를 듣고, 두 사람의 대화가 어색한 것을 고르시오.

① ② ③ ④ ⑤

[19-20] 대화를 듣고, 남자의 마지막 말에 이어질 여자의 말로 가장 적절한 것을 고르시오.

19 Woman: ______________________

① Then I should ask her.
② She called me yesterday.
③ Can I borrow your charger?
④ My cell phone is in the room.
⑤ Thank you. I will return it tomorrow.

20 Woman: ______________________

① You're right. I had a good time.
② I feel sad. My team lost the game.
③ That sounds great. I love baseball.
④ Thanks. I will visit my grandmother.
⑤ Let's make some plan for this weekend.

제 2 회 듣기평가

01 대화를 듣고, 여자가 구매하기로 한 자전거로 가장 적절한 것을 고르시오.

①  ②  ③ 

④ ⑤ 

02 다음을 듣고, 'this'가 가리키는 것으로 가장 적절한 것을 고르시오.

①  ②  ③  

④  ⑤

03 다음을 듣고, 내일의 날씨로 가장 적절한 것을 고르시오.

① 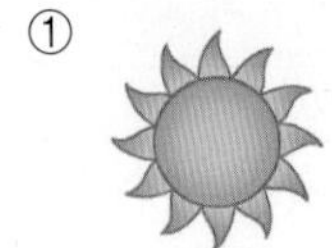 ②  ③ 

④  ⑤ 

04 대화를 듣고, 여자의 마지막 말의 의도로 가장 적절한 것을 고르시오.

① 격려 ② 비난 ③ 조언
④ 사과 ⑤ 감사

05 다음을 듣고, 남자가 언급하지 않은 것을 고르시오.

① 고향의 이름 ② 고향의 역사
③ 고향의 자연환경 ④ 고향의 유명한 문화재
⑤ 고향의 관광객

06 대화를 듣고, 두 사람이 만날 시각을 고르시오.

① 3:00 p.m. ② 3:15 p.m.
③ 3:30 p.m. ④ 4:00 p.m.
⑤ 4:30 p.m.

07 대화를 듣고, 남자의 장래 희망으로 가장 적절한 것을 고르시오.

① 작가 ② 영화 감독 ③ 화가
④ 기자 ⑤ 배우

08 대화를 듣고, 남자의 심정으로 가장 적절한 것을 고르시오.

① 무서운 ② 걱정스러운 ③ 신나는
④ 우울한 ⑤ 자랑스러운

09 대화를 듣고, 여자가 대화 직후에 할 일로 가장 적절한 것을 고르시오.

① 쿠폰 발급하기 ② 영수증 출력하기
③ 탈의실 안내하기 ④ 선물 포장하기
⑤ 작은 사이즈 찾아보기

10 대화를 듣고, 무엇에 관한 내용인지 가장 적절한 것을 고르시오.

① 새 학기 목표 ② 수학 여행 장소
③ 여름 방학 계획 ④ 인상 깊었던 여행지
⑤ 좋아하는 계절

▶정답 및 해설 p.188

11 대화를 듣고, 남자가 이용할 교통수단으로 가장 적절한 것을 고르시오.

① 버스 ② 기차 ③ 지하철
④ 걷기 ⑤ 택시

12 대화를 듣고, 여자가 점심을 건너뛰는 이유로 가장 적절한 것을 고르시오.

① 배가 아파서 ② 맛이 없어서
③ 간식을 먹어서 ④ 다이어트 중이라서
⑤ 시간이 없어서

13 대화를 듣고, 두 사람이 대화하는 장소로 가장 적절한 것을 고르시오.

① 미술관 ② 도서관 ③ 식당
④ 우체국 ⑤ 공원

14 대화를 듣고, 남자가 여자에게 부탁한 일로 가장 적절한 것을 고르시오.

① 영어 숙제 도와주기 ② 프린터 고치기
③ 이메일 보내기 ④ 파일 출력하기
⑤ 컴퓨터 빌려주기

15 대화를 듣고, 남자가 여자에게 제안한 것으로 가장 적절한 것을 고르시오.

① 산책하기 ② 목욕하기 ③ 독서하기
④ 쇼핑하기 ⑤ 영화 보기

16 대화를 듣고, 남자가 가려고 하는 장소를 고르시오.

Bank
Theater
Union Street
Hospital
You are here!
① ② ③ ④ ⑤

① ② ③ ④ ⑤

17 대화를 듣고, 여자의 직업으로 가장 적절한 것을 고르시오.

① 작가 ② 요리사 ③ 승무원
④ 가수 ⑤ 의사

18 대화를 듣고, 남자가 구입할 물건으로 가장 적절한 것을 고르시오.

① 지갑 ② 인형 ③ 머리핀
④ 티셔츠 ⑤ 필통

[19-20] 대화를 듣고, 여자의 마지막 말에 이어질 남자의 말로 가장 적절한 것을 고르시오.

19 Man: ______________________

① Why don't you go camping?
② I think it was a great weekend.
③ Yes, because the weather was perfect.
④ I'm afraid I can't go with you tomorrow.
⑤ Don't be too disappointed. You can go next time.

20 Man: ______________________

① I'm sorry. I feel bad, too.
② Thank you. I can't believe it!
③ But I always do my homework well.
④ That's okay. I will do better next time.
⑤ Of course. I will get the perfect score.

부록

Words 영영사전

Words 확인하기

Script 확인하기

Reading 확인하기

교과서 구석구석

확인하기

Words 영영사전

● Lesson 1

· **add**	to put something into something else
· **different**	not of the same kind
· **favorite**	liked more than other people or things
· **friend**	someone you know and like very much
· **hometown**	the city or town where you were born or grew up
· **interesting**	funny, not boring
· **map**	a picture that shows the rivers, mountains, streets, etc.
· **often**	many times
· **pet**	an animal you keep at home
· **practice**	to do something again and again to become better at it
· **study**	to learn about something by reading, memorizing facts, going to school, etc.
· **subject**	an area of knowledge that is studied in school
· **visit**	to go somewhere to spend time
· **watch**	to look at something

● 다음 영영풀이에 해당하는 단어를 쓰시오.

▶정답 및 해설 p.192

1. ______________ : an animal you keep at home
2. ______________ : many times
3. ______________ : an area of knowledge that is studied in school
4. ______________ : to put something into something else
5. ______________ : someone you know and like very much

Words 확인하기

▶정답 및 해설 p.192

● 영어를 우리말로, 우리말을 영어로 써 봅시다.

1. watch ____________
2. practice ____________
3. schedule ____________
4. evening ____________
5. live in ____________
6. walk ____________
7. name ____________
8. Korean ____________
9. hard ____________
10. meet ____________
11. study ____________
12. delicious ____________
13. after school ____________
14. guess ____________
15. song ____________
16. history ____________
17. be from ____________
18. interest ____________
19. 종종, 자주 ____________
20. 신나는 ____________
21. 과학 ____________
22. 전 세계에 ____________
23. 동아리, 동호회 ____________
24. 수학 ____________
25. 인기 있는 ____________
26. 반 친구 ____________
27. 과목 ____________
28. 다른 ____________
29. 둘 다 ____________
30. 지루한 ____________
31. 친절한 ____________
32. 고향 ____________
33. 나라 ____________
34. 기쁜, 반가운 ____________
35. 애완동물 ____________
36. 요리 ____________

Script 확인하기

● 빈칸에 알맞은 말을 써 봅시다.

Listen & Talk 1

A Get Ready

G Hello. ________ ________ ________ (내 이름은 ~이다) Amy. I'm from Canada. **1** Glad to meet you.

B Hi, Amy. **2** My name is Alex. ________ ________ (나는 ~출신이다) France. Glad to meet you, too.

B Listen and Check

B Hi! My name is Minjun. Are you in ________ ________ (이 반)?

G Yes, I am. My name is Lea. Glad to meet you.

B Glad to meet you, too. **3** Where are you from?

G I'm from the US. ________ ________ (나의 고향) is San Francisco. What about you?

B ________ ________ (나는 ~출신이다) Seoul, Korea.

C Listen and Speak

B1 Hello, Sejin.

B2 Oh, hi, Daniel. **4** This is my friend, Yui. She is in my book club.

B1 Hi, Yui. My name is Daniel. I'm Sejin's ________ (반 친구). Glad to meet you.

G Glad to meet you, too, Daniel.

B1 Yui, where are you from?

G ________ ________ ________ (난 일본에서 왔어). What about you?

B1 **5** I'm from Madrid, Spain.

● 우리말로 해석해 봅시다.

Listen & Talk 1

A Get Ready

여 안녕. 내 이름은 Amy야. 나는 캐나다 출신이야.

1 ________________.

남 안녕, Amy. **2** ________________. 나는 프랑스 출신이야. 나도 만나서 반가워.

B Listen and Check

남 안녕! 내 이름은 민준이야. 너는 이 반이니?

여 응. 내 이름은 Lea야. 만나서 반가워.

남 나도 만나서 반가워. **3** ________________?

여 난 미국에서 왔어. 내 고향은 샌프란시스코야. 너는?

남 난 한국의 서울 출신이야.

C Listen and Speak

남1 안녕, 세진아.

남2 오, 안녕, Daniel. **4** ________________, Yui야. 그녀는 내 독서 동아리에 있어.

남1 안녕, Yui. 내 이름은 Daniel이야. 난 세진이의 반 친구야. 만나서 반가워.

여 나도 만나서 반가워, Daniel.

남1 Yui, 넌 어디에서 왔니?

여 난 일본에서 왔어. 넌?

남1 **5** ________________.

▶정답 및 해설 p.192

● 빈칸에 알맞은 말을 써 봅시다.

Listen & Talk 2

A Get Ready

B What is your favorite animal?

G ______ ______ dogs.
나는 좋아한다

B Listen and Match

B ______ ______ ______ sports, Jimin?
너는 좋아하니

G Yes, I do. 6 I love sports.

B What is ______ ______ sport?
네가 가장 좋아하는

G 7 My favorite sport is badminton. ______ ______ ______, Eric?
너는 어때

B I like ______ very much. I play ______ at school.
야구 / 야구

C Listen and Speak

B What is 8 our first class today?

G It's science. ______ ______ ______ science. But we have history class today, too. 9 I can't wait!
나는 좋아하지 않아

B Do you like history?

G Yes. It's my favorite subject. What about you? ______ ______ your favorite subject?
무엇이니

B I like ______. 10 It's really interesting.
수학

G That's good. We ______ have math after history class today.
또한, ~도

● 우리말로 해석해 봅시다.

Listen & Talk 2

A Get Ready

남 네가 가장 좋아하는 동물은 무엇이니?

여 난 개를 좋아해.

B Listen and Match

남 지민아, 넌 운동을 좋아하니?

여 응. 6 ______.

남 네가 가장 좋아하는 운동은 무엇이니?

여 7 ______. Eric, 너는 어때?

남 나는 야구를 정말 좋아해. 나는 학교에서 야구를 해.

C Listen and Speak

남 8 ______이 무엇이니?

여 과학이야. 난 과학을 좋아하지 않아. 하지만 오늘은 역사 수업도 있어. 9 ______!

남 넌 역사를 좋아하니?

여 응. 그건 내가 가장 좋아하는 과목이야. 너는 어때? 네가 가장 좋아하는 과목은 무엇이니?

남 난 수학을 좋아해. 10 ______.

여 잘 됐네. 오늘 역사 수업 이후에 수학 수업도 있어.

Reading 확인하기

● 빈칸에 알맞은 말을 써 봅시다.

My Friends on a World Map

Hello! My name is Juho.

I ___________ ___________ Seoul, Korea.
~에 살다

1 I have friends from all around the world.

They live in different countries, and they have ___________ ___________.
다른 관심사들

They all have online pages.

2 Meet my friends!

Léo is from France.

He likes ___________.
요리

3 He takes pictures of food.

He posts them on his online page.

I like food, ___________ 4 I often visit his page.
그래서

Kanya lives in Thailand.

She likes dramas, ___________ ___________ ___________.
꼭 나처럼

She watches 5 a lot of Korean dramas.

So she ___________ Korean.
공부하다

She is not good at it, but 6 she practices hard.

● 우리말로 해석해 봅시다.

세계 지도 위 내 친구들

안녕! 내 이름은 주호야.

나는 한국의 서울에 살아.

1 ___________________________.

그들은 다른 나라에 살고, 그들은 다른 관심사를 가지고 있어.

그들은 모두 온라인 페이지를 가지고 있어.

2 ___________________________!

Léo 는 프랑스 출신이야.

그는 요리를 좋아해.

3 ___________________________.

그는 그의 온라인 페이지에 그것들을 올려.

나는 음식을 좋아해서 4 ___________________________.

Kanya는 태국에 살아.

그녀는 꼭 나처럼 드라마를 좋아해.

그녀는 5 ___________________________ 봐.

그래서 그녀는 한국어를 공부해.

그녀는 한국어를 잘하지는 못하지만, 6 ___________________________.

▶정답 및 해설 p.192

Emma lives in Canada.

__________ __________ love animals.
우리는 둘 다

7 I don't have a pet, but she has a dog.

His name is Max.

She walks him __________ __________.
매일 저녁

Emma는 캐나다에 살아.

우리는 둘 다 동물을 사랑해.

7 ______________________, 그녀는 개 한 마리를 키워.

그 개의 이름은 Max야.

그녀는 매일 저녁 그 개를 산책시켜.

Santiago is from Argentina.

8 He plays soccer for his school.

He likes Lionel Messi.

I'm a __________ __________ Messi, too.
~의 팬

We __________ __________ Messi and soccer a lot.
~에 대해 이야기하다

Santiago는 아르헨티나 출신이야.

8 ______________________________.

그는 리오넬 메시를 좋아해.

나도 메시의 팬이야.

우리는 메시와 축구에 대해 이야기를 많이 해.

Do you have an online page? 9 Add me!

너는 온라인 페이지를 가지고 있니?

9 ________________!

교과서 구석구석 확인하기

● 빈칸에 알맞은 말을 써 봅시다.

Let's Communicate

A Hi, **1** my name is Peter Pan. Glad to meet you.

B ________ ________ ________ ________, ________, Peter Pan.
(나도 만나서 반가워.)

2 Where are you from?

A I'm from Neverland.

B What is your ________ thing?
(가장 좋아하는)

A I like flying.

After You Read

I like animals, and ________ ________ ________ ________.
(나는 개를 한 마리 키워)

I'm a soccer fan. I play **3** soccer for my school team.

I love cooking. I ________ ________ ________ on my online page.
(음식 사진들을 올려)

I like Korean dramas, so **4** I study Korean.

● 우리말로 해석해 봅시다.

Let's Communicate

A 안녕, **1** ________________ 피터 팬이야. 만나서 반가워.

B 나도 만나서 반가워, 피터 팬.

2 ________________?

A 나는 네버랜드에서 왔어.

B 네가 가장 좋아하는 것은 무엇이니?

A 나는 나는 것을 좋아해.

After You Read

나는 동물을 좋아하고, 개를 한 마리 키워.

나는 축구 팬이야. 난 **3** ________________ 뛰어.

나는 요리를 좋아해. 내 온라인 페이지에 음식 사진들을 올려.

난 한국 드라마를 좋아해서, **4** ________________.

▶정답 및 해설 p.192

Think & Write

Hi! My name is Yi Do.

I'm from Hanyang. I'm ________ ________ (14살이야) ________.

I like books very much. They are 5 interesting.

I also like meat. It is ________ ________ (내가 가장 좋아하는 음식) ________.

But I don't like exercise. It is 6 very hard.

Glad to meet you, 7 everyone!

Think & Write

안녕! 내 이름은 이도야.

나는 한양 출신이야. 나는 14살이야.

나는 책을 아주 많이 좋아해. 그것들은

5 ____________________.

나는 또한 고기를 좋아해. 이것은 내가 가장 좋아하는 음식이야.

하지만 나는 운동은 좋아하지 않아. 그건

6 ____________________.

만나서 반가워, 7 ____________________!

Do It Yourself

Hi! My name is Alice. 8 I'm from Sweden.

I love music. I ________ (종종, 자주) listen to K-pop. It's exciting. I study Korean. 9 I'm not good at it, but I ________ (연습하다) hard.

Do It Yourself

안녕! 내 이름은 Alice야. 8 ____________________.

난 음악을 정말 좋아해. 나는 한국 가요를 자주 들어.

그건 신이 나. 나는 한국어를 공부해.

9 ____________________, 열심히 연습해.

Words 영영사전

● Lesson 2

· **culture**	the way a group of people usually live and act
· **decide**	to make a choice
· **draw**	to make a picture
· **enjoy**	to have fun and feel happy with something
· **famous**	known by many people
· **move**	to change position or place
· **palace**	the official home of a king or leader
· **plan**	an idea of something you will do in the future
· **sell**	to give something to someone for money
· **strong**	not easy to break or damage
· **symbol**	an object that expresses or represents something
· **tourist**	a person who is traveling for pleasure
· **vacation**	a time when a person does not go to school or work
· **wonderful**	extremely good

● 다음 영영풀이에 해당하는 단어를 쓰시오.

▶정답 및 해설 p.192

1. ______________ : to change position or place
2. ______________ : an idea of something you will do in the future
3. ______________ : known by many people
4. ______________ : not easy to break or damage
5. ______________ : to give something to someone for money

Words 확인하기

▶정답 및 해설 p.192

● 영어를 우리말로, 우리말을 영어로 써 봅시다.

1. celebrate ______________
2. enjoy ______________
3. send ______________
4. afternoon ______________
5. mean ______________
6. stick ______________
7. have a cold ______________
8. gift ______________
9. museum ______________
10. eat out ______________
11. throw ______________
12. spirit ______________
13. during ______________
14. artist ______________
15. side dish ______________
16. fry ______________
17. holiday ______________
18. usually ______________
19. 특별한 ______________
20. 조합 ______________
21. 대나무 ______________
22. 놀이공원 ______________
23. 떠나다 ______________
24. 생일 ______________
25. 건강 ______________
26. 함께 ______________
27. 전통의 ______________
28. 해변 ______________
29. 사진을 찍다 ______________
30. 오늘 밤 ______________
31. 관광객 ______________
32. 환영하다 ______________
33. 무료로 ______________
34. 궁전 ______________
35. 결정하다 ______________
36. 추수감사절 ______________

Script 확인하기

● 빈칸에 알맞은 말을 써 봅시다.

Listen & Talk 1

A Get Ready

B What 1 are you going to do on your ___________?
생일

G I'm ___________ ___________ ___________ to the movies.
갈 예정이다

B Listen and Find

G 2 Do you have any plans for Children's Day?

B Yes. I'm going to go to Children's Park.

G That's nice. What are you going to do there?

B I'm going to ___________ ___________ ___________ there. It's at the concert hall 3 that afternoon.
뮤지컬을 보다

G Great. ___________ ___________!
재미있게 보내

C Listen and Speak

B Julie, Thanksgiving is next week, right?

G Yes, Yunho. It's a ___________ ___________ in the US.
큰 휴일

B What are you going to do for Thanksgiving?

G I'm going to visit my grandparents. We have dinner together ___________ ___________.
매년
My grandmother 4 cooks a big turkey.

B That's nice. Do you have any other plans?

G I'm going to go shopping. Stores have big sales ___________ ___________ ___________ ___________ Thanksgiving.
다음 날에

B 5 That sounds good.

● 우리말로 해석해 봅시다.

Listen & Talk 1

A Get Ready

남 너는 생일에 무엇을 1 ___________?

여 나는 영화 보러 갈 예정이야.

B Listen and Find

여 어린이날에 2 ___________?

남 응. 난 어린이 공원에 갈 예정이야.

여 그거 좋다. 거기서 무엇을 할 거니?

남 나는 거기서 뮤지컬을 볼 거야. 그건 3 ___________ 콘서트 홀에서 해.

여 멋지다. 재미있게 보내!

C Listen and Speak

남 Julie, 추수감사절이 다음 주야, 그렇지?

여 응, 윤호야. 그것은 미국의 큰 휴일이야.

남 너는 추수감사절에 무엇을 할 예정이니?

여 난 조부모님을 방문할 예정이야. 우리는 매년 저녁을 같이 먹어. 우리 할머니가 4 ___________.

남 그거 멋지다. 너는 어떤 다른 계획이 있니?

여 나는 쇼핑을 갈 예정이야. 상점들은 추수감사절 다음 날에 큰 할인을 하거든.

남 5 ___________.

● 빈칸에 알맞은 말을 써 봅시다.

Listen & Talk 2

A Get Ready

G What are you going to do ___________ (이번 여름 방학) ___________ ___________?

B I'm going to visit Turkey. There is a ___________ ___________ (아름다운 궁전) there.

B Listen and Choose

G I'm **6** going to take a trip to Sokcho this weekend.

B Wow! What are you going to do there?

G **7** First, I'm going to eat fresh fish. There is a good ___________ ___________ (수산시장) in Sokcho, so I'm going to visit it.

B That sounds great. Are you going to go to the ___________ (해변), too?

G No. I'm going to go hiking. **8** There is a famous mountain, Seoraksan, there.

C Listen and Speak

G I'm finally in London! It's wonderful, Josh.

B Welcome, Sumin. **9** I'll show you around.

G Thank you. Are there any good places ___________ ___________ (관광객들을 위한) in London?

B Yes, there are many great museums here. We're going to visit the British Museum first.

G Okay. **10** What can I see there?

B There are a lot of historical things from around the world. You can see them ___________ ___________ (무료로).

G Great. I'm so excited!

● 우리말로 해석해 봅시다.

Listen & Talk 2

A Get Ready

여 너는 이번 여름 방학에 무엇을 할 예정이니?

남 나는 터키를 방문할 예정이야. 거기에 아름다운 궁전이 있어.

B Listen and Choose

여 나는 이번 주말에 속초로 **6** ___________.

남 우와! 너는 거기에서 무엇을 할 예정이니?

여 **7** ___________. 속초에 좋은 수산 시장이 있어서, 나는 그곳에 방문할 거야.

남 그거 좋겠다. 너는 해변에도 갈 예정이니?

여 아니. 난 하이킹을 할 예정이야. **8** ___________ ___________.

C Listen and Speak

여 나는 마침내 런던이야! 여기 멋지다, Josh.

남 환영해, 수민아. **9** ___________.

여 고마워. 런던에는 관광객들을 위한 좋은 장소들이 있니?

남 응, 여기에는 많은 훌륭한 박물관이 있어. 우리는 대영 박물관에 먼저 방문할 예정이야.

여 알겠어. **10** ___________?

남 세계에서 온 많은 역사적인 것들이 있어. 너는 그것들을 무료로 볼 수 있어.

여 훌륭해. 나는 너무 신이 나!

Reading 확인하기

● 빈칸에 알맞은 말을 써 봅시다.

A Gift Box from Korea

1 Tuesday, April 8th

Dear Mom and Dad,

Hi! **2** How's everything? I'm enjoying my trip to Korea. Right now, I'm in Insa-dong. Tourists visit art shops and eat ________ ________ (전통 음식) here. On this street, my favorite place is Ssamzigil. There are ________ (약, ~쯤) 70 stores here. They sell **3** special gifts. I'm sending some presents to you. You can ________ (…에 대해 배우다) ________ Korea from them.

I will write to you again soon.

Love, Sophia

This is *buchae*, a Korean fan. ________ (예술가들) make these fans **4** from bamboo and *hanji*, traditional Korean paper. Then they ________ (그리다) beautiful pictures on them. You can see *mugunghwa* on your *buchae*. This flower is a ________ ________ (…의 상징) the Korean people's **5** strong spirit.

● 우리말로 해석해 봅시다.

한국에서 온 선물 상자

1 ________________

엄마와 아빠에게

안녕하세요! **2** ________________? 저는 한국 여행을 즐기고 있어요. 바로 지금, 저는 인사동에 있어요. 관광객들은 여기서 예술품 가게를 방문하고 전통 음식을 먹어요. 이 거리에서, 제가 가장 좋아하는 장소는 쌈지길이에요. 여기에는 70여개의 상점들이 있어요. 그들은 **3** ________________ 팔아요. 제가 엄마, 아빠에게 선물 몇 개를 보낼게요. 그것들로부터 한국에 대해 배우실 수 있어요.

제가 곧 또 편지 쓸게요.

사랑을 담아, Sophia

이것은 한국의 부채예요. 예술가들은 이 부채를

4 ________________ 만들어요.

그러고 나서 그들은 그 위에 아름다운 그림을 그려요. 부채에서 무궁화를 보실 수 있어요. 이 꽃은 한국 사람들의 **5** ________________의 상징이에요.

▶정답 및 해설 p.193

I'm ___________ sending *yut* for *yunnori*. It
또한
is a traditional Korean board game. In the game, **6** you throw four sticks. They make five ___________ ___________. They decide your
다른 조합들
move on the board. The ___________ are *do*,
조합들
gae, geol, yut, and *mo*. These names **7** mean animals. Koreans play this game ___________
명절 동안
___________. **8** We will play it together later!

저는 또한 윷놀이를 위한 윷을 보내드려요. 이것은 한국의 전통 보드게임이에요. 게임에서, **6** ___________________________. 그들은 다섯 개의 다른 조합들을 만들어요. 그것들은 말판에서 움직임을 결정해요. 조합들은 도, 개, 걸, 윷, 모예요. 이 이름들은 **7** ___________________. 한국 사람들은 이 게임을 명절 동안 해요. **8** ______________________________!

교과서 구석구석 확인하기

● 빈칸에 알맞은 말을 써 봅시다.

Let's Communicate

A I'm going to visit Place B.

B ________ ________ ________ ________ ________ ________ there?
(너는 무엇을 할 예정이니)

A There is a river there. **1** I'm going to go fishing.

After You Read

G Hi, Sewon! I'm going to take a ________ (여행) to Korea soon. Are there any nice places?

B Well, Insa-dong is very nice.

G Insa-dong? **2** What do people do there?

B Tourists visit ________ ________ (예술품 가게들) on that street.

G That's nice. **3** What can I eat there?

B You can eat traditional food there.

G Good. Can I ________ (사다) gifts there, too?

B Sure. **4** There are many stores in Ssamzigil. They ________ (팔다) special gifts.

● 우리말로 해석해 봅시다.

Let's Communicate

A 나는 B 장소를 방문할 예정이야.

B 너는 그곳에서 무엇을 할 예정이니?

A 거기에는 강이 있어. **1** ________________.

After You Read

여 안녕, 세원아! 나는 한국으로 곧 여행을 갈 거야. 멋진 장소들이 있니?

남 음, 인사동이 매우 좋아.

여 인사동? **2** ________________?

남 관광객들은 그 거리에서 예술품 가게를 방문해.

여 그거 좋다. 거기에서 **3** ________________?

남 너는 거기에서 전통 음식을 먹을 수 있어.

여 좋아. 거기에서 내가 선물도 살 수 있니?

남 물론이야. 쌈지길에 **4** ________________. 그들은 특별한 선물을 팔아.

▶정답 및 해설 p.193

Think & Write

Dear Sophia,

How's everything? I will ___________ you about a UNESCO site in Korea. It is Changdeokgung Palace. It is in Jongno-gu, Seoul. It is a ___________ from the 5 Joseon Dynasty. It is 6 famous for its beautiful ___________. We can go there ___________ later.

말하다 / 궁 / 정원 / 함께

See you soon.

Best wishes, Jeongmin

Think & Write

Sophia에게,

어떻게 지내니? 나는 너에게 한국의 유네스코 세계유산에 대해 말할 거야. 그것은 창덕궁이야. 그것은 서울시 종로구에 있어. 그것은 5 ________________의 궁이야. 그것은 아름다운 정원으로 6 ______________.

우리는 나중에 거기에 함께 갈 수 있어.

곧 만나자.

행운을 빌며, 정민

Do It Yourself

G What are you going to do this summer vacation?

B I'm going to ___________ ___________ ___________ to Beijing.

여행하다

G Are there any 7 good places for tourists?

B Yes, there are many ___________ sites in Beijing. I'm going to go to the ___________ ___________.

역사적인 / 만리장성

G What are you going to do there?

B I will go hiking and 8 take a lot of pictures.

G Sounds fun.

Do It Yourself

여 너는 이번 여름 방학에 무엇을 할 예정이니?

남 난 베이징으로 여행을 갈 거야.

여 관광객들을 위한 7 ________________ 있니?

남 응, 베이징에는 많은 역사적인 장소들이 있어. 나는 만리장성에 갈 예정이야.

여 너는 거기서 무엇을 할 예정이니?

남 나는 하이킹을 하고 8 ________________ 예정이야.

여 재미있겠다.

Words 영영사전

● Lesson 3

· **advice**	an opinion about what someone should do
· **arrive**	to get to a place
· **customer**	someone who buys something from another person
· **discount**	a reduction in price
· **donate**	to give something to help others
· **expensive**	costing a lot of money
· **find**	to see something you are looking for
· **flea market**	a market where people sell used items
· **low**	small in amount or level
· **price**	how much something costs
· **save**	to keep something to use later
· **shout**	to say something in a loud voice
· **spend**	to use time or money for something
· **try on**	to put on clothing to see how it looks

● 다음 영영풀이에 해당하는 단어를 쓰시오.

▶정답 및 해설 p.193

1. ______________ : to use time or money for something
2. ______________ : to get to a place
3. ______________ : an opinion about what someone should do
4. ______________ : small in amount or level
5. ______________ : a reduction in price

Words 확인하기

▶정답 및 해설 p.193

● 영어를 우리말로, 우리말을 영어로 써 봅시다.

1. item ____________
2. buy ____________
3. owner ____________
4. rest ____________
5. save ____________
6. find ____________
7. spending ____________
8. wide ____________
9. glove ____________
10. enough ____________
11. quietly ____________
12. expensive ____________
13. carefully ____________
14. get tired ____________
15. habit ____________
16. meal ____________
17. list ____________
18. front ____________
19. 모으다, 수집하다 ____________
20. 지불하다 ____________
21. 영수증 ____________
22. 벼룩시장 ____________
23. 절반 ____________
24. 가져오다, 데려오다 ____________
25. 용돈 ____________
26. 운동하다 ____________
27. 입어보다 ____________
28. 배우다 ____________
29. 가격표 ____________
30. 빌리다 ____________
31. 결정, 판단 ____________
32. 시도하다 ____________
33. 현명하게 ____________
34. 기부하다 ____________
35. 일기 ____________
36. 아침식사 ____________

Script 확인하기

● 빈칸에 알맞은 말을 써 봅시다.

Listen & Talk 1

Ⓐ Get Ready

B Look! I like __________ __________ (이 신발들). I'll buy them.

G Wait! Do you 1 really need them? You should make decisions __________ (신중히).

Ⓑ Listen and Find

G Hi, Jinsu! 2 Where are you going?

B Hi, Mina. I'm going to BA Mall.

G Are you going to buy anything?

B Yes. I need a baseball glove.

G __________ (그럼) you should go to D-Mart. They're 3 having a big sale now.

B Oh, really? Then I should go there __________ (대신).

Ⓒ Listen and Speak

B Mom, I need some money.

W You got your pocket money __________ __________ __________ (이틀 전에). Where is that ten dollars?

B Well, I 4 already spent it all. I bought some snacks and a shirt.

W You bought __________ (또 다른) new shirt? You don't plan your spending.

B The shirt was only seven dollars. 5 It was on sale.

W But you don't need a new shirt. You should __________ (만들다) a shopping list and only buy the things on the list.

B Okay, Mom. I'll do that 6 next time.

● 우리말로 해석해 봅시다.

Listen & Talk 1

Ⓐ Get Ready

남 이것 봐! 이 신발 마음에 들어. 나 이거 살래.

여 기다려! 너 그거 1 __________ 필요하니? 너는 신중히 결정해야 해.

Ⓑ Listen and Find

여 안녕, 진수야! 2 __________?

남 안녕, 민아야. 나 BA몰에 가는 길이야.

여 너 뭔가 살 거니?

남 응. 나는 야구 글러브가 필요해.

여 그럼 넌 D마트에 가도록 해. 거기 지금 3 __________.

남 오, 정말? 그럼 대신 거기에 가야겠어.

Ⓒ Listen and Speak

남 엄마, 저 돈이 조금 필요해요.

여 너 이틀 전에 네 용돈을 받았잖니. 그 10달러는 어디 있니?

남 음, 저 그거 4 __________ 다 썼어요. 간식과 셔츠를 샀어요.

여 또 다른 새 셔츠를 샀다고? 너는 너의 소비를 계획하지 않는구나.

남 그 셔츠는 겨우 7달러였어요. 5 __________.

여 하지만 넌 새 셔츠가 필요하지 않잖니. 쇼핑 목록을 만들고 그 목록에 있는 것들만 사도록 하렴.

남 알겠어요, 엄마. 6 __________ 그렇게 할게요.

▶정답 및 해설 p.193

● 빈칸에 알맞은 말을 써 봅시다.

Listen & Talk 2

A Get Ready

G Excuse me. Can I ________ ________ this cap? (써보다)

M Yes, 7 of course.

B Listen and Choose

B Excuse me. I'm ________ ________ a gift for my brother. (찾고 있다)

W 8 How about these headphones?

B He already has good ones. Oh, ________ ________ is this phone case? I like it. (얼마)

W It's ten dollars.

B It's a little expensive. Can I ________ ________ ________? (할인을 받다)

W I'm sorry, but you can't. It's not on sale.

B Okay, I'll just 9 take it.

C Listen and Speak

M ________ ________ ________ ________? (도와드릴까요)

G Yes, please. 10 Can I try on this jacket?

M Yes, of course. You can try on any item in our store.

G Thanks. Well, I like this jacket. How much is it?

M It's 20 dollars.

G Okay. Can I ________ this coupon? (사용하다)

M Yes. You can get 11 a 30 percent discount. Then, it's 14 dollars.

G Great. I'll take it.

● 우리말로 해석해 봅시다.

Listen & Talk 2

A Get Ready

여 실례합니다. 이 모자를 써 봐도 될까요?

남 네, 7 ________________.

B Listen and Choose

남 실례합니다. 제 남동생에게 줄 선물을 찾고 있어요.

여 이 헤드폰은 8 ________________?

남 그는 이미 좋은 것을 가지고 있어요. 오, 이 휴대전화 케이스는 얼마예요? 저는 이게 마음에 들어요.

여 10달러입니다.

남 조금 비싸네요. 할인을 받을 수 있을까요?

여 죄송하지만 안 돼요. 그건 할인 중이 아니에요.

남 알겠어요, 이거 그냥 9 ________________.

C Listen and Speak

남 도와드릴까요?

여 네. 10 ________________?

남 네, 물론이죠. 저희 가게에 있는 어떤 상품이든 입어보실 수 있습니다.

여 감사합니다. 음, 저는 이 재킷이 맘에 들어요. 얼마인가요?

남 20달러입니다.

여 네. 이 쿠폰을 사용할 수 있나요?

남 네. 11 ________________ 받으실 수 있습니다. 그럼, 14달러네요.

여 좋네요. 이거 살게요.

Reading 확인하기

● 빈칸에 알맞은 말을 써 봅시다.

Let's Go to the Flea Market

Riverside Park Flea Market

1 Every Saturday 10:00 - 16:00

Friday, May 25th

Tomorrow, my sister and I will sell things at the flea market! We found many good items 2 around the house. I ____________ (닦았다) them, and she made their 3 price tags. These things are ____________ (준비된) for new owners now. Woo-hoo!

Saturday, May 26th

We ____________ (도착했다) at the flea market around ten o'clock. I put our items on the table. My sister ____________ (소리쳤다), "Good items here!" 4 People enjoyed looking at them, but they didn't buy anything.

Then, a girl came. She said, "I like these shoes. But they're 5 a little expensive." "Okay, then you can have a 20 percent discount," I said. She was our ____________ ____________ (첫 손님)!

Time passed, and we got tired. Then a woman said, 6 "Keep trying!" She had a table next to us. She gave some bread ____________ ____________ (우리에게). We started shouting ____________ (다시), "Best prices here!"

● 우리말로 해석해 봅시다.

벼룩시장에 가자

리버사이드 공원 벼룩시장

1 ____________ 10-16시

5월 25일 금요일

내일 내 여동생과 나는 벼룩시장에서 물건을 팔 것이다! 우리는 2 ____________ 많은 좋은 물품들을 찾았다. 나는 그것들을 닦았고, 여동생은 그것들의 3 ____________ 만들었다. 이것들은 이제 새로운 주인을 맞이할 준비가 되었다. 야호!

5월 26일 토요일

우리는 10시쯤 벼룩시장에 도착했다. 나는 우리 물건을 테이블 위에 놓았다. 내 여동생은 "여기 좋은 물건들이 있어요!"라고 소리쳤다. 4 ____________ ____________, 아무것도 사지 않았다.

그러다 한 소녀가 다가왔다. 그녀는 "이 신발이 마음에 들어요. 하지만 가격이 5 ____________"라고 말했다. "좋아요, 그럼 20퍼센트 할인을 받을 수 있어요." 라고 내가 말했다. 그녀는 우리의 첫 손님이었다!

시간이 흐르고, 우리는 지쳤다. 그 때, 한 여자분이 6 "____________!"이라고 말했다. 그녀는 우리 옆자리에 테이블이 있었다. 그녀는 우리에게 약간의 빵을 주었다. 우리는 "여기가 최저가에요!"라고 다시 소리치기 시작했다.

▶정답 및 해설 p.194

In the end, we ___________ many things.
팔았다
How much did we make?

We got 24,000 won. That's great! How will we use this money? ___________, we will 7 save half of the money. Then, we will ___________ 20 percent of 8 the rest for hungry children. After that, we will go shopping. ___________ we will buy things at the flea market 9 at low prices!

우선 / 기부하다 / 아마도

결국, 우리는 많은 것을 팔았다. 우리가 얼마나 벌었을까?

우리는 24,000원을 벌었다. 정말 멋지다! 우리는 이 돈을 어떻게 쓸 것인가? 우선, 우리는 7 ____________________ 것이다. 그러고 나서, 우리는 8 ____________________의 20퍼센트를 굶주린 어린이들을 위해 기부할 것이다. 그 이후에, 우리는 쇼핑을 하러 갈 것이다. 아마도 우리는 벼룩시장에서 9 ____________________ 물건들을 살 것이다!

교과서 구석구석 확인하기

● 빈칸에 알맞은 말을 써 봅시다.

Let's Communicate

A

A ___________ ___________ borrow this book?
제가 ~해도 되나요?

B 1 Yes, of course. But you should return it by next Friday.

B

A ___________ ___________ eat some cake now?
제가 ~해도 되나요?

B I'm sorry, but you can't. 2 You should finish your meal first.

After You Read

B Hello?

G Hi, it's Jessica. Where are you now?

B I'm at the flea market ___________ my mother.
~와 함께

G Are you shopping there?

B No, we're 3 selling things.

G Wow! Did you sell ___________?
뭔가

B Yes. My first ___________ 4 just bought a shirt.
고객

G That's great!

● 우리말로 해석해 봅시다.

Let's Communicate

A

A 제가 이 책을 빌려도 되나요?

B 1 _________________. 하지만 당신은 그것을 다음 금요일까지 반납해야 해요.

B

A 제가 지금 케이크를 좀 먹어도 되나요?

B 미안하지만, 안 된다. 2 _________________.

After You Read

남 여보세요?

여 안녕, 나 Jessica야. 너 지금 어디니?

남 나는 엄마랑 벼룩시장에 있어.

여 거기서 쇼핑하는 중이니?

남 아니, 우리는 3 _________________.

여 우와! 뭔가 팔았어?

남 응. 내 첫 번째 고객이 4 _________________.

여 잘 됐다!

▶정답 및 해설 p.194

Think & Write

This backpack is just like new!

I have a backpack __________ __________.
판매하는

I bought it __________ __________ ago, and it was 50 dollars.
6개월

It is blue outside and 5 green inside.

It is 50 centimeters 6 tall and 30 centimeters 7 wide.

I'm selling it __________ 10 dollars.
…에

Email: sell21@email.com

Think & Write

이 배낭은 새거나 마찬가지예요!

배낭을 판매합니다.

이 배낭을 6개월 전에 구매했고, 50달러였어요.

겉은 파란색이고 5 __________________입니다.

50센티미터 6 __________________에 30 센티미터 7 __________________입니다.

10달러에 판매하고 있어요.

이메일: sell21@email.com

Do It Yourself

W May I help you?

B Yes, please. 8 Can I try on this baseball cap?

W Yes, of course.

B Oh, I like it. How much is it?

W It's 15 dollars.

B Okay. Can I use this coupon?

W Yes. You can __________ a 20 percent __________. Then, it's 12 dollars.
받다 / 할인

B That's nice. 9 I'll take it.

Do It Yourself

여 도와드릴까요?

남 네. 이 야구 모자 8 __________________?

여 네, 물론이죠.

남 오, 맘에 들어요. 이거 얼마예요?

여 15달러입니다.

남 네. 이 쿠폰 사용할 수 있나요?

여 네. 20퍼센트 할인 받으실 수 있습니다. 그럼, 12달러예요.

남 좋아요. 9 __________________.

Words 영영사전

● Lesson 4

· **agree**	to have the same opinion
· **center**	the very middle
· **century**	a period of 100 years
· **change**	to make or become different
· **fact**	something that is true
· **future**	the time that will come after the present time
· **information**	facts or details about something
· **invention**	a machine that humans have thought of and made
· **lesson**	something that you learn from life, an event, or an experience
· **obvious**	very easy to see and understand
· **plant**	a living thing that is usually green, grows on the ground, and has leaves
· **taste**	to have a particular flavor
· **universe**	all of space and everything in it, such as stars, planets, galaxies, etc.
· **wrong**	not right

● 다음 영영풀이에 해당하는 단어를 쓰시오.

▶정답 및 해설 p.194

1. ______________ : a period of 100 years
2. ______________ : to make or become different
3. ______________ : a machine that humans have thought of and made
4. ______________ : to have the same opinion
5. ______________ : something that you learn from life, an event, or an experience

Words 확인하기

▶정답 및 해설 p.194

● 영어를 우리말로, 우리말을 영어로 써 봅시다.

1. library ____________
2. delicious ____________
3. universe ____________
4. boring ____________
5. important ____________
6. fact ____________
7. pea ____________
8. submarine ____________
9. way ____________
10. agree ____________
11. invention ____________
12. quickly ____________
13. garden ____________
14. useful ____________
15. autumn ____________
16. deliver ____________
17. question ____________
18. lesson ____________
19. 인쇄하다 ____________
20. 놀라운 ____________
21. 놀랍게도 ____________
22. ~맛이 나다 ____________
23. 일찍 ____________
24. 100년, 세기 ____________
25. 식물 ____________
26. 흥미로운 ____________
27. 틀린 ____________
28. 발견 ____________
29. 예쁜 ____________
30. 명백한, 분명한 ____________
31. 가르치다 ____________
32. 불가능한 ____________
33. 떨어지다 ____________
34. 미래 ____________
35. 냉장고 ____________
36. 더 좋은 ____________

Script 확인하기

● 빈칸에 알맞은 말을 써 봅시다.

Listen & Talk 1

A Get Ready

G I don't like classical music. It's ___________ .
(지루한)

B 1 I don't think so. It's interesting. ___________ Mozart's music.
(시도하다)

B Listen and Choose

B I'm hungry. Let's have hamburgers for lunch.

G Again? You eat hamburgers ___________ ___________.
(너무 자주)

B They're really delicious. And they're not very ___________.
(비싼)

G I know. But they're 2 not good for your health.

B They have vegetables inside! They're healthy.

G I don't think so. They have too ___________ fat and salt.
(많은)

C Listen and Speak

G Today we're going to ___________ ___________ our class field trip. Where can we go?
(~에 대해 이야기하다)

B1 We can go hiking on Dobongsan. Hiking is exciting.

G 3 I think so, too. Hiking is fun.

B2 I don't think so. 4 Hiking is hard. Can we go to the city zoo?

B1 It's a fun place, but we went there ___________ ___________.
(작년)

G How about Bukchon Hanok Village? It's nice there.

B2 I think so, too. There are 5 lots of cultural programs there.

B1 Sounds good.

● 우리말로 해석해 봅시다.

Listen & Talk 1

A Get Ready

여 난 클래식 음악을 좋아하지 않아. 그건 지루해.

여 1 ___________________. 그건 흥미로워. 모차르트의 음악을 한번 시도해 봐.

B Listen and Choose

남 나 배고파. 우리 점심으로 햄버거 먹자.

여 또? 너는 햄버거를 너무 자주 먹어.

남 그것들은 정말 맛있는 걸. 그리고 많이 비싸지도 않아.

여 나도 알아. 하지만 그것들은 2 ___________________.

남 그것들 안에는 야채가 있어! 그것들은 건강에 좋아.

여 난 그렇게 생각하지 않아. 그것들에는 너무 많은 지방과 소금이 있어.

C Listen and Speak

여 오늘 우리는 우리 반 견학 여행에 대해 이야기할 거야. 우리는 어디로 갈 수 있을까?

남1 우리는 도봉산으로 하이킹을 갈 수 있어. 하이킹은 신나.

여 3 ___________________. 하이킹은 재미있어.

남2 난 그렇게 생각하지 않아. 4 ___________________. 우리 시립 동물원에 갈 수 있을까?

남1 거기는 재미있는 장소지만, 우리는 작년에 거기에 갔었어.

여 북촌 한옥마을은 어때? 거기 좋아.

남2 나도 그렇게 생각해. 거기에는 5 ___________________이 있어.

남1 그거 좋겠다.

▶정답 및 해설 p.194

● 빈칸에 알맞은 말을 써 봅시다.

Listen & Talk 2

A Get Ready

B I like this smartphone best.

G 6 Why do you like it?

B Because it's ___________.
얇은

B Listen and Check

B What are you doing?

G I'm reading a book. It's an e-book.

B Why do you read e-books?

G Because I can carry them ___________. I have 20 books in my e-book reader now.
쉽게

B That's great. Can I buy e-books 7 from online bookstores?

G Yes. You can also ___________ them on the library website.
빌리다

C Listen and Speak

G Did you like this video ___________ robots? I loved it.
~에 관한

B Yes, I did. Robots will do many things for humans ___________ ___________ ___________.
미래에는

G I think so, too. We will have more free time 8 thanks to them.

B 9 You're right. I want the cooking robot from the video. It will cook lots of delicious food for me.

G That sounds great. I want a cleaning robot.

B Why do you want a cleaning robot?

G Because I can 10 save time. It will clean my room ___________ ___________.
매일

B That's nice. Home robots will help us a lot.

● 우리말로 해석해 봅시다.

Listen & Talk 2

A Get Ready

남 난 이 스마트폰을 가장 좋아해.

여 6 ___________________?

남 왜냐하면 그건 얇거든.

B Listen and Check

남 너 뭐 하는 중이니?

여 나는 책을 읽고 있어. 이건 전자책이야.

남 넌 왜 전자책을 읽니?

여 왜냐하면 나는 그것들을 쉽게 가지고 다닐 수 있거든. 나는 지금 스무 권의 책을 전자책 리더기에 가지고 있어.

남 그거 굉장하다. 7 ___________________ 전자책을 살 수 있니?

여 응. 너는 도서관 웹 사이트에서 그것들을 빌릴 수도 있어.

C Listen and Speak

여 너 로봇에 관한 이 동영상 좋았니? 난 정말 좋았어.

남 응, 좋았어. 미래에는 로봇이 사람들을 위해 많은 일을 할 거야.

여 나도 그렇게 생각해. 우리는 그것 8 ___________ 더 많은 자유 시간을 갖게 될 거야.

남 9 ___________________. 나는 그 동영상에 나온 요리 로봇을 원해. 이것은 날 위해 많은 맛있는 음식을 요리할 거야.

여 그거 좋겠다. 난 청소 로봇을 원해.

남 넌 왜 청소 로봇을 원하니?

여 왜냐하면 나는 10 ___________________ 수 있거든. 그것이 매일 내 방을 청소해 줄 거야.

남 좋네. 가정용 로봇은 우리를 많이 도와줄 거야.

Reading 확인하기

● 빈칸에 알맞은 말을 써 봅시다.

Question 1 the Obvious

Today, I'm going to tell you an ____________ (중요한 사실) ____________: Earth is not the center of the universe.

What are you talking about, Copernicus?

Earth is the center, and 2 the sun goes around it!

No, we were ____________ (틀린). Earth goes around the sun.

No way! 3 Get out of here!

"Today, I'm going to talk about ____________ (새로운 발견들) ____________."

____________ (까지) the 16th century, the center of the universe was Earth. This was obvious, and everyone believed it. But Copernicus 4 asked, "Is it really true?" His question started a big ____________ (변화). Today, Earth isn't the center of the universe anymore. This story 5 teaches us an important lesson. We should ____________ (항상) question obvious things. Then we can make discoveries.

● 우리말로 해석해 봅시다.

1 ____________에 의문을 가져라

오늘, 저는 여러분에게 중요한 사실을 말씀드릴 겁니다. 지구는 우주의 중심이 아닙니다.

무슨 얘기를 하는 거예요, 코페르니쿠스?

지구가 중심이고, 2 ________________________!

아뇨, 우리가 틀렸어요. 지구가 태양의 주위를 돌아요.

절대 아니에요! 3 ________________!

"오늘, 저는 새로운 발견들에 대해 이야기할 거예요."

16세기까지, 우주의 중심은 지구였다. 이것은 명백했고, 모든 사람들이 그것을 믿었다. 하지만 코페르니쿠스가 "그것은 정말 사실일까?"라고 4 ________. 그의 질문은 커다란 변화를 시작시켰다. 오늘날, 지구는 더 이상 우주의 중심이 아니다. 이 이야기는 5 ________________________. 우리는 항상 명백한 것들에 의문을 가져야 한다. 그러면 우리는 발견을 할 수 있다.

▶정답 및 해설 p.194

There are other __________ (예시들) in history. In the past, humans couldn't travel through the air. But some people 6 began to wonder, "Can we travel through the air?" The Wright brothers also asked this question, and they finally made an airplane. The same went for the submarine. Traveling under the water looked __________ (불가능한), but people finally found a way.

7 It's still going on today. Where does meat come from? Of course, it comes from animals. But some scientists wanted to get meat in a __________ __________ (다른 방법). "How about 8 plants?" they wondered. They used beans and peas, and they made new, healthy "meat." __________ (놀랍게도), it doesn't taste like beans or peas. It 9 tastes exactly like real meat.

Do you want to find out new things? Then look around and question obvious things, just like history's great __________ (발명가들)!

역사에는 또 다른 예시들이 있다. 과거에, 인간은 하늘을 여행할 수 없었다. 하지만 몇몇 사람들은 "우리가 하늘을 여행할 수 있을까?"라고 6 ____________________. 라이트 형제 역시 이 질문을 던졌고, 그리고 그들은 마침내 비행기를 만들었다. 같은 것이 잠수함에도 해당되었다. 물 속을 여행하는 것은 불가능해 보였지만, 사람들은 마침내 방법을 찾아냈다.

7 ______________________________.

고기는 어디에서 오는가? 물론, 그것은 동물에게서 온다. 하지만 몇몇 과학자들은 다른 방법으로 고기를 얻고 싶어 했다. "8 __________ 어떨까?"라고 그들은 궁금해했다. 그들은 콩과 완두콩을 사용했고, 그들은 새롭고 건강한 "고기"를 만들었다. 놀랍게도, 그것은 콩이나 완두콩 맛이 나지 않는다. 그것은 진짜 고기와 9 ______________________________.

새로운 것들을 발견하고 싶은가? 그렇다면 마치 역사의 위대한 발명가들처럼, 주위를 둘러보고 명백한 것들에 의문을 가져라!

교과서 구석구석 확인하기

● 빈칸에 알맞은 말을 써 봅시다.

Let's Communicate

A Foreign languages are useful.

B 1 Why do you think so?

A ___________ I can make friends from all around the world.
왜냐하면

B ___________ ___________ ___________, ___________. We can understand other cultures better.
나도 그렇게 생각해

After You Read

Until the 16th ___________, people had a different idea about the universe. They ___________, 'Earth is the center of the universe.' But Copernicus began to ___________ that. His idea was this: Earth isn't the center of the universe, and it goes around the sun. 2 At first, people didn't believe him. But he didn't 3 stop questioning. Today, we believe Copernicus's idea.

세기 / 생각했다 / 의문을 던지다

● 우리말로 해석해 봅시다.

Let's Communicate

A 외국어들은 유용해.

B 1 ___________________?

A 왜냐하면 나는 전 세계에서 친구를 사귈 수 있거든.

B 나도 그렇게 생각해. 우리는 다른 문화들을 더 잘 이해할 수 있어.

After You Read

16세기까지, 사람들은 우주에 대해 다른 의견을 갖고 있었다. 그들은 '지구가 우주의 중심이다'라고 생각했다. 하지만 코페르니쿠스는 그것에 의문을 던지기 시작했다. 그의 생각은 이러했다. '지구는 우주의 중심이 아니고, 그것은 태양 주위를 돈다.' 2 ___________ 사람들은 그의 말을 믿지 않았다. 하지만 그는 3 ___________________ 않았다. 오늘날, 우리는 코페르니쿠스의 생각을 믿는다.

▶정답 및 해설 p.194

Think & Write

The 3D printer is an amazing invention. In the past, printers __________ (오직) printed things on paper. But some people questioned this. 4 "Can printers only print things on paper?" some wondered. It started a big 5 change. Thanks to that, today printers can make __________ (장난감), __________ (옷), and many other things.

Think & Write

3D 프린터는 놀라운 발명품이다. 과거에, 프린터는 오직 종이에만 인쇄를 했다. 하지만 몇몇 사람들이 이에 의문을 가졌다. 4 "__________________?"라고 몇몇 사람들이 궁금해 했다. 이것은 큰 5 __________를 시작시켰다. 그 덕분에, 현재 프린터는 장난감, 옷, 그리고 많은 다른 것들을 만들 수 있다.

Do It Yourself

G What are you doing?

B I'm exercising now.

G 6 But exercising at night is bad for you.

B Why?

G Because you can't sleep __________ (잘, 제대로) after exercising.

B I don't think so. I feel very tired after exercising, so I can __________ __________ (잠들다) easily.

Do It Yourself

여 너 뭐 하는 중이니?

남 나 지금 운동하는 중이야.

여 6 __________________ 너에게 나빠.

남 왜?

여 왜냐하면 운동 후에는 잠을 잘 잘 수가 없기 때문이야.

남 난 그렇게 생각하지 않아. 난 운동 후에 매우 피곤해서, 쉽게 잠에 들 수 있어.

정답 및 해설

Lesson

1 Welcome to My World

Check up p.06

01 둘 다 **02** 나라 **03** 더하다 **04** 인기 있는 **05** 연습하다
06 이름 **07** 저녁 **08** 일하다 **09** 시간표 **10** 열심히

Word Test p.07

01 (1) Korean (2) subject **02** ③ **03** ④ **04** (1) study
(2) delicious (3) after (4) member **05** ②

01 해석
(1) 이탈리아 : 이탈리아인 = 한국 : 한국인 (나라-국민)
(2) 운동 : 농구 = 과목 : 과학 (상위-하위 개념)

02 해석

• 유나는 런던에 산다.
• 나의 선생님은 야구에 대해 이야기한다.

해설 '~에 살다'는 전치사 in과 함께 쓴다. '~에 대해 이야기하다'는 talk about으로 쓴다.

03 해석 ① 역사 ② 수학 ③ 음악 ④ 흥미 ⑤ 사회

04 해석
(1) Lea와 Jin은 불어를 공부한다.
(2) 이 스파게티는 맛있다.
(3) Sam은 방과 후에 도서관에 간다.
(4) Emily는 학교 농구팀의 일원이다.

05 해석

나는 너를 보게 되어 행복하다.

① 피곤한 ② 기쁜 ③ 친절한 ④ 지루한 ⑤ 인기 있는
해설 happy는 '행복한, 기쁜'이라는 뜻의 형용사로 glad로 바꿔 쓸 수 있다.

Functions Test p.09

01 ④ **02** ② **03** Where are you from **04** (1) This is
(2) favorite book

01 해석

A: 네가 가장 좋아하는 영화는 무엇이니?
B: 나는 〈미녀와 야수〉를 가장 좋아해.

① 응, 나는 그것을 매우 좋아해.
② 그녀는 나의 영화 동아리에 있어.
③ 아니, 나는 아니야. 너는 어때?
⑤ 내가 가장 좋아하는 가수는 테일러 스위프트야.
해설 ④ 가장 좋아하는 영화를 물었으므로 '~를 가장 좋아한다'는 의미의 I like ~ most를 쓴다.

02 해석
① A: 너의 이름이 무엇이니?
B: 나의 이름은 George야.
② A: 너는 어디에서 왔니?
B: 뉴욕은 미국에 있어.
③ A: 만나서 반가워.
B: 나도 만나서 반가워.
④ A: 네가 가장 좋아하는 꽃은 무엇이니?
B: 나는 해바라기를 매우 좋아해.
⑤ A: 너는 운동을 좋아하니?
B: 아니, 안 좋아해. 그건 지루해.
해설 ② 출신을 묻는 질문에 뉴욕은 미국에 있다는 대답은 어색하다.

03 해석

A: 안녕, 나의 이름은 Luis야. 만나서 반가워.
B: 나는 Anne이야. 나도 만나서 반가워.
A: 나는 브라질 출신이야. 너는 어디에서 왔니, Anne?
B: 나는 독일 출신이야.

해설 출신을 묻는 질문은 Where are you from?으로 할 수 있다.

04 해설 (1) 누군가를 소개할 때 'This is ~' 구문을 이용한다.
(2) '가장 좋아하는 ~'는 「favorite+명사」로 쓴다.

Script p.10

Listen & Talk 1 **1** My name is / to meet / I'm from
2 Where are you from / hometown / What about you
3 This is / book club / too / from / from
Listen & Talk 2 **1** favorite animal **2** Do, like / What is / My favorite, is / very much **3** don't like / subject / subject / interesting

Grammar Test p.12

01 (1) am (2) are (3) is **02** (1) teaches (2) live
(3) drinks **03** ③ **04** ⑤ **05** (1) We aren't[are not] hungry now. (2) I don't[do not] know his phone number. (3) Dan doesn't[does not] go to school by bus.
06 ⑤ **07** (1) play → plays (2) takes → take
(3) don't am → am not **08** (1) This is not my cell phone
(2) Is Philip your best friend (3) My sister does not read fantasy novels

01 해석

(1) 나는 중학생이다.
(2) Chris와 Ryan은 도서관에 있다.
(3) 내 방은 매우 크다.

해설 (1) 주어가 1인칭 단수일 때 be동사는 am이다.
(2) 주어가 3인칭 복수일 때 be동사는 are이다.
(3) My room은 3인칭 단수 주어이므로 be동사는 is를 쓴다.

02 해석

(1) 우리 아빠는 중학교에서 수학을 가르친다.
(2) 나의 조부모님은 제주도에 사신다.
(3) 유미는 매일 아침에 우유를 마신다.

해설 주어가 3인칭 단수일 때는 동사원형에 -(e)s를 붙인다. 주어가 3인칭 복수일 때는 동사원형을 쓴다.

03 해설 주어는 3인칭 단수이므로 동사는 is를 쓴다. be동사의 부정문은 동사 뒤에 not을 붙이며 isn't로 줄여 쓸 수 있다.

04 해석

진호는 좋은 시력을 갖고 있다. 그는 안경을 쓰지 않는다.

해설 주어가 3인칭 단수일 때 동사가 have이면 has로 쓴다. 일반동사의 부정문은 동사 앞에 don't[do not] 또는 doesn't[does not]를 쓰는데, 3인칭 단수일 때는 doesn't를 쓴다.

05 해석

(1) 우리는 지금 배가 고프다.
(2) 나는 그의 전화번호를 안다.
(3) Dan은 버스를 타고 학교에 간다.

해설 be동사의 부정문은 동사 뒤에 not을 붙인다. 일반동사의 부정문은 동사 앞에 don't[do not]를 붙여서 만들고, 주어가 3인칭 단수일 경우 doesn't[does not]를 쓴다.

06 해석

① 그들은 새로운 학생들인가요?
② 고양이가 침대 밑에 있다.
③ Fred는 그의 자전거를 매우 잘 탄다.
④ Bill은 컴퓨터가 필요하지 않다.
⑤ 그녀는 아침에 그녀의 머리를 감나요?

해설 ⑤ 일반동사의 의문문은 「Do/Does+주어+동사원형~?」 어순으로 쓰므로 Does she wash...가 되어야 한다.

07 해석

(1) Owen은 항상 방과 후에 농구를 한다.
(2) Tina와 Ellen은 매일 공원에서 산책을 한다.
(3) 나는 나의 시험 점수에 대해 기쁘지 않다.

해설 (1) 주어 Owen이 3인칭 단수이므로 play가 아닌 plays를 쓴다.
(2) 주어 Tina and Ellen이 3인칭 복수이므로 takes가 아닌 take를 쓴다.
(3) 1인칭 단수 주어의 be동사는 am이며 be동사의 부정문은 동사 뒤에 not을 쓴다.

08 해설 (1) be동사의 부정문은 동사 뒤에 not을 쓴다.
(2) be동사의 의문문은 「be동사+주어~?」 어순으로 쓴다.
(3) 일반동사의 부정문은 동사 앞에 do not 또는 does not를 쓴다. My sister는 3인칭 단수이므로 does not를 쓴다.

Reading p.14

My name is / different countries / different interests / likes cooking / often visit / lives in / a lot of / is not good / don't have / has / every evening / plays soccer / talk about / Do you have

Reading Test p.16

01 I have friends from all around the world **02** ③
03 ③ **04** ③, ⑤ **05** ③ **06** ⓐ watches ⓑ studies
07 ④ **08** ⑤

[01-02]

안녕! 내 이름은 주호야. 나는 한국의 서울에 살아. 나는 전 세계에 친구들이 있어. 그들은 다른 나라에 살고, 그들은 다른 관심사를 가지고 있어. 그들은 모두 온라인 페이지를 가지고 있어. 내 친구들을 만나 봐!

01 해설 주어 I, 동사 have, 목적어인 friends를 순서대로 쓴 후에, 출신을 나타내는 전치사 from을 써서 friends from all around the world라고 쓴다.

02 해설 ③ 글의 마지막의 Meet my friends(내 친구들을 만나 봐)! 문장을 보면 친구들을 소개할 것을 알 수 있다.

[03-04]

Léo는 프랑스 출신이야. 그는 요리를 좋아해. (B) 그는 음식 사진을 찍어. (A) 그는 그의 온라인 페이지에 그것들을 올려. (C) 나는 음식을 좋아해서 그의 온라인 페이지에 자주 방문해.

03 해설 (A)의 them이 가리키는 것은 pictures of food이므로 (B) 다음에 온다는 것을 알 수 있다. (C)의 음식을 좋아해서 그의 페이지를 방문한다는 내용은 음식 사진을 온라인 페이지에 올린다는 말 다음에 오는 것이 자연스럽다.

04 해설 ③ Léo는 음식 사진을 찍는다고 했다.
⑤ 글쓴이는 Léo의 온라인 페이지를 종종 방문한다고 했다.

[05-06]

Kanya는 태국에 살아. 그녀는 꼭 나처럼 드라마를 좋아해. 그녀는 많은 한국 드라마를 봐. 그래서 그녀는 한국어를 공부해. 그녀는 한국어를 잘하지는 않지만, 열심히 연습해.

05 해설 ③ Kanya가 가장 좋아하는 드라마에 대해서는 언급되지

않았다.

06 해설 주어 She는 3인칭 단수이므로 일반동사 뒤에 -(e)s를 붙이는데, 동사에 따라 형태가 조금씩 다르다.
ⓐ ch로 끝나는 동사는 뒤에 -es를 붙인다.
ⓑ y로 끝나는 동사는 y를 i로 바꾼 뒤 -es를 붙인다.

[07-08]

Emma는 캐나다에 살아. 우리는 둘 다 동물을 사랑해. 나는 애완동물이 없지만, 그녀는 개 한 마리를 키워. 그 개의 이름은 Max야. 그녀는 매일 저녁 그 개를 산책시켜.
Santiago는 아르헨티나 출신이야. 그는 그의 학교 축구팀에서 뛰어. (그는 리오넬 메시를 좋아해.) 나도 메시의 팬이야. 우리는 메시와 축구에 대해 이야기를 많이 해.
너는 온라인 페이지를 가지고 있니? 나를 추가해!

07 해석 그는 리오넬 메시를 좋아해.
해설 ④ too는 '나도, 또한'이라는 뜻으로 앞에서 언급된 것에 동의하는 표현이다. 글쓴이가 나도 메시의 팬이라고 말했으므로 바로 앞에서 리오넬 메시가 언급되는 것이 흐름상 적절하다.

08 해설 ⑤ 일반동사의 의문문은 「Do/Does+주어+동사원형…?」 어순으로 쓰므로 앞에 Are이 아닌 Do가 와야 한다.

Review Test 1 p.18

01 ③ **02** ⑤ **03** animal **04** ③ **05** ③ **06** do, come
07 ③ **08** ⑤ **09** ④ **10** ② **11** ③ **12** ② **13** ⑤
14 ④ **15** ② **16** ④ **17** pictures of food **18** ⑤ **19** ⑤
20 그녀는 매일 저녁 그 개를 산책시켜.

01 해설 ③ add는 '더하다, 추가하다'라는 뜻이다.

02 해석

재훈이와 나는 둘 다 한국 출신이다. 나의 고향은 수원이고 재훈이의 고향은 광주이다.

① 일원 ② 나라 ③ 역사 ④ 과목 ⑤ 고향
해설 ⑤ 출신 국가를 말한 후 출신 도시를 이야기했으므로 hometown(고향)이 들어가야 알맞다.

03 해석

호랑이 기린 곰 고양이 코끼리

해설 주어진 단어는 모두 animal(동물)의 종류이다.

04 해석

A: 안녕, 내 이름은 Ian이야. 만나서 반가워.
B: 안녕, Ian. 나는 Greg야. 나도 만나서 반가워.

① 좋은 ② 행복한 ③ 슬픈 ④ 기쁜 ⑤ 기쁜
해설 ③ 누군가를 처음 만났을 때 만나서 반갑다는 의미로 Nice to meet you를 쓴다. 이 때 Nice 대신에 비슷한 긍정적인 감정을 나타내는 형용사를 쓸 수 있다.

05 해석

A: 안녕, 내 이름은 수미야. 만나서 반가워.
B: 안녕, 수미야. 나는 Erica야. 나도 만나서 반가워. 나는 대만의 타이베이 출신이야. 너는 어떠니?
A: 나는 한국의 서울 출신이야.

① 그건 내가 가장 좋아하는 도시야.
② 너는 어디 출신이니?
④ 이 사람은 내 친구 Olivia야.
⑤ 나는 꼭 너처럼 한국어를 공부해.
해설 ③ Erica가 자신의 출신을 밝히고 나서 '너는 어떠니(What about you)?'라고 같은 것을 묻는 질문을 하고 있으므로 자신의 출신을 밝히는 대답이 오는 것이 적절하다.

06 해석

너는 어디 출신이니?
= 너는 어디에서 왔니?

해설 출신지를 묻는 표현으로는 Where are you from? 또는 Where do you come from?이 있다.

[07-08]

A: 오늘 우리의 첫 수업이 무엇이니?
B: 과학이야. 난 과학을 좋아하지 않아. 하지만 오늘은 역사 수업도 있어. 너무 기다려져!
A: 넌 역사를 좋아하니?
B: 응. 그건 내가 가장 좋아하는 과목이야. 너는 어때? 네가 가장 좋아하는 과목은 무엇이니?
A: 난 수학을 좋아해. 그건 정말 재미있어.
B: 잘 됐네. 오늘 역사 수업 이후에 수학 수업도 있어.

07 해석
① 수학 시험
② 새로운 선생님들
③ 가장 좋아하는 과목들
④ 학교에서 첫 날
⑤ 과학 수업을 위한 숙제
해설 ③ B가 자신이 가장 좋아하는 과목은 역사라고 말한 뒤 A 또한 수학을 좋아한다고 말하고 있으므로 각자 가장 좋아하는 과목을 주제로 이야기 중인 것을 알 수 있다.

08 해설
① A가 역사를 싫어한다는 언급은 없다.
② B는 과학을 좋아하지 않는다고 했다.
③ 오늘의 첫 수업은 과학이다.
④ 수학 수업 다음에 역사 수업이 있다고 했다.

09 해석
① Maxim은 러시아인이다.
② 너는 집에서 요리를 하니?
③ 그녀는 매우 늦게 잔다.
④ Mary는 아름다운 초록 눈을 가졌다.
⑤ 그들은 종종 Alice에게 이메일을 쓴다.

해설 ④ Mary는 3인칭 단수이므로 have가 아닌 has로 써야 한다.

10 해석
① 너는 지금 목이 마르니?
② Jim과 그의 형은 키가 크다.
③ 우리는 함께 영어를 공부한다.
④ 나의 개는 내 침대에서 잔다.
⑤ 이 버스는 시청에서 온다.
해설 ② 주어 Jim and his brother는 3인칭 복수형이므로 be동사는 is가 아닌 are를 써야 한다.

11 해석

- James와 그의 여자친구는 매우 친절하다.
- 그들은 너의 학급 친구들이니?
- 수진이는 많은 물을 마시지 않는다.

해설 ③ James and his girlfriend는 3인칭 복수형이므로 be동사는 are를 쓴다. be동사의 의문문은 「be동사+주어~?」 어순으로 쓰는데 주어가 they이므로 Are를 쓴다. 일반동사의 부정문은 동사 앞에 do not 또는 does not를 쓰는데 Sujin은 3인칭 단수이므로 does not를 쓴다.

12 해설 ② '~를 잘하다'는 be good at으로 표현할 수 있다. be동사의 부정문은 be동사 뒤에 not을 쓴다.

[13-14]

안녕! 내 이름은 주호야. 나는 한국의 서울에 살아. 나는 전 세계에 친구들이 있어. 그들은 다른 나라에 살고, 그들은 다른 관심사를 가지고 있어. 그들은 모두 온라인 페이지를 가지고 있어. 내 친구들을 만나 봐!

13 해설 ⑤ 문단의 마지막에 '친구들을 만나 봐'라고 했으므로 다음 내용으로 친구들 소개가 올 것을 알 수 있다.

14 해설 ④ 친구들은 다른 관심사를 가지고 있다고 했다.

[15-17]

Léo는 프랑스 출신이야. 그는 요리를 좋아해. 그는 음식 사진을 찍어. 그는 그의 온라인 페이지에 그것들을 올려. 나는 음식을 좋아해서 그의 온라인 페이지에 자주 방문해.
Kanya는 태국에 살아. 그녀는 꼭 나처럼 드라마를 좋아해. (그녀는 많은 한국 드라마를 봐.) 그래서 그녀는 한국어를 공부해. 그녀는 한국어를 잘하지는 않지만, 열심히 연습해.

15 해설 ② (A) '~ 출신이다'는 영어로 be from이므로 전치사 from을 쓴다.
(B) '~에 살다'는 영어로 live in을 쓴다.
(C) '~을 잘하다'는 영어로 be good at으로 쓴다.

16 해석 그녀는 많은 한국 드라마를 봐.
해설 ④ 드라마를 좋아한다는 내용과 그래서 한국어를 공부한다는 내용 사이에 오는 것이 흐름상 자연스럽다.

17 해설 them은 they의 목적격으로 보통 앞에서 언급된 복수명사를 가리킨다. 앞 문장에서 복수명사는 pictures of food가 있다.

[18-20]

Emma는 캐나다에 살아. 우리는 둘 다 동물을 사랑해. 나는 애완동물이 없지만, 그녀는 개 한 마리를 키워. 그 개의 이름은 Max야. 그녀는 매일 저녁 그 개를 산책시켜.
Santiago는 아르헨티나 출신이야. 그는 그의 학교 축구팀에서 뛰어. 그는 리오넬 메시를 좋아해. 나도 메시의 팬이야. 우리는 메시와 축구에 대해 이야기를 많이 해.
너는 온라인 페이지를 가지고 있니? 나를 추가해!

18 해설 ⑤ 문장 뒤에 애완동물에 대해 이야기하고 있으므로 '둘 다' 동물을 좋아한다는 내용이 되어야 흐름상 알맞다.

19 해설 ⑤ (A) have의 3인칭 단수형은 has이다. (B) Max는 3인칭 단수형이므로 소유격 His를 쓴다. (C) play의 3인칭 단수형은 plays이다.

20 해석 walks는 '~를 산책시키다'라는 의미의 동사이고, him은 앞에서 언급한 개 Max를 말한다. every evening은 '매일 저녁'이라는 의미이다.

서술형 평가 p.21

01 (1) isn't[is not] (2) are middle school (3) doesn't[does not] do (4) does **02** (1) What is your favorite sport (2) Where are you from 또는 Where do you come from **03** (1) that → this (2) meet → to meet **04** (1) I'm[I am] a fan of basketball. (2) I don't[do not] eat cucumbers. **05** Her hometown, likes, most, good at, like

01 해석

	미진	Justin
너는 어디에서 왔니?	한국	미국
너는 중학교 학생이니?	그렇다	그렇다
너는 6시 이전에 숙제를 하니?	아니다	그렇다

(1) Justin은 한국 출신이 아니다.
(2) 미진이와 Justin은 중학교 학생들이다.
(3) 미진이는 6시 전에 숙제를 하지 않는다.
(4) Justin은 6시 전에 숙제를 한다.
해설 (1) Justin은 3인칭 단수이므로 be동사 is를 쓰고 뒤에 not을 붙여 부정문을 완성한다.
(2) Mijin and Justin은 복수이므로 are를 쓴다.
(3) Mijin은 3인칭 단수이므로 앞에 doesn't[does not]을 쓰고 뒤에 동사원형 do를 써서 부정문을 완성한다.
(4) Justin은 3인칭 단수이므로 동사 do를 does 형태로 쓴다.

02 해석
(1) A: 네가 가장 좋아하는 운동은 무엇이니?

B: 내가 가장 좋아하는 운동은 테니스야.

(2) A: 너는 어디에서 왔니?

B: 나는 페루 출신이야.

해설

(1) 좋아하는 것을 물을 때 What is your favorite+명사?를 쓸 수 있다.

(2) 출신을 물을 때 Where are you from? 또는 Where do you come from?을 쓸 수 있다.

03 해석

A: 안녕, Jack. 어떻게 지내?
B: 잘 지내. 고마워. Linda, 여기는 내 친구 Joe야.
A: 안녕, Joe. 나는 Linda야. 나는 Jack의 반 친구야.
C: 안녕, Linda. 만나서 반가워.

해설

(1) 누군가를 소개할 때 this is~구문을 쓴다.

(2) '만나서 반갑다'는 Nice to meet you.라고 쓴다.

04 해설

(1) '~의 팬이다'는 be a fan of이며 주어가 I이므로 be동사는 am을 쓴다.

(2) 일반동사의 부정문은 「주어+don't/doesn't+동사원형~」 어순으로 쓰며 주어가 I이므로 don't를 쓴다.

05 해석

안녕! 내 이름은 Elena야. 나는 이탈리아 로마에서 왔어. 나는 한국 음식을 좋아해. 내가 가장 좋아하는 음식은 김밥이야. 나는 종종 가족과 친구들을 위해 한국 음식을 만들어. 그들은 그것을 좋아해. 나는 요리가 매우 좋아!

해설 Elena가 이탈리아 로마 출신이라고 했으므로 그녀의 고향이 로마인 것을 알 수 있다. She는 3인칭 단수이므로 likes를 쓰고 '가장'이라는 뜻의 most를 끝에 쓴다. '~을 잘하다'는 be good at으로 쓴다. Elena's family and friends는 3인칭 복수이므로 like를 쓴다.

Review Test 2

p.22

01 ② **02** country **03** ④ **04** ④ **05** (D)-(B)-(A)-(C)
06 ⑤ **07** ④ **08** ⑤ **09** ① **10** ③ **11** (1) goes to
(2) doesn't[does not] work **12** ③ **13** they have different interests **14** ③ **15** ② **16** ⓐ likes ⓑ like
17 Korean **18** ④ **19** ③ **20** ①

01 해설 ② popular는 '인기 있는'이라는 뜻이다.

02 해석

독일 한국 캐나다 아르헨티나

해설 단어들은 모두 나라 이름이므로 이를 모두 포함하는 단어는 country(나라)이다.

03 해석

어떤 것을 잘 하기 위해 그것을 계속해서 하다

① 만나다 ② 방문하다 ③ 보다 ④ 연습하다 ⑤ 산책시키다

해설 ④ 어떤 것을 계속해서 하는 것은 '연습하다'이다.

04 해석

A: 네가 가장 좋아하는 동물은 무엇이니?
B: 나는 얼룩말을 매우 좋아해.

① 나는 개를 키우지 않아.
② 그거 흥미롭다!
③ 나는 초콜릿 케이크를 정말 좋아해.
⑤ 내가 가장 좋아하는 과일은 사과야.

해설 ④ 좋아하는 동물을 물었으므로 얼룩말을 좋아한다는 답변이 자연스럽다.

05 해석

(D) Helen, 너는 한국 가요를 좋아하니?
→(B) 응, 나는 한국 가요를 매우 좋아해. 나는 많은 한국 가요 뮤직 비디오를 봐.
→(A) 그거 멋지다! 네가 가장 좋아하는 한국 가요 노래가 무엇이니?
→(C) 내가 가장 좋아하는 노래는 BTS의 "I Need U"야.

해설 가장 먼저 한국 가요를 좋아하는지 여부를 묻는 (D)가 오고, 그에 대해 답하는 (B)가 이어지는 것이 적절하다. 그 이후 더 세부적으로 한국 가요에서 가장 좋아하는 노래를 묻는 질문과 그에 대한 대답인 (A), (C)가 차례로 오는 것이 자연스럽다.

06 해석

A: 안녕, 세진아.
B: 오, 안녕, Daniel. 얘는 내 친구 Yui야. 그녀는 내 독서 동아리에 있어.
A: 안녕, Yui. 내 이름은 Daniel이야. 난 세진이의 반 친구야. 만나서 반가워.
C: 나도 만나서 반가워, Daniel.
A: Yui, 넌 어디에서 왔니?
C: 난 일본에서 왔어. (너는?)
A: 난 스페인의 마드리드에서 왔어.

너는?

해설 ⑤ What about you는 상대방이 물은 질문에 대답하고 같은 질문을 되물을 때 사용하는 표현이다. C가 출신을 말한 뒤 A도 출신을 말하는 그 사이에 들어가는 것이 자연스럽다.

07 해석

① A: 만나서 반가워.
B: 나도 만나서 반가워.

② A: 여기는 우리 언니 Erica야.
B: 안녕, Erica. 만나서 반가워. 나는 Colin이야.

③ A: 네가 가장 좋아하는 음식은 무엇이니?
B: 나는 라면을 가장 좋아해.

④ A: 너는 역사 소설을 좋아하니?
B: 소설은 A구역에 있어.
⑤ A: 너는 어디에서 왔니?
B: 나는 싱가포르 출신이야.
해설 ④ 역사 소설을 좋아하는지 묻는 말에 소설책의 위치를 알려주는 답은 어색하다.

08 해설 ⑤ 일반동사의 부정문은 동사 앞에 don't[do not] 또는 doesn't[does not]를 쓴다. She는 3인칭 단수이므로 does not를 쓰고 뒤에 동사원형을 쓴다.

09 해석
① 너는 14살이니?
② Henry는 테니스를 잘 한다.
③ 나는 내 가족과 TV를 본다.
④ 그녀는 가끔 꽃을 산다.
⑤ Davison씨는 나의 과학 선생님이 아니다.
해설 ① '~이다'는 be동사를 써서 표현하는데 주어가 you이므로 Are를 써야 한다.

10 해석
① 이 수프는 매우 뜨겁다.
② 그녀는 매일 그림을 그린다.
③ 어떤 동물들은 밤에 잠을 자지 않는다.
④ 나는 항상 버스에서 라디오를 듣는다.
⑤ Cruz씨는 그의 정원에 많은 나무를 키운다.
해설 ③ 일반동사의 현재 부정형은 동사 앞에 don't를 붙인 형태이므로 don't sleep이 되어야 한다.

11 해석

나의 아버지는 은행에서 일하신다. 그는 매일 오전 7시에 일하러 가고 오후 6시쯤에 집에 오신다. 그는 토요일과 일요일에 일하지 않는다.

해설 He는 3인칭 단수이므로 일반동사에 -(e)s를 붙인다. go는 goes 가 되어야 한다. 일반동사의 부정문은 동사 앞에 don't [do not] 또는 doesn't[does not]를 쓴다. He는 3인칭 단수이므로 doesn't[does not]를 쓰고 뒤에 동사원형을 쓴다.

[12-13]

안녕! 내 이름은 주호야. 나는 한국의 서울에 살아. (나는 전 세계에 친구들이 있어.) 그들은 다른 나라에 살고, 그들은 다른 관심사를 가지고 있어. 그들은 모두 온라인 페이지를 가지고 있어. 내 친구들을 만나 봐!

12 해석 나는 전 세계에 친구들이 있어.
해설 ③ They가 친구들(friends)을 지칭하므로 그 앞에 들어가야 흐름이 자연스럽다.

13 해설 주어 they, 동사 have, 목적어 different interests 순서로 쓴다.

[14-15]

Léo는 프랑스 출신이야. 그는 요리를 좋아해. 그는 음식 사진을 찍어. 그는 그의 온라인 페이지에 그것들을 올려. 나는 음식을 좋아해서 그의 온라인 페이지에 자주 방문해.

14 해석 ① 살다 ② 만들다 ③ 게시하다 ④ 가다 ⑤ 가지다
해설 ③ 사진을 찍어 온라인 페이지에 '게시하는' 것이 흐름상 알맞다.

15 해설 (A) 주어 Léo는 3인칭 단수이므로 be동사는 is를 쓴다.
(B) 주어가 3인칭 단수(He)이므로 동사원형에 -(e)s를 붙여 takes를 쓴다.
(C) 주어가 I로 1인칭 단수이므로 동사원형을 그대로 쓴다.

[16-18]

Kanya는 태국에 살아. 그녀는 꼭 나처럼 드라마를 좋아해. 그녀는 많은 한국 드라마를 봐. 그래서 그녀는 한국어를 공부해. 그녀는 한국어를 잘하지는 않지만, 열심히 연습해.

16 해설 ⓐ 빈칸의 like는 '좋아하다'라는 의미의 일반동사로 쓰였다. She는 3인칭 단수이므로 동사 뒤에 -(e)s를 붙여서 likes를 쓴다.
ⓑ의 like는 '~처럼'이라는 의미의 전치사로 쓰였으므로 형태가 변하지 않고 그대로 쓴다.

17 해설 it은 보통 바로 앞에서 언급된 것을 가리키며 여기서는 한국어(Korean)이다.

18 해석
① 과학 시험은 어렵다.
② 거북이는 딱딱한 껍질을 가지고 있다.
③ 이 빵은 마르고 딱딱하다.
④ Steve는 공부를 매우 열심히 하지 않는다.
⑤ 이 페이지의 모든 문제는 어렵다.
해설 ④ 본문의 hard는 '열심히'라는 뜻의 부사로 쓰였다.

[19-20]

Emma는 캐나다에 살아. 우리는 둘 다 동물을 사랑해. 나는 애완동물이 없지만, 그녀는 개 한 마리를 키워. 그 개의 이름은 Max야. 그녀는 매일 저녁 그 개를 산책시켜.
Santiago는 아르헨티나 출신이야. 그는 그의 학교 축구팀에서 뛰어. 그는 리오넬 메시를 좋아해. 나도 메시의 팬이야. 우리는 메시와 축구에 대해 이야기를 많이 해.
너는 온라인 페이지를 가지고 있니? 나를 추가해!

19 해석
① Emma는 동물을 좋아하는가?
② Emma는 Max와 함께 무엇을 하는가?
③ Emma와 Santiago는 무엇에 대해 이야기하는가?
④ Santiago는 리오넬 메시의 팬인가?
⑤ Santiago는 학교를 대표해서 무엇을 하는가?
해설
① Emma는 동물을 좋아한다고 했다.

② Emma는 매일 저녁 Max를 산책시킨다고 했다.
④ Santiago는 리오넬 메시를 좋아한다고 했다.
⑤ Santiago는 학교 축구팀에서 뛴다고 했다.

20 해설 ① Emma는 3인칭 단수이므로 동사 뒤에 -(e)s를 붙이므로 lives가 되어야 한다.

서술형 평가 p.25

01 (1) am from, don't speak, speak **02** (1) Jane's favorite color is yellow. (2) Yes, Ted likes hamburgers. (3) No, pasta isn't[is not] Ted's favorite food. **03** Glad [Nice, Happy, Pleased] to meet you **04** (1) Does you like → Do you like (2) plays → play **05** (1) I'm from France (2) I post pictures of food (3) I'm not good at

01 해석 안녕, 내 이름은 Eva야. 나는 캐나다 출신이야. 많은 캐나다 사람들은 영어를 말하지만 나는 영어를 말하지 않아. 나의 고향에서, 사람들은 프랑스어를 써.
해설 '~출신이다'는 be from~을 쓴다. 일반동사의 부정문은 동사 앞에 don't 또는 doesn't를 쓰는데, 주어가 1인칭 단수이므로 don't를 쓴다. people은 3인칭 복수이므로 speak를 쓴다.

02 해석

	색	음식
Jane	노란색	파스타
Ted	검정색	햄버거

(1) Jane이 가장 좋아하는 색은 무엇인가요?
(2) Ted는 햄버거를 좋아하나요?
(3) 파스타는 Ted가 가장 좋아하는 음식인가요?
해설 (1) '가장 좋아하는 색'은 favorite color이다. 고유명사의 소유격은 명사 뒤에 's를 붙여서 나타내므로 앞에 소유격 Jane's를 쓴다. (2) Ted는 3인칭 단수이므로 동사는 likes를 쓴다.
(3) be동사의 부정문은 동사 뒤에 not을 쓴다. is not은 isn't로 줄여 쓸 수 있다.

03 해석

A: 안녕, 내 이름은 Grace야. 나는 영국 출신이야.
B: 안녕, Grace. 나는 Yosiko야. 나는 일본에서 왔어. 만나서 반가워.
A: 나도 만나서 반가워.

해설 만나서 반갑다는 표현은 Glad to meet you이며, Glad 대신 Nice, Happy, Pleased 등을 쓸 수 있다.

04 해석

A: 지희야, 너는 운동을 좋아하니?
B: 응, 난 운동을 정말 좋아해.
A: 네가 가장 좋아하는 운동은 무엇이니?
B: 나는 배드민턴을 가장 좋아해. Thomas, 너는 어때?
A: 야구가 내가 가장 좋아하는 운동이야. 나는 매일 저녁 친구들과 야구를 해.

해설 (1) you는 2인칭 단수이므로 Does가 아닌 Do를 쓴다.
(2) I는 1인칭 단수이므로 일반동사 현재형일 때 동사원형을 그대로 쓴다.

05 해석

Léo는 프랑스 출신이야. 그는 요리를 좋아해. 그는 그의 온라인 페이지에 음식 사진을 올려.
Kanya는 태국에 살아. 그녀는 한국 드라마를 좋아해. 그래서 그녀는 한국어를 공부해. 그녀는 한국어를 잘하지는 않지만, 열심히 연습해.

Léo: 안녕, 내 이름은 Léo야.
Kanya: 나는 Kanya야. 나는 태국 출신이야. 너는?
Léo: (1) 나는 프랑스 출신이야.
Kanya: 너는 온라인 페이지가 있니?
Léo: 응. 내 온라인 페이지에 (2) 나는 음식 사진들을 올려. 나는 요리를 좋아해.
Kanya: 멋지다. 나는 한국 드라마를 좋아해.
Léo: 너는 한국어를 하니?
Kanya: 응. 나는 한국어를 공부해. (3) 난 그것을 잘하지는 않지만, 열심히 연습해.

해설
(1) Léo는 프랑스 출신이며, 주어가 I이기 때문에 be동사는 am을 써서 말한다.
(2) Léo는 온라인 페이지에 음식 사진들을 올리는데, 주어가 I일 때 일반동사 현재형은 동사원형을 그대로 쓴다.
(3) Kanya는 한국어를 잘하지 못하고, 주어가 I일 때 be동사는 am을 쓴다.

Lesson 2 Discover Your Culture

Check up p.28

01 해변 **02** 정신, 영혼 **03** 보통 **04** 다시, 또 **05** 외식하다 **06** mean **07** artist **08** draw **09** traditional **10** special

Word Test p.29

01 (1) sell (2) vacation **02** have **03** (1) leave (2) for free (3) during **04** (1) send (2) together (3) about (4) celebrate **05** ④

01 해석
(1) 전 : 후 = 사다 : 팔다
(2) 상점 : 상점 = 방학 : 방학
해설 (1) 서로 반대되는 의미를 가진 단어 관계이다.
(2) 비슷한 의미를 가진 단어들의 관계이다.

02 해석

- 나는 여동생이 있다.
- 우리는 오늘 놀이공원에서 재미있게 보낼 것이다.
- 그녀는 생일에 파티를 할 예정이다.

해설 동사 have는 '가지다, 즐겁게 보내다, 파티를 하다' 등의 여러 의미를 나타낼 때 쓰인다.

03 해설 (1) '떠나다'는 leave를 써서 표현하는데 조동사 will 다음에는 동사원형을 쓴다.
(2) '무료로'는 for free라고 쓴다.
(3) '…동안'은 during을 쓰고 특정 기간을 나타낸다.

04 해석
(1) 나는 유나에게 이 편지를 보낼 것이다.
(2) 우리 가족은 함께 휴가를 간다.
(3) 이 거리에는 약 20개의 상점이 있다.
(4) 미국인들은 집에서 크리스마스를 기념한다.
해설 (1) send는 '보내다'라는 뜻이다. (2) together는 '함께, 같이'라는 뜻이다. (3) about은 부사로 쓰였을 때 '약, …쯤'이라는 뜻이다. (4) celebrate는 '기념하다'라는 뜻이다.

05 해석 ① 궁전 ② 극장 ③ 박물관 ④ 조합 ⑤ 놀이공원
해설 ④ combination을 제외한 다른 단어는 모두 장소를 나타낸다.

Functions Test p.31

01 (1) to stay (2) is (3) planning (4) is there **02** ③ **03** (D)−(A)−(C)−(B) **04** (1) are going to study (2) Are there, there are

01 해석
(1) A: 너는 내일 계획이 있니?
B: 나는 집에 있으면서 TV를 볼 예정이야.
(2) A: 이 건물 안에 서점이 있어.
B: 거기에 가자.
(3) A: 주말 동안 너는 무엇을 할 예정이니?
B: 나는 캠핑을 갈 계획이야.
(4) A: 실례합니다, 여기서 가까운 곳에 공중 화장실이 있나요?
B: 아니요, 없습니다.

해설 (1) 미래에 대한 계획을 말할 때 「be going to+동사원형」을 쓴다. (2) '~이 있다'는 There is/are~ 이며 뒤에 단수명사 a bookstore가 오므로 is를 쓴다. (3) 계획에 대해 말할 때 be going to 대신 be planning to를 쓸 수 있다. (4) There is/are 구문을 의문문으로 바꾸면 Is/Are there~?이 된다.

02 해석

A: 너는 이번 주 토요일에 무엇을 할 예정이니?
B: ______________________

① 나는 Tim을 만날 예정이야.
② 나는 아무런 계획이 없어.
③ 그거 멋지다.
④ 나는 옷을 좀 살 계획이야.
⑤ 내 생일이라서 외식할 예정이야.
해설 ③ 계획이 있냐는 질문에 '그거 멋지다'는 대답은 어색하다.

03 해석

(D) 너는 이번 여름 방학에 계획이 있니?
→ (A) 응. 나는 보령을 방문할 예정이야.
→ (C) 멋지다! 너는 거기서 무엇을 할거니?
→ (B) 나는 머드축제를 즐길 예정이야.

해설 (A)에서 Yes라고 대답한 후 계획을 말했으므로 계획을 묻는 (D) 다음에 올 내용이라는 것을 알 수 있다. 이에 대한 반응으로 (C)에서 멋지다고 했고 무엇을 할 거냐고 묻자 보령에서 열리는 머드축제를 즐길 거라는 대답이 마지막으로 오는 것이 자연스럽다.

04 해설 (1) '~을 할 예정이다'는 「be going to+동사원형」으로 쓴다. They는 3인칭 복수형이므로 be동사는 are를 쓴다.
(2) '~이 있다'는 There is/are 구문을 써서 나타내는데, 뒤에 복수형인 ice cream shops가 왔으므로 are를 쓴다.

Script p.32

Listen & Talk 1 **1** go to the movies **2** What, going to do / Have fun **3** holiday / going to visit / every year / go shopping
Listen & Talk 2 **1** summer vacation **2** take a trip / going to go / go hiking **3** tourists / can, see / for free

Grammar Test p.34

01 (1) is sitting (2) are taking (3) can draw (4) will not
02 (1) are waiting for (2) can fix (3) will buy **03** ③, ⑤
04 ④ **05** (1) will goes → will go (2) Can watch you → Can you watch (3) is choose → is choosing **06** ④
07 (1) I'm[I am] going (2) won't[will not] take
08 (1) Mike is changing his clothes in the fitting room
(2) Will you buy the musical ticket tonight

01 해석
(1) 어린 소녀가 놀이터에 앉아있다.
(2) 팬들이 가수의 사진을 찍고 있다.
(3) Nate는 만화를 아주 잘 그릴 수 있다.
(4) 우리는 똑같은 실수를 다시 하지 않을 것이다.
해설 (1), (2) 현재진행형은 「be동사+v-ing」 형태로 쓴다. 주어가 3인칭 단수면 be동사로 is를 쓰고 복수면 are를 쓴다. (3) 조동사 can 뒤에는 반드시 동사원형이 온다. (4) 조동사 will의 부정형은 will not이다.

02 해설 (1) 현재진행형은 「be동사+v-ing」 형태로 쓴다. People이 3인칭 복수형이므로 be동사는 are을 쓴다.
(2) '~할 수 있다'라는 의미는 조동사 can과 동사원형을 써서 나타낸다.
(3) '~할 것이다'라는 의미는 조동사 will과 동사원형을 써서 나타낸다.

03 해설 ③, ⑤ 조동사의 부정문은 「주어+조동사+not+동사원형」 어순으로 쓴다. cannot은 can't로 줄여 쓸 수 있으며 can은 be able to와 같은 뜻이다.

04 해설 ④ 현재진행형 의문문은 「be동사+주어+v-ing~?」 어순으로 쓴다.

05 해석
(1) Adam은 오늘 밤에 일찍 자러 갈 것이다.
(2) 너는 공포영화를 볼 수 있니?
(3) 그는 지금 그의 어머니를 위한 선물을 고르고 있다.
해설 (1) 조동사 will은 뒤에 동사원형을 써서 will go가 된다. (2) 조동사가 포함된 의문문은 「조동사+주어+동사원형~?」 어순으로 쓴다. (3) 현재진행형은 「be동사+v-ing」 형태로 쓴다.

06 해석
① Jason은 문을 잠그고 있다.
② 그녀는 피아노를 칠 수 없다.
③ 나는 요가 수업 후에 샤워를 할 것이다.
④ Daniel은 내일 학교에 늦지 않을 것이다.
⑤ 그는 영어로 된 신문지를 읽을 수 있다.
해설 ④ 조동사의 부정문은 「주어+조동사+not+동사원형」 어순으로 써서 won't be late가 되어야 한다.

07 해석

나는 지금 도서관에 가고 있다. 도서관은 나의 집에서 가깝지 않지만 나는 버스를 타지 않을 것이다. 나는 걸어서 거기에 갈 수 있다.

해설 (1) 현재진행형은 「be동사+v-ing」 형태로 쓴다. (2) 조동사의 부정문은 「주어+조동사+not+동사원형」 어순으로 쓴다. will not은 won't로 줄여 쓸 수 있다.

08 해설 (1) 현재진행형은 「be동사+v-ing」 형태로 쓴다. (2) 조동사가 포함된 의문문은 「조동사+주어+동사원형~?」 어순으로 쓴다.

Reading p.36

enjoying my trip / traditional food / my favorite place / There are / special gifts / can learn / will write / traditional Korean paper / draw / strong spirit / throw four sticks / decide / mean animals / during holidays

Reading Test p.38

01 ② **02** taking a trip **03** There are about 70 stores here. **04** ③ **05** ④ **06** ③ **07** ④ **08** ⓐ sending ⓑ will play

[01-03]

엄마와 아빠에게 4월 8일 화요일
안녕하세요! 별일 없으시죠? 저는 한국 여행을 즐기고 있어요. 바로 지금, 저는 인사동에 있어요. 관광객들은 여기서 예술품 가게를 방문하고 전통 음식을 먹어요. 이 거리에서, 제가 가장 좋아하는 장소는 쌈지길이에요. 여기에는 70여 개의 상점들이 있어요. 그들은 특별한 선물을 팔아요. 제가 엄마, 아빠께 선물 몇 개를 보낼게요. 그것들로부터 한국에 대해 배우실 수 있어요.
제가 곧 또 편지 쓸게요.
사랑을 담아, Sophia

01 해설 ② 글의 앞머리의 Dear Mom and Dad를 보면 부모님께 쓰는 편지라는 것을 알 수 있다.

02 해석

Q: Sophia는 지금 무엇을 하고 있나요?
A: 그녀는 한국을 여행 중입니다.

해설 편지에서 Sophia는 한국 여행을 즐기고 있다고 했으므로 여행 중이라는 것을 알 수 있다. 현재진행형은 「be동사+v-ing」 형태로 쓴다.

03 해설 '~이 있다'는 There are ~ 구문을 써서 나타낸다. '약, ~쯤'은 about을 붙여 표현한다.

[04-05]

이것은 한국의 부채에요. 예술가들은 대나무와 한국의 전통 종이인 한지로 이 부채를 만들어요. 그러고 나서 그들은 그 위에 아름다운 그림을 그려요. 부채에서 무궁화를 보실 수 있어요. 이 꽃은 한국 사람들의 강인한 정신의 상징이에요.

04 해설 ③ 글에서 물건의 가격에 대해 언급한 내용은 없다.

05 해설 ④ 조동사 can 뒤에는 동사원형을 쓴다.

[06-08]

저는 또한 윷놀이를 위한 윷을 보내드려요. 그것은 한국의 전통 보드게임이에요. (C) 게임에서, 막대기 네 개를 던져요. (A) 그것들은 다섯 개의 다른 조합을 만들어요. (B) 그것들은 말판에서 움직임을 결정해요. 조합들은 도, 개, 걸, 윷, 모예요. 이 이름들은 동물들을 의미해요. 한국 사람들은 이 게임을 명절 동안 해요. 우리는 나중에 그것을 함께 할 거예요!

06 해설 ③ 글에서 한국의 전통 놀이인 윷놀이를 설명하고 있다.

07 해석 (C) 게임에서, 막대기 네 개를 던져요.
→ (A) 그것들은 다섯 개의 다른 조합을 만들어요.
→ (B) 그것들은 말판에서 움직임을 결정해요.
해설 (A)의 They가 가리키는 것은 '막대기 네 개'이므로 (C) 다음에 오는 것을 알 수 있다. (B)의 They가 가리키는 것은 '조합들'로 (A) 다음에 오는 것을 알 수 있다.

08 해설 ⓐ:현재진행형은 「be동사+v-ing」 형태로 쓴다. ⓑ:조동사 will 뒤에 동사원형을 쓴다.

Review Test 1 p.40

01 ① **02** ③ **03** ② **04** ④ **05** (C)-(D)-(A)-(B)
06 What are you going to eat **07** ③ **08** ③ **09** (1) are lying (2) is carrying (3) is running **10** ③ **11** ③ **12** ②
13 ⓐ am enjoying ⓑ am sending **14** ⑤ **15** ① **16** ③
17 they: artists, them: fans **18** ② **19** ② **20** ⑤

01 해설 ① decide는 '결정하다'는 뜻이다.

02 해석

그들은 여행하고 재미있게 보낸다. 그들은 유명한 장소들을 방문하고 좋은 음식을 먹는다. 그들은 보통 휴가 중이다.

① 예술가 ② 어린이 ③ 관광객 ④ 운전자 ⑤ 학생

03 해석

왕과 왕비를 위한 매우 큰 집

① 박물관 ② 궁전 ③ 극장 ④ 쇼핑몰 ⑤ 해변

04 해석

A: <u>여기 근처에 우체국이 있니?</u>
B: 응, 있어. 그건 꽃집 옆에 있어.

① 저것이 너의 집이니?
② 너는 지금 어디를 가고 있니?
③ 이 공원에는 꽃이 있다.
⑤ 너는 내일 스키를 타러 갈 계획이니?
해설 장소의 위치를 설명하는 대답이므로 이를 묻는 질문으로 알맞은 것은 ④번이다.

05 해석

너는 어린이날에 어떤 계획이 있니?

(C) 응. 나는 어린이 공원에 갈 예정이야.
→ (D) 그거 좋다. 거기서 무엇을 할거니?
→ (A) 나는 거기서 뮤지컬을 볼 거야. 그날 오후에 콘서트 홀에서 해.
→ (B) 멋지다. 재미있게 보내!

해설 어린이날 계획에 대한 질문에 답으로 (C)에서 어린이 공원에 간다고 했다. (D)에서 거기서 무엇을 할 거냐고 물었고 (A)에서 뮤지컬을 볼 것이라고 답했다. 재미있는 시간을 보내라는 (B)가 그 다음에 오는 것이 자연스럽다.

06 해설 be동사와 의문사가 있는 의문문은 「의문사+be동사+주어~?」어순으로 쓴다.

[07-08]

A: Julie, 추수감사절이 다음 주야, 그렇지?
B: 맞아, 윤호야. 그것은 미국의 큰 공휴일이야.
A: 너는 추수감사절에 무엇을 할 예정이니?
B: 나는 조부모님 댁에 방문할 예정이야. 우리는 매년 저녁을 같이 먹어. 할머니가 커다란 칠면조를 요리하셔.
A: 그거 멋지다. 너는 어떤 다른 계획이 있니?
B: <u>나는 쇼핑을 갈 예정이야.</u> 상점들은 추수감사절 다음날 큰 할인을 하거든.
A: 그거 좋은데.

07 해석
① 나는 저녁을 요리할 거야.
② 나는 선물들을 사지 않을 예정이야.
③ 나는 쇼핑을 갈 예정이야.
④ 우리는 칠면조를 먹을 계획이야.
⑤ 내 추수감사절 계획은 정말 멋져.
해설 ③ 뒤에 상점들이 할인을 한다는 내용이 나왔으므로 빈칸에는 쇼핑을 간다는 말이 오는 것이 적절하다.

08 해설 ③ Julie의 추수감사절 계획은 조부모님을 방문하는 것과 쇼핑하는 것으로 두 개이다.

09 해석
(1) 나의 남동생과 내 고양이가 소파에 누워있다.
(2) 남자는 두 개의 큰 가방을 들고 있다.
(3) Jane은 버스 정류장으로 달리고 있다.
해설 현재진행형은 「be동사+v-ing」 형태로 쓴다. be동사는 주어의 인칭과 수를 따른다.

10 해설 ③ 조동사가 포함된 의문문은 「조동사+주어+동사원형~?」 어순으로 쓴다.

11 해석
① 그는 방을 청소하고 있다.
② 그들은 나의 이야기를 믿지 않을 거야.
③ 너 지금 무슨 이야기를 하는 거야?

④ 너는 내일 아침에 나에게 전화할거니?
⑤ 나는 프랑스어로 1부터 10까지 셀 수 있다.
해설 ③ 현재진행형의 의문문은 「be동사+주어+v-ing」 형태로 쓴다. 의문사가 있을 경우에는 의문사를 맨 앞에 붙이므로 What are you talking~이 되어야 한다.

12 해석

- Amy와 Chris는 크리스마스 선물을 열어 보는 중이다.
- 나는 수영을 잘 하지 못한다.

해설 ② 현재진행형은 「be동사+v-ing」 형태로 쓴다. 조동사 can 뒤에는 반드시 동사원형이 온다.

[13-14]

엄마와 아빠에게 4월 8일 화요일

안녕하세요! 별일 없으시죠? 저는 한국 여행을 즐기고 있어요. 바로 지금, 저는 인사동에 있어요. 관광객들은 여기서 예술품 가게를 방문하고 전통 음식을 먹어요. 이 거리에서, 제가 가장 좋아하는 장소는 쌈지길이에요. 여기에는 70여 개의 상점들이 있어요. 그들은 특별한 선물을 팔아요. 제가 엄마, 아빠께 선물 몇 개를 보낼게요. 그것들로부터 한국에 대해 배우실 수 있어요.

제가 곧 또 편지 쓸게요.

사랑을 담아, Sophia

13 해설 현재진행형은 「be동사+v-ing」 형태로 쓴다. be동사는 주어의 수에 일치시키고, v-ing는 보통 동사원형에 ing를 붙여서 만든다.

14 해설 ⑤ 선물의 종류에 대해서는 언급되지 않았다.

[15-17]

이것은 한국의 부채예요. 예술가들은 대나무와 한국의 전통 종이인 한지로 이 부채를 만들어요. (대나무는 매우 키가 큰 식물이에요). 그러고 나서 그들은 그 위에 아름다운 그림을 그려요. 부채에서 무궁화를 보실 수 있어요. 이 꽃은 한국 사람들의 강인한 정신의 상징이에요.

15 해설
② 부채의 재료는 대나무이다.
③ 부채 위에 그림을 그린다.
④ 설명하는 부채 위에 무궁화가 있다.
⑤ 무궁화가 한국인들의 강한 정신을 상징한다.

16 해설 ③ 부채를 설명하는 글에서 대나무가 키가 크다는 내용이 나오는 것은 어색하다.

17 해설 they는 '사람들'을 가리키고 them은 '사물들'을 가리키는 지시대명사로, 각각 '예술가들'과 '부채들'을 가리킨다.

[18-20]

저는 또한 윷놀이를 위한 윷을 보내드려요. 그것은 한국의 전통 보드게임이에요. 게임에서, 막대기 네 개를 던져요. 그것들은 다섯 개의 다른 조합을 만들어요. 그것들은 말판에서 움직임을 결정해요. 조합들은 도, 개, 걸, 윷, 모예요. 이 이름들은 동물들을 의미해요. 한국 사람들은 이 게임을 명절 동안 해요. 우리는 나중에 그것을 함께 할 거예요!

18 해설 ② throw는 '던지다'라는 뜻이다.

19 해설 ② 윷을 만드는 재료에 대해서는 언급되지 않았다.

20 해설 ⑤ (A) four sticks를 받는 말이므로 They를 쓴다. (B) These names는 복수이므로 mean을 쓴다. (C) 조동사 will은 반드시 뒤에 동사원형을 쓴다.

서술형 평가 p.43

01 (1) What are you going to do this Sunday (2) Do you have other plans **02** (1) are ordering food (2) is celebrating **03** (1) joining → join (2) be able → is able **04** (1) are going to visit (2) is not going to do **05** (1) There are trees (2) are sitting (3) is reading a book

01 해석

A: 너는 이번 일요일에 무엇을 할 예정이니?
B: 나는 내 친구들과 함께 축구를 할 예정이야.
A: 너는 다른 계획들도 가지고 있니?
B: 응, 나는 그 후에 그들과 함께 피자를 먹을 예정이야.

해설 계획을 묻는 질문으로 What are you going to do~?를 쓸 수 있다. 다른 계획도 있냐는 질문으로 Do you have any other plans?를 쓸 수 있다.

02 해석
(1) 남자와 여자가 식당에서 음식을 주문하고 있다.
(2) Clara는 그녀의 생일을 기념하고 있다.
해설 현재진행형은 「be동사+v-ing」 형태로 쓴다.

03 해석

Arty와 Jake는 뮤지컬 동아리에 가입할 예정이다. Arty는 노래를 매우 잘할 수 있다. Jake는 춤을 출 수 있다.

해설 '~할 예정이다'는 「be going to+동사원형」으로 표현하여 join을 써야 한다. 「be able to+동사원형」에서 be동사는 주어에 맞춰 쓰는데, Jake는 3인칭 단수이므로 is를 쓴다.

04 해석
(1) 나의 이모와 이모부는 이번 주 금요일에 우리를 방문할 것이다.
(2) 오늘 Andy는 그의 숙제를 하지 않을 것이다.
해설 조동사 will은 미래를 나타내어 '~할 것이다'는 의미이며 be going to도 미래의 예정을 나타낼 수 있다.

05 해석
Sophia의 부모님은 그들의 정원에 있다.
(1) 정원에는 나무들이 있다.
(2) 그들은 의자에 앉아 있다.
(3) Sophia의 어머니는 나무 아래에서 책을 읽고 있다.
해설 '~이 있다'는 There is/are ~ 구문으로 표현하는데, 뒤에 오는 명사가 복수이면 are를 쓴다. 현재진행형은 「be동사+v-ing」 형태로 쓴다.

Review Test 2

p.44

01 ② **02** ④ **03** about **04** ③ **05** ③ **06** ⑤ **07** ②
08 Are there any good places for tourists in London
09 (1) Is the woman looking at the map (2) can't [cannot] speak French **10** ④ **11** He is not asking a question. **12** ① **13** (1) don't can eat → cant'[cannot] eat (2) will going to eat → will eat 또는 are going to eat
14 ④ **15** ② **16** ① **17** 이 꽃은 한국 사람들의 강인한 정신의 상징이에요. **18** ③ **19** ④ **20** ②

01 해설 ② spirit는 '정신,영혼'이라는 뜻이다.

02 해석

추수감사절 크리스마스 새해

① 동아리 ② 궁전 ③ 주말 ④ 휴일 ⑤ 고향

03 해석

• 우리반에는 약 25명의 학생이 있다.
• 발표자가 문화에 대해 이야기하고 있다.

해설 첫 번째 문장에서는 부사로 쓰여 '약, ~쯤'이라는 의미로, 두 번째 문장에서는 전치사로 쓰여 '~에 대한'이라는 의미로 about이 쓰였다.

04 해석
① A: 당신의 아기는 걸을 수 있나요?
B: 아니, 못해요. 그녀는 겨우 6개월이에요.
② A: 여기서 가까운 곳에 영화관이 있나요?
B: 네, 쇼핑몰에 하나 있어요.
③ A: 너는 내일 도서관에 갈거니?
B: 응. 도서관은 내일 닫을거야.
④ A: 너는 이번 주말에 어떤 계획이 있니?
B: 나는 특별한 계획이 없어.
⑤ A: 너는 추석 동안 무엇을 할 예정이니?
B: 나는 부산에 있는 내 삼촌을 방문할 예정이야.

05 해석

나는 이번 주말에 속초로 여행을 갈 예정이야.

(B) 우와! 너는 거기에서 무엇을 할 예정이니?
→ (D) 우선, 나는 신선한 생선을 먹을 거야. 속초에 좋은 수산시장이 있어서, 나는 그곳에 방문할 거야.
→ (A) 그거 좋겠다. 너는 해변에도 갈 예정이니?
→ (C) 아니. 나는 하이킹을 할 예정이야. 거기에 유명한 산인 설악산이 있어.

해설 ③ 이번 주말에 속초를 간다는 말에 무엇을 할 예정이냐고 묻는 (B)가 이어진다. 이에 대한 답으로 먼저 (D)에서 수산시장에 간다고 말했다. (A)에서 해변 또한 갈 예정이냐고 물으므로 그 다음 순서라는 것을 알 수 있다. (D)에서 아니라고 하며 하이킹을 간다고 하므로 다음에 이어진다는 것을 알 수 있다.

06 해석

• 도로에 많은 사람들이 있다.
• 너는 Emily에게 엽서를 보낼 예정이니?

해설 ⑤ '~이 있다'는 There is/are ~ 구문으로 표현하는데 뒤에 오는 명사의 수에 따라 be동사를 결정한다. 미래 계획에 대해 말할 때 「be going to+동사원형」 구문을 쓸 수 있다.

[07-08]

A: 나는 마침내 런던이야! 여기 멋지다, Josh.
B: 환영해, 수민아. 내가 너에게 구경시켜 줄게.
A: 고마워. 런던에는 관광객을 위한 좋은 장소들이 있니?
B: 응, 여기에는 많은 훌륭한 박물관이 있어. 우리는 대영박물관에 먼저 방문할 예정이야.
A: 알겠어. 나는 거기에서 무엇을 볼 수 있니?
B: 세계에서 온 많은 역사적인 것들이 있어. 너는 그것들을 무료로 볼 수 있어.
A: 훌륭해. 나는 너무 신이 나!

07 해설 ② Josh가 수민이에게 런던을 구경시켜 준다고 했다.

08 해설 '~이 있다'는 There is/are ~ 구문으로 표현한다. 뒤에 나오는 명사인 good places가 복수이므로 동사는 are를 쓰고 의문문이므로 Are there 어순으로 쓴다.

09 해석
(1) 여자가 지도를 보고 있다.
(2) Henry는 불어를 말할 수 있다.
해설 (1)) 현재진행형의 의문문은 「be동사+주어+v-ing~?」 어순으로 쓴다. (2) 조동사 can의 부정문은 「can't[cannot]+동사원형」 어순으로 쓴다.

10 해석
① 너는 배드민턴을 칠 수 있니?
② Linda는 새 모자를 사지 않을 것이다.
③ 그는 빨대로 물을 마시고 있다.
④ 그녀는 부엌에서 무엇을 만들고 있니?
⑤ 우리는 내일 공항까지 택시를 탈 것이다.
해설 ④ 현재진행형의 의문문은 「의문사+be동사+주어+v-ing ~?」 어순으로 쓴다.

11 해설 현재진행형의 부정문은 「주어+be동사+not+v-ing~」 어순으로 쓴다.

12 해석
① 그들은 방에서 체스를 하고 있다.
② 나는 오늘 농구를 할 수 없다.
③ 너는 지금 컴퓨터 게임을 할 수 없다.
④ 너는 학교 연극에서 로미오를 연기할거니?
⑤ 그녀는 콘서트에서 바이올린을 연주할 예정인가요?
해설 ① 현재진행형은 「be동사+v-ing」 형태로 써서 playing이 들어가고 나머지는 동사원형인 play를 쓴다.

13 해석

지금은 오후 7시다. 나는 배가 고프지만 간식을 먹을 수 없다. 우리 엄마가 저녁을 요리하고 있다. 우리는 맛있는 볶음밥을 먹을 것이다.

해설 조동사 can의 부정문은 「can't[cannot]+동사원형」 어순으로 쓴다. 조동사 will은 미래를 나타내어 '~할 것이다'는 의미이며 뒤에 동사원형을 쓴다. 이는 「be going to+동사원형」으로 바꿔 쓸 수 있다.

[14-15]

엄마와 아빠에게
안녕하세요! 별일 없으시죠? 저는 한국 여행을 즐기고 있어요. 바로 지금, 저는 인사동에 있어요. 관광객들은 여기서 예술품 가게를 방문하고 전통 음식을 먹어요. 이 거리에서, 제가 가장 좋아하는 장소는 쌈지길이에요. 여기에는 70여 개의 상점들이 있어요. 그들은 특별한 선물을 팔아요. 제가 엄마, 아빠께 선물 몇 개를 보낼게요. 그것들로부터 한국에 대해 배우실 수 있어요.
제가 곧 또 편지 쓸게요.
사랑을 담아, Sophia

14 해설 ④ Sophia가 보낸 선물을 통해 한국에 대해 배울 수 있을 것이라고 했으므로 잘 알고 있다고 할 수 없다.

15 해설 ② (A) 접속사 and와 연결되어 앞의 시제인 현재형 eat을 써야 한다. (B) 뒤에 stores가 복수이므로 동사는 are를 쓴다. (C) 조동사 will은 뒤에 동사원형을 써서 write가 온다.

[16-17]

이것은 한국의 부채예요. 예술가들은 대나무와 한국의 전통 종이인 한지로 이 부채를 만들어요. 그러고 나서 그들은 그 위에 아름다운 그림을 그려요. 부채에서 무궁화를 보실 수 있어요. 이 꽃은 한국 사람들의 강인한 정신의 상징이에요.

16 해설 ① (A) '…으로 만들다'는 make … from이다. (B) '…위에'는 전치사 on을 써서 표현한다.

17 해설 symbol은 '상징'이란 뜻이며 strong spirit은 '강인한 정신'이다.

[18-20]

저는 또한 윷놀이를 위한 윷을 보내드려요. 그것은 한국의 전통 보드게임이에요. 게임에서, 막대기 네 개를 던져요. 그것들은 다섯 개의 다른 조합을 만들어요. 그것들은 말판에서 움직임을 결정해요. 조합들은 도, 개, 걸, 윷, 모예요. 이 이름들은 동물들을 의미해요. 한국 사람들은 이 게임을 명절 동안 해요. 우리는 나중에 그것을 함께 할 거예요!

18 해석
① 한국 방문객들을 위한 완벽한 선물
② 한국의 명절을 게임과 함께 즐기세요
③ 윷놀이: 한국의 재미있는 보드게임
④ 한국인들은 어떤 동물을 가장 사랑하나요?
⑤ 한국인들은 어떻게 명절을 기념하나요?
해설 ③ 한국의 전통 보드게임인 윷놀이에 대해 설명하고 있다.

19 해설 ④ They는 네 개의 막대기(윷)을 가리키고 나머지는 전부 윷놀이를 가리킨다.

20 해설 ② 문장을 영작하면 Koreans play this game during holidays가 된다.

서술형 평가 p.47

01 What are you going to do, What are you planning to do, Do you have any plans (for) **02** There is a small river near my grandfather's house. **03** (1) is swimming in the pool (2) is checking her email (3) are making sandwiches **04** (1) watch horror movies (2) able to watch (3) able to lift a 20-kilogram bag **05** (1) is, going to do 또는 planning to do (2) Is, going to go, isn't (3) Do, are going to study 또는 are planning to study

[01-02]

A: 너는 내일 무엇을 할 예정이니?
B: 나는 아버지랑 낚시하러 갈 예정이야.
A: 낚시? 어디에서?
B: 우리 할아버지 댁 근처에 작은 강이 하나 있어.
A: 그거 흥미롭다. 재미있게 보내!

01 해설 내일 계획에 대한 대화로 무엇을 할 예정인지 묻는 말이 들어갈 수 있다. 「be going to+동사원형」 또는 Do you have any plans ~ 등을 쓸 수 있다.

02 해설 '~이 있다'는 There is/are~ 구문으로 표현한다. '…근처에'는 「near+장소」로 표현한다.

03 해석
(1) 주희는 매주 일요일에 수영장에서 수영을 한다.
→ 주희는 지금 수영장에서 수영을 하고 있다.
(2) Kate는 아침에 그녀의 이메일을 확인한다.
→ Kate는 지금 그녀의 이메일을 확인하고 있다.

(3) 우리는 점심 전에 샌드위치를 만든다.
→ 우리는 지금 샌드위치를 만들고 있다.
해설 현재진행형은 「be동사+v-ing」 형태로 쓴다.

04 해석
(1) Mike와 Julie는 공포영화를 볼 수 있다.
(2) Julie는 공포영화를 볼 수 있지만 20킬로그램 짜리 가방을 들 수 없다.
(3) Mike와 Robert는 20킬로그램 짜리 가방을 들 수 있다.
해설 가능성을 나타내는 표현으로 조동사 can 또는 be able to를 쓸 수 있다.

05 해석

오늘(월요일)	계획
화요일	놀이 공원 가기
수요일	삼촌 방문하기
목요일	쇼핑하러 가기
금요일	내 강아지 씻기기
토요일	Charlie와 수학 공부하기

(1) A: Jason은 내일 무엇을 할 예정이니?
B: 그는 놀이 공원에 갈 거야.
(2) A: 그는 이번 주 수요일에 쇼핑을 하러 갈 것이니?
B: 아니, 그는 안 갈 거야. 그는 그의 삼촌을 방문할 거야.
(3) A: Jason과 Charlie는 이번 주 토요일에 계획이 있니?
B: 응. 그들은 함께 수학을 공부할 예정이야.
해설 계획이나 예정을 묻는 표현을 What are you going to ~? 또는 Do you have (any) plans ~?로 한다. 미래의 예정을 나타내는 표현으로 be going to 또는 be planning to를 쓴다.

Lesson 3 Spend Smart, Save Smart

Check up p.50

01 주인 **02** 조언 **03** 낮은 **04** 할인 **05** 이미, 벌써 **06** 입어 보다 **07** 벼룩시장 **08** 모으다, 수집하다 **09** 저축하다 **10** 절반

Word Test p.51

01 (1) learn (2) carefully **02** (1) return (2) donate (3) enough (4) discount **03** (1) keeps a diary (2) in the end **04** ④ **05** ⑤

01 해설
(1) 사다 : 팔다 = 가르치다 : 배우다 (반의어 관계)
(2) 현명한: 현명하게 = 신중한: 신중하게 (형용사-부사 관계)

02 해석
(1) 너는 금요일 전에 책을 반납해야 한다.
(2) 나는 보육원에 내 오래된 옷을 기부하고 싶다.
(3) 피자 두 조각은 점심으로 충분하다.
(4) 회원들은 20퍼센트 할인을 받을 수 있다.

03 해설 (1) keep a diary : 일기를 쓰다
(2) in the end: 마침내

04 해석 ① 장갑 ② 모자 ③ 목도리 ④ 비싼 ⑤ 선글라스
해설 ④를 제외한 나머지는 모두 입고 쓸 수 있는 물건이다.

05 해석
• Ethan은 어제 9시에 자러 갔다.
• 나는 벼룩시장에서 신발 한 켤레를 샀다.

해설 ⑤ go to bed: 잠자리에 들다 a pair of: 한 쌍의

Functions Test p.53

01 (1) be (2) should not **02** ④ **03** (D)-(B)-(C)-(A) **04** ② **05** (1) should not drink (2) you can't

01 해석
(1) A: 너는 네 남동생에게 친절해야 해.
B: 네, 노력해 볼게요.
(2) A: 당신은 너무 시끄럽게 하면 안됩니다.
B: 죄송해요. 조심하도록 할게요.

02 해석
A: 제가 이 책을 빌려도 될까요?
B: 그럼요. 그러세요.

① 네, 저는 그래요.
② 물론 저는 할 수 있어요.
③ 유감이지만 저는 안 돼요.
⑤ 그걸 명심할게요.

03 해석
나는 새 셔츠를 살 거야.
→ (D) 그러면 너는 쇼핑몰에 가야 해. 거기 큰 할인을 하고 있어.
→ (B) 오, 그거 좋은 소식이다. 그렇게 할게.
→ (C) 나도 너와 함께 가도 될까? 나는 모자가 필요해.
→ (A) 물론 되지.

해설 셔츠를 산다는 말에 (D) 할인 판매를 하는 쇼핑몰에 가라는 조언을 하고, (B) 그에 대한 답이 이어진다. 그 후, (C) 같이 갈 수 있느냐고 허락을 요청하고 (A) 그에 답하는 말이 오는 흐름이 자연스럽다.

04 해석

A: 제가 여기 앉아도 될까요?
B: 네, 물론이죠.

해설 ② 허락을 구하는 표현인 Can I ~?는 May I ~?로 대체할 수 있다.

05 해설 (1) '~해서는 안 된다'는 표현은 「should not+동사원형」으로 나타낸다.
(2) 허락 요청에 대해 거절할 때는 "I'm sorry, but you can't." 라고 표현할 수 있다.

Script p.54

Listen & Talk 1 **1** make decisions **2** buy anything / having a big sale / instead **3** pocket money / already spent / on sale / make a shopping list
Listen & Talk 2 **1** try on **2** looking for / How about / how much / get a discount **3** Can I try on / try on / use

Grammar Test p.56

01 (1) studied (2) began (3) have **02** ④ **03** (1) was (2) bought (3) didn't know **04** ③ **05** (1) riding (2) cooking (3) singing **06** (1) did, come (2) enjoys exercising (3) stop speaking **07** (1) saw → see (2) am → was (3) not was → was not **08** (1) I did not go to the club meeting (2) Did you meet him at school (3) The students kept running in the field

01 해석
(1) 그는 지난 일요일에 집에서 수학을 공부했다.
(2) 그 TV쇼는 10분 전에 시작했다.
(3) 나는 지난 밤에 저녁을 먹지 않았다.
해설 (1) 지난 일요일에 한 일이므로 과거형인 studied를 쓴다.
(2) ago는 과거의 일을 나타내므로 과거형인 began을 쓴다.
(3) 일반동사의 과거 부정문을 만드는 didn't 뒤에는 동사원형을 쓴다.

02 해석 ① 그의 직업은 농구 선수들을 훈련시키는 것이다. (동명사)
② 네 친구들을 놀리는 것은 옳지 않다. (동명사)
③ Henry는 그의 여자친구에 대해 계속해서 말했다. (동명사)
④ 우리 형은 거실을 청소하고 있다. (현재진행형)
⑤ 너는 Jacob과 체스 두는 것을 즐겼니? (동명사)
해설 ①은 보어로 쓰인 동명사, ②는 주어로 쓰인 동명사, ③, ⑤는 동사의 목적어로 쓰인 동명사이고 ④는 현재진행형이다.

03 해석
(1) 어제 날씨가 매우 좋았다.
(2) 나는 빵집에서 치즈케이크를 샀다.
(3) 우리는 그 사고에 대해 알지 못했다.
해설 (1) 주어가 3인칭 단수이므로 be동사의 과거형 중에서 was를 쓴다.
(2) buy의 과거형인 bought를 쓴다.
(3) 일반동사의 과거 부정문은 「didn't+동사원형」으로 쓴다.

04 해설 ③ 일반동사의 과거 부정문은 「did not+동사원형」의 형태이다. '우산을 가져가다'는 take an umbrella로 나타낸다.

05 해석
(1) 그녀는 주말에 자전거 타는 것을 즐긴다.
(2) 김 선생님은 그의 딸을 위해 저녁을 요리하는 것을 끝냈다.
(3) Jessica는 다음 주 콘서트를 위해 노래하는 것을 연습하고 있다.
해설 enjoy, finish, practice는 목적어로 동명사를 쓰는 동사이며, 동명사는 v-ing 형태로 나타낸다.

06 해설 (1) 의문사가 있을 때 일반동사의 과거 의문문은 「의문사+did+주어+동사원형~?」의 어순으로 쓴다.
(2) enjoy의 목적어로 동명사가 쓰인다.
(3) stop의 목적어로 동명사가 쓰인다.

07 해석
(1) 너는 하늘에서 독수리를 보았니?
(2) 나는 독감에 걸려서 어제 아팠다.
(3) Justin은 자신의 방에 있지 않았다.
해설 (1) 일반동사의 과거 의문문은 「Did+주어+동사원형~?」의 어순이므로 saw를 see로 써야 한다.
(2) 어제의 일이므로 am을 과거형인 was로 써야 한다.
(3) be동사의 과거 부정문을 만들 때는 be동사 뒤에 not을 붙인다.

08 해설 (1) 일반동사의 과거 부정문은 「did not+동사원형」 어순으로 쓴다.
(2) 일반동사의 과거 의문문은 「Did+주어+동사원형~?」의 어순으로 쓴다. 장소를 나타내는 부사구는 보통 가장 뒤에 쓴다.
(3) keep의 목적어로는 동명사인 running이 온다.

Reading p.58

will sell / flea market / price tags / are ready for / around ten o'clock / enjoyed looking at / a little expensive / can get / discount /
Keep trying / started shouting
In the end / How much / save half / the rest / at low prices

Reading Test p.60

01 ② **02** ⑤ **03** ⑤ **04** ⓐ put ⓑ was **05** looking, didn't buy **06** ④ **07** ③ **08** ②

[01-02]

5월 25일 금요일
(B) 내일 내 여동생과 나는 벼룩시장에서 물건을 팔 것이다!
(A) 우리는 집안 여기저기에서 많은 좋은 물품들을 찾았다.
(D) 나는 그것들을 닦았고, 여동생은 그것들의 가격표를 만들었다. (C) 이것들은 이제 새로운 주인을 맞이할 준비가 되었다.
야호!

01 해설 ② 벼룩시장에서 물건을 팔기 위해 한 일을 순서대로 배열한다.

02 해석 ① 화난 ② 걱정하는 ③ 피곤한 ④ 슬픈 ⑤ 신나는
해설 ⑤ 벼룩시장을 준비하는 모습과 마지막에 woo-hoo(야호)라고 말하는 모습에서 신이 났음을 추측할 수 있다.

[03-06]

5월 26일 토요일
우리는 10시쯤 벼룩시장에 도착했다. 나는 우리 물건들을 테이블 위에 놓았다. 내 여동생은 "여기 좋은 물건들이 있어요!"라고 소리쳤다. 사람들은 그것들을 보는 것을 즐겼지만, 아무것도 사지 않았다.
그 때 한 소녀가 다가왔다. 그녀는 "이 신발이 마음에 들어요. 하지만 가격이 조금 비싸네요."라고 말했다. "좋아요, 그럼 20퍼센트 할인을 받을 수 있어요."라고 내가 말했다. 그녀는 우리의 첫 고객이었다!

03 해설 ⑤ 소녀가 신발을 마음에 들어 한 이유는 언급되지 않았다.

04 해설 ⓐ: put의 과거형은 put으로 현재형과 형태가 같다.
ⓑ: 주어가 she일 때 be동사 과거형은 was이다.

05 해설 enjoy의 목적어로는 동명사를 쓰고, 일반동사의 과거 부정문은 「didn't+동사원형」을 쓴다.

06 해석 ① 친구 ② 이웃 ③ 주인 ④ 고객 ⑤ 학생
해설 ④ 소녀는 글쓴이에게 물건을 산 사람이므로 customer(고객)이다.

[07-08]

시간이 흐르고, 우리는 지쳤다. 그때, 한 여자분이 "계속 노력하렴!"이라고 말했다. 그녀는 우리 옆자리에 테이블이 있었다. 그녀는 우리에게 약간의 빵을 주었다. 우리는 "여기가 최저가예요!"라고 다시 소리치기 시작했다.
마침내, 우리는 많은 것을 팔았다. 우리가 얼마나 벌었을까? 우리는 24,000원을 벌었다. 정말 멋지다! 우리는 이 돈을 어떻게 쓸 것인가? (우선, 우리는 돈의 절반을 저축할 것이다.) 그러고 나서, 우리는 나머지의 20퍼센트를 굶주린 어린이들을 위해 기부할 것이다. 그 이후에, 우리는 쇼핑을 하러 갈 것이다. 아마도 우리는 벼룩시장에서 저렴한 가격으로 물건들을 살 것이다!

07 해석 우선, 우리는 돈의 절반을 저축할 것이다.
해설 순서를 나열할 때 '우선'이라는 뜻으로 쓰는 부사 First가 있으므로 번 돈을 쓰기로 한 계획을 나열하는 첫 번째 위치에 오는 것이 적절하다.

08 해설 (A) keep의 목적어로 동명사가 온다.
(B) give의 과거형인 gave가 온다.
(C) 의문사가 있을 때 일반동사의 과거 의문문은 「의문사+did+주어+동사원형~?」의 어순이다.

Review Test 1 p.62

01 ④ **02** buy **03** ⑤ **04** ② **05** ③ **06** ④ **07** You should not be late for school. **08** ④ **09** ③ **10** ② **11** ② **12** ④ **13** ② **14** ③ **15** ⑤ **16** ③ **17** ③ **18** ⑤ **19** ⑤ **20** ②

01 해설 ④ donate는 '기부하다'라는 뜻이다.

02 해석
떠나다: 도착하다 = 사다: 팔다
해설 반의어 관계이므로 빈칸에는 sell의 반의어인 buy가 오는 것이 알맞다.

03 해석
가게에서 당신은 모자에 대한 돈을 지불한다. 그러면, 당신은 주인으로부터 영수증을 받을 수 있다.
① 휴식 ② 일기 ③ 목록 ④ 할인 ⑤ 영수증

04 해석
당신은 서점에서 책을 사는 중이다. 책은 10달러이고, 당신은 20달러를 갖고 있다. 그러면 당신은 책을 위해 충분한 돈을 갖고 있다.
① 절반 ② 충분한 ③ 외국의 ④ 낮은 ⑤ 올바른

05 해석
A: 제가 당신의 컴퓨터를 써도 될까요?
B: ____________________

① 그럼요. 그러세요.
② 물론 써도 됩니다.
③ 저희는 컴퓨터가 있습니다.
④ 죄송한데 안 돼요.
⑤ 죄송하지만 안 돼요.
해설 ③ 허락을 요청하는 질문에 컴퓨터가 있다고 답하는 것은 적절하지 않다.

06 해석
A: 너는 시험 전에 모든 노트를 공부해야 해.
B: 조언 고마워. 그걸 명심할게.
① 너는 공부했어

② 너는 공부할 거야
③ 너는 공부하고 있는 중이야
⑤ 너는 공부할 예정이야

해설 ④ B가 조언이 고맙다고 했으므로 '~해야 한다'는 의미의 「You should+동사원형」을 쓴다.

07 해설 「should+not+동사원형」으로 '~해서는 안 된다'는 의미를 나타낸다. be late for school은 '학교에 늦다'는 표현이다.

[08-09]

A: 실례합니다. 저는 제 남동생에게 줄 선물을 찾고 있어요.
B: 이 헤드폰은 어떠세요?
A: 그는 이미 좋은 것을 가지고 있어요. 오, 이 휴대전화 케이스는 얼마예요? 저는 이게 마음에 들어요.
B: 10달러입니다.
A: 조금 비싸네요. (할인을 받을 수 있을까요?)
B: 죄송하지만 안 돼요. 그건 할인 중이 아니에요.
A: 알겠어요, 이거 그냥 살게요.

08 해석 할인을 받을 수 있을까요?
해설 ④ 가격이 비싸다는 말 뒤에 오는 것이 자연스럽다. 그 뒤에는 점원이 세일 중이 아니라는 말을 하여 할인 요청을 거절하는 말이 이어진다.

09 해설 ③ 물건을 추천하거나 가격을 묻고 답하는 등의 대화로 보아 고객과 점원 사이의 대화임을 알 수 있다.

10 해석

Sam은 2일 전에 그의 손가락을 베었다.

해설 ② cut(자르다,베다)의 과거형은 cut이다.

11 해석

나는 뒤에서 계속 그녀의 이름을 불렀지만, 그녀는 뒤를 돌아보지 않았다.

해설 ② keep의 목적어로는 동명사가 온다. 일반동사의 과거 부정문은 「didn't+동사원형」의 형태로 쓴다.

12 해설 ④ avoid는 목적어로 동명사를 쓴다. '외출하다'는 go out으로 표현한다.

13 해석
① 너는 핫도그 먹는 것을 좋아하니?
② Gary는 상자들을 옮기는 것을 끝냈다.
③ 숙제는 짧은 이야기를 쓰는 것이다.
④ 그녀는 겨울에 여행하는 것을 즐기지 않는다.
⑤ Tom이 홈런을 쳤고, 그의 팀이 경기를 이겼다.

해설 ② finish의 목적어로는 동명사가 와야 하므로 finished carrying이 되어야 한다.

[14-15]

5월 25일 금요일
내일 내 여동생과 나는 벼룩시장에서 물건을 팔 것이다! 우리는 집안 여기저기에서 많은 좋은 물품들을 찾았다. 나는 그것들을 닦았고, 여동생은 그것들의 가격표를 만들었다. 이것들은 이제 새로운 주인들을 맞이할 준비가 되었다. 야호!

14 해설
① 내일 벼룩시장에 간다고 했으므로 토요일에 열린다.
② 물건들을 만든 것이 아니라 집 안에서 찾았다.
④ 여동생은 물품의 가격표를 만들었다.
⑤ 벼룩시장에서 물건을 팔 준비를 하며 신이 난 상태이다.

15 해석 ① 재활용 ② 무료 쿠폰 ③ 내 집 ④ 기부 ⑤ 새로운 주인
해설 ⑤ 벼룩시장은 중고 물건을 사고 파는 장소이므로, 글쓴이가 팔게 될 물건들은 '새로운 주인들'을 만나게 될 것이다.

[16-18]

5월 26일 토요일
우리는 10시쯤 벼룩시장에 도착했다. 나는 우리 물건들을 테이블 위에 놓았다. 내 여동생은 "여기 좋은 물건들이 있어요!"라고 소리쳤다. 사람들은 그것들을 보는 것을 즐겼지만, 아무것도 사지 않았다.
그 때, 한 소녀가 다가왔다. 그녀는 "이 신발이 마음에 들어요. 하지만 가격이 조금 비싸네요."라고 말했다. "좋아요, 그럼 20퍼센트 할인을 받을 수 있어요."라고 내가 말했다. 그녀는 우리의 첫 고객이었다!
시간이 흐르고, 우리는 지쳤다. 그때, 한 여자분이 "계속 노력하렴!"이라고 말했다. 그녀는 우리 옆자리에 테이블이 있었다. 그녀는 우리에게 약간의 빵을 주었다. 우리는 "여기가 최저가예요!"라고 다시 소리치기 시작했다.

16 해설 ③ 뒤의 shoes가 복수형이므로 지시형용사도 복수인 these를 써야 한다.

17 해설 ③ 부사 then은 (A)에서 '그 때'라는 의미로 쓰였고, (B)에서 '그러면'이라는 의미로 쓰였다.

18 해석 ① 나쁜 ② 냉정한 ③ 수줍은 ④ 웃긴 ⑤ 친절한
해설 ⑤ 격려해주고 빵을 나눠준 것으로 보아 친절한 성품이다.

[19-20]

마침내, 우리는 많은 것을 팔았다. 우리가 얼마나 벌었을까? 우리는 24,000원을 벌었다. 정말 멋지다! 우리는 이 돈을 어떻게 쓸 것인가? 우선, 우리는 돈의 절반을 저축할 것이다. 그러고 나서, 우리는 나머지의 20퍼센트를 굶주린 어린이들을 위해 기부할 것이다. 그 이후에, 우리는 쇼핑을 하러 갈 것이다. (돈을 저축하는 것은 중요한 습관이다.) 아마도 우리는 벼룩시장에서 저렴한 가격으로 물건들을 살 것이다!

19 해설 ⑤ 벼룩시장에서 번 돈을 어떻게 사용할지 말하는 글에서 저축이 중요하다는 이야기는 흐름상 연관이 없다.

20 해설
(A) in the end: 마침내
(B) for: ~을 위해
(C) at low prices: 낮은 가격으로

서술형 평가 p.65

01 Thank you for the advice. 또는 I'll keep that in mind. **02** (1) Can I take your order (2) Can I turn off the radio **03** (1) He enjoys eating potato chips. (2) My brother kept shaking his legs. (3) We finished building the dog house. **04** (1) studied for the math exam (2) didn't[did not] jog for 30 minutes (3) Did Jessica [she] wash / Yes, she did. **05** How many → How much / are sale → are on sale

01 해석

A: 요새 내 눈이 쉽게 피로해져.
B: 넌 네 스마트폰을 너무 많이 사용해서는 안 돼. 그건 너의 눈에 나빠.
A: ______________________.

해설 조언에 답하는 말에는 Thank you for the advice. 또는 I'll keep that in mind. 등이 있다.

02 해설 '~해도 될까요?'라고 허락을 요청하는 표현은 「Can I + 동사원형~?」로 말한다.

03 해설 (1) 동사 enjoy를 쓰고, enjoy의 목적어로 동명사 형태인 eating을 쓴다.
(2) keep의 목적어로 동명사를 쓴다. shake의 v-ing 형태는 원형에서 e를 떼고 -ing를 붙인 shaking이다.
(3) finish의 목적어로 동명사 형태인 building을 쓴다.

04 해석

Jessica의 일정	결과
수학 시험을 위해 공부하기	(○)
30분 동안 조깅하기	(×)
운동화 빨기	(○)

해설 (1) study의 과거형은 studied이다.
(2) jog의 과거 부정형은 didn't jog이다.
(3) wash의 과거 의문문은 「Did+주어+wash~?」 어순이고 그에 대한 긍정의 답은 「Yes, 주어+did」로 한다.

05 해석

A: 이 반지를 봐, Claire!
B: 그거 예쁘다. 그거 얼마니?
A: 60달러야. 이것은 너무 비싸다.
B: 그러면 너는 1층에 가야 해. 거기에 많은 상품들이 할인 중이야.

해설 가격을 묻는 표현은 「How much+동사+주어?」를 쓴다. 어떤 상품이 '할인 중'이라는 의미는 be on sale으로 쓴다.

Review Test 2 p.66

01 ② **02** ④ **03** half **04** ① **05** ③ **06** ⑤ **07** ② **08** ④ **09** ③ **10** ① **11** (1) getted → got (2) to smile → smiling **12** ② **13** items **14** ② **15** ③ **16** ⑤ **17** ④ **18** ③ **19** Keep trying **20** ③

01 해설 ② enough은 '충분한'이라는 뜻이다.

02 해석

나는 새로운 자전거를 원한다. 그것은 150달러이다. 나는 지금 100달러가 있다. 나는 자전거를 위해 50달러를 모을 것이다.

① 반납하다 ② 믿다 ③ 기부하다 ④ 모으다 ⑤ 소리치다

03 해석

무언가의 정확하게 또는 대략 50퍼센트

해설 무언가의 50퍼센트는 half(절반)이다.

04 해석

A: Tom, 넌 이 방을 사용하고 있니?
B: 아니, 그렇지 않아.
A: 그러면 넌 불을 꺼야 해.
B: 알았어, 그럴게.

② 응, 그래도 돼.
③ 물론 그래도 돼.
④ 유감이지만 너는 그럴 수 없어.
⑤ 충고가 필요하니?
해설 ① 조언하는 말에 대한 적절한 응답이 와야 한다.

05 해석
① A: 제가 이 지도를 가져가도 되나요?
B: 네. 그러세요. 그건 무료예요.
② A: 제가 물을 조금 얻을 수 있을까요?
B: 물론 그럴 수 있죠.
③ A: 제 차를 여기에 주차해도 되나요?
B: 죄송하지만 저는 할 수 없어요.
④ A: 넌 계단에서 뛰어서는 안돼.
B: 명심할게.
⑤ A: 너는 용돈기입장을 써야 해.
B: 충고 고마워.
해설 ③ 허락을 요청하는 상대방의 말에 '나는 그럴 수 없다'는 대답은 어색하다.

06 해석

그녀는 TV쇼를 보는 것을 ______________.

① 피했다 ② 좋아했다 ③ 즐겼다 ④ 계속했다

해설 ⑤ didn't 뒤에는 동사원형이 온다. 나머지는 모두 목적어로 동명사가 오는 동사이므로 watching을 목적어로 쓸 수 있다.

07 해석

A: 안녕, 진수야! 너 어디 가니?
B: 안녕, 민아야. 나 BA몰에 가는 중이야.
A: 너 뭔가 살 거니?
B: 응. 나는 야구 글러브가 필요해.
A: 그럼 넌 D마트에 가도록 해. 거기 지금 큰 할인을 하고 있어.
B: 오, 정말? 그럼 대신 거기에 가야겠어.

① 내가 BA몰에 어떻게 갈 수 있니?
③ 나는 쇼핑몰에서 아무것도 사지 않았어.
④ 나는 내 야구 글러브를 거기서 샀어.
⑤ 미안하지만, 넌 할인을 받을 수 없어.

08 해석

A: 도와드릴까요?
B: 네. 저 이 재킷 입어볼 수 있을까요?
A: 네, 물론이죠. 저희 가게에 있는 어떤 상품이든 입어보실 수 있습니다.
B: 감사합니다. 음, 저는 이 재킷이 마음에 들어요. 얼마인가요?
A: 20달러입니다.
B: 네. 이 쿠폰을 사용할 수 있나요?
A: 네. 30퍼센트 할인을 받으실 수 있습니다. 그러면, 14달러네요.
B: 좋네요. 저 이거 살게요.

해설 ④ 재킷은 원래 20달러인데 쿠폰을 사용하여 30퍼센트 할인을 받으면 14달러이다.

09 해석

① 너는 샤워하는 것을 끝냈니? (동명사)
② 내 취미는 역사책을 읽는 것이다. (동명사)
③ 그들은 해변에서의 소풍을 즐기고 있다. (현재진행형)
④ 많은 야채를 먹는 것은 너에게 좋다. (동명사)
⑤ 나는 대회를 위해 컵케이크 굽는 것을 연습했다. (동명사)

해설 ③은 현재진행형으로 쓰인 v-ing형태이다. ②는 보어로 쓰인 동명사, ①, ⑤는 동사의 목적어로 쓰인 동명사, ④는 주어로 쓰인 동명사이다.

10 해석

① 아름다운 소녀가 버스 정류장에 있었다.
② Glen과 Ann은 지난주에 뉴욕을 방문했다.
③ 너는 어젯밤에 알람 시계를 맞췄니?
④ 아기는 새 장난감을 가지고 노는 것을 즐겼다.
⑤ 그녀는 책 읽는 것을 멈추고 TV보는 것을 시작했다.

해설 ① 주어가 3인칭 단수이므로 be동사 과거형은 was이다.

11 해석

중학교 1학년 때, 나는 우리 반에서 최고의 학생 상을 받았다. 우리 부모님은 놀라셨고 신이 나셨다. 부모님은 계속 미소를 지었다. 나는 매우 행복했다.

해설 get의 과거형은 got이다. '계속 ~하다'라는 의미는 keep 다음에 동명사를 써서 나타내므로 kept smiling이 되어야 한다.

[12-14]

5월 25일 금요일
내일 내 여동생과 나는 벼룩시장에서 물건을 팔 것이다! 우리는 집안 여기저기에서 많은 좋은 물품들을 찾았다. 나는 그것들을 닦았고, 여동생은 그것들의 가격표를 만들었다. 이것들은 이제 새로운 주인을 맞이할 준비가 되었다. 야호!

12 해설 ② 맨 위에 날짜가 쓰여져 있고, 오늘 한 일과 자신의 감상을 썼으므로 일기이다.

13 해설 글의 흐름상 앞 문장에서 언급된 복수 명사인 '집안 여기저기에서 찾은 물건'을 가리킨다.

14 해설

(A) 내일 할 일이므로 미래를 나타내는 조동사 「will+동사원형」을 쓴다.
(B) 과거의 행동이므로 find의 과거형인 found가 알맞다.
(C) 등위접속사 and로 연결되어 앞에 쓰인 cleaned와 문법적으로 대등하므로 과거형인 made가 알맞다.

[15-17]

5월 26일 토요일
우리는 10시쯤 벼룩시장에 도착했다. 나는 우리 물건들을 테이블 위에 놓았다. 내 여동생은 "여기 좋은 물건들이 있어요!"라고 소리쳤다. 사람들은 그것들을 보는 것을 즐겼지만, 아무것도 사지 않았다.
그 때 한 소녀가 다가왔다. 그녀는 "이 신발이 마음에 들어요. 하지만 가격이 조금 비싸네요."라고 말했다. "좋아요, 그럼 20퍼센트 할인을 받을 수 있어요."라고 내가 말했다. 그녀는 우리의 첫 고객이었다!

15 해설 ③ 글쓴이는 벼룩시장에 물건을 팔러 간 판매자이다.

16 해석

① 달은 지구 둘레를 돈다.
② 한 소년이 탁자 둘레를 뛰고 있다.
③ 아이들은 큰 나무 둘레에 앉아 있다.
④ Sophia는 어머니의 목 둘레에 그녀의 팔을 둘렀다.
⑤ 이 컴퓨터의 가격은 약 1,000 달러이다.

해설 ⑤ 본문의 around는 '약, ~쯤'이라는 의미로 쓰였다.

17 해석

① 이것들은 새 신발인가요?
② 저는 당신에게 할인을 해줄 수 있어요.
③ 나는 그걸 사지 않을 예정이에요.

④ 하지만 가격이 좀 비싸네요.
⑤ 저는 그걸 위한 충분한 돈이 있어요.
해설 ④ 빈칸 뒤에 판매자인 글쓴이가 그러면 할인을 해준다고 하는 말로 보아 가격이 조금 비싸다는 말이 오는 것이 적절하다.

[18-20]

시간이 흐르고, 우리는 지쳤다. 그때, 한 여자분이 "계속 노력하렴!"이라고 말했다. 그녀는 우리 옆자리에 테이블이 있었다. 그녀는 우리에게 약간의 빵을 주었다. 우리는 "여기가 최저가예요!"라고 다시 소리치기 시작했다.
마침내, 우리는 많은 것을 팔았다. 우리가 얼마나 벌었을까? 우리는 24,000원을 벌었다. 정말 멋지다! 우리는 이 돈을 어떻게 쓸 것인가? 우선, 우리는 돈의 절반을 저축할 것이다. 그러고 나서, 우리는 나머지의 20퍼센트를 굶주린 어린이들을 위해 기부할 것이다. 그 이후에, 우리는 쇼핑을 하러 갈 것이다. 아마도 우리는 벼룩시장에서 저렴한 가격으로 물건들을 살 것이다!

18 해설 ① 여자는 빵을 주었다.
② "여기가 최저가예요"라고 외쳤다.
④ 번 돈을 저축하고, 기부하고, 쇼핑하는 데 쓸 계획을 세웠다.
⑤ 번 돈의 반을 저축하고 그 나머지의 20퍼센트를 기부한다고 했으므로 2,400원이다.

19 해설 '계속 ~하다'라는 의미는 「keep+v-ing」로 나타낸다. '노력하다'라는 뜻은 try를 쓴다.

20 해설 ③ sell의 과거형은 sold이다.

서술형 평가 p.69

01 You should go to bed early[before 10 p.m., before midnight...] **02** You should stop eating so much candy **03** (1) Can I try on this shirt (2) Can I use the fitting room **04** (1) playing (2) exercising (3) biting **05** take → took, didn't was → wasn't[was not]

[01-02]
01 해석 나는 항상 졸려.
02 해석 나의 이가 아파.
해설 상대방에게 조언할 때는 「You should+동사원형」으로 쓴다.

03 해석

A: 도와드릴까요?
B: (1) 이 셔츠를 입어봐도 될까요?
A: 물론 그러셔도 되요.
B: (2) 탈의실을 이용해도 될까요?
A: 네, 고객님 바로 뒤에 있습니다.
B: 감사합니다.

해설 Can I ~?로 허락을 요청하는 표현을 할 수 있다. 조동사 can 뒤에는 동사원형을 쓴다.

04 해석
(1) Lewis는 플루트를 연주한다. 그는 그것을 매일 연습한다.
→ Lewis는 매일 플루트 연주하는 것을 연습한다.
(2) Julia는 아침에 운동을 하기 시작했다. 그녀는 여전히 규칙적으로 운동한다.
→ Julia는 계속 아침에 운동을 한다.
(3) 내 개는 내 슬리퍼를 자주 문다. 그는 그것을 즐긴다.
→ 내 개는 내 슬리퍼를 무는 것을 즐긴다.
해설
(1) practice 뒤에 play의 동명사 형태인 playing을 쓴다.
(2) keep 뒤에 knock의 동명사 형태인 knocking을 쓴다.
(3) enjoy 뒤에 bite의 동명사 형태인 biting을 쓴다.

05 해석

우리는 지난 달에 제주도로 여행을 갔다. 우리는 성산 일출봉에서 일출을 봤다. 날씨가 아주 좋지는 않았지만, 일출은 멋졌다. 그 이후에, 우리는 해변에서 멋진 시간을 보냈다.

해설 지난 달(last month)에 여행을 갔으므로 take의 과거형인 took을 써야 한다. be동사 과거형의 부정문은 앞에 didn't를 붙이는 것이 아니라 was/were 뒤에 not을 붙여서 만들어야 하므로 the weather wasn't very good으로 쓴다.

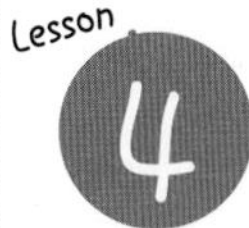

Lesson 4 The Power of Ideas

Check up p.72

01 기술 **02** 중요한 **03** 식물 **04** 유용한 **05** 발견하다, 알아내다 **06** break **07** obvious **08** taste **09** refrigerator **10** go on a picnic

Word Test p.73

01 (1) boring (2) inventor (3) discovery **02** ④ **03** (1) fact (2) submarine (3) carry **04** ④ **05** (1) lesson (2) right away (3) agree

01 해설
(1) 가능한: 불가능한 = 지루한: 재미있는 (반의어 관계)
(2) 과학: 과학자 = 발명: 발명가 (학문, 연구 대상을 나타내는 명사와 그것을 다루는 사람을 나타내는 명사 관계)
(3) 배달하다: 배달 = 발견하다: 발견 (동사-명사 관계)

02 해석

- 이 치즈는 우유에서 나온다.
- 행성들이 태양 주위를 돈다.

해설 ④ come from: ~에서 나오다 go around: ~ 주위를 돌다

03 해설
(1) 난 그걸 몰랐어. 그거 사실이니?
(2) 나는 잠수함으로 바닷속을 여행하고 싶다.
(3) 내 남동생은 대개 가방을 가지고 다니지 않는다.

04 해석

Johnny는 음식을 아주 빠르게 먹는다.

① 너무 ② 일찍 ③ 쉽게 ④ 빠르게 ⑤ 놀랍
해설 ④ 밑줄 친 fast는 '빠르게'라는 의미의 부사로 쓰였다.

05 해설 (1) lesson: 교훈 (2) right away: 즉시, 곧바로
(3) agree: 동의하다

Functions Test

p.75

01 ④ **02** (A) ⓒ, (B) ⓓ **03** Why do you use it
04 (1) don't think so (2) Why did you, Because

01 해석

A: 축구는 흥미진진해.
B: ______________________

① 네 말이 맞아.
② 동의해.
③ 나도 그렇게 생각해.
④ 물론 너는 해도 돼.
⑤ 나는 그렇게 생각하지 않아.
해설 A의 말에 동의하거나 이의를 나타내는 표현이 올 수 있다.

02 해석

A: 너무 춥다.
B: 응. 나는 겨울을 좋아하지 않아. 나는 여름을 정말 좋아해.
A: 너는 왜 여름을 좋아하니?
B: 왜냐하면 나는 여러 수상 활동을 좋아하거든. 여름은 멋져.
A: 나는 동의하지 않아. 더운 날씨는 끔찍해.

ⓐ 나도 그렇게 생각해.
ⓑ 왜 밖은 춥니?
ⓒ 너는 왜 여름을 좋아하니?
ⓓ 나는 동의하지 않아.

03 해석

A: 여기 오렌지 주스와 종이컵이 있어.
B: 고맙지만 나는 내 컵이 있어.
A: 너는 왜 그것을 사용하니?
B: 왜냐하면 그것이 환경에 좋기 때문이야.

해설 이유를 물을 때는 의문사 why를 사용한 의문문을 쓰는데, 「Why+do동사+주어+동사원형~?」의 어순이다.

04 해설 (1) 이의를 나타낼 때는 I don't think so로 말한다.
(2) '왜 ~하니?'라고 물을 때는 「Why+do동사+주어+동사원형~?」 어순을 쓴다. 이유를 묻는 질문에 답할 때는 Because를 쓸 수 있다.

Script

p.76

Listen & Talk 1 **1** boring / don't think so **2** for lunch / expensive / not good for your health **3** go hiking / too / How about / There are
Listen & Talk 2 **1** Why, like **2** What are you doing / Because / online bookstores / borrow **3** I did / in the future / thanks to / lots of / save time

Grammar Test

p.78

01 (1) me his yearbook (2) to play (3) for (4) to call
02 (1) to pass (2) to become (3) to travel (4) to wear
03 ② **04** ④ **05** (1) need to put (2) me some napkins (3) decided to join **06** ⑤ **07** ③ **08** (1) I'm going to send Peter a gift (2) She promised to visit me next summer (3) I will teach some Korean words to you

01 해석
(1) Andy는 그의 졸업앨범을 나에게 보여주었다.
(2) 악단은 거리에서 음악을 연주하기 시작했다.
(3) Ryan은 그의 아들에게 장난감을 만들어 주었다.
(4) 그녀는 토요일에 나에게 전화를 하겠다고 약속했다.
해설 (1) 수여동사(show) 다음에 목적어가 연달아 올 때 간접목적어(~에게), 직접목적어(~을/를) 어순으로 쓴다.
(2) start의 목적어로 to부정사가 온다.
(3) 수여동사 다음에 직접목적어(~을/를)이 먼저 오면 간접목적어(~에게) 앞에 전치사를 써준다. 전치사는 동사에 따라 달라지는데 make의 경우 for를 쓴다.
(4) promise의 목적어로 to부정사가 온다.

02 해석
(1) 나는 시험에 통과할 것을 기대 중이다. 나는 매우 열심히 공부했다.
(2) Cindy는 미래에 요리사가 되고 싶어한다.
(3) 우리 부모님은 이번 여름에 이탈리아를 여행하는 것을 계획

하고 있다.
(4) 우리는 비옷을 입을 필요가 없다. 날씨가 화창하다.
해설 expect, want, plan, need는 모두 목적어로 to부정사가 오는 동사이다. 문맥에 맞는 동사를 「to+동사원형」의 형태로 쓴다.

03 해설 ② 수여동사인 buy의 간접목적어인 me, 직접목적어인 a cotton candy를 「수여동사+간접목적어+직접목적어」어순으로 쓴다. 「수여동사+직접목적어+전치사+간접목적어」 어순으로 쓸 수도 있는데, 수여동사가 buy일 경우에 전치사는 for를 써야 한다.

04 해석
① 그들은 새 텔레비전을 사기를 바란다.
② 우리는 가족사진을 찍기로 결정했다.
③ 나는 이번 주말에 Sue를 방문할 계획이다.
④ Kelly는 중국에 있는 그녀의 아빠에게 편지를 보냈다.
⑤ 나는 매일 피아노를 연습하겠다고 약속했다.
해설 ④의 to는 '~에게'라는 뜻의 전치사로 쓰였고, 나머지는 동사의 목적어 역할을 하는 to부정사이다.

05 해설 (1) need의 목적어로 to부정사를 쓴다.
(2) give는 수여동사이므로 문장의 어순을 「수여동사+간접목적어+직접목적어」로 쓴다.
(3) decide의 목적어로 to부정사를 쓴다.

06 해설 ⑤ 해당 문장을 영어로 옮기면 "He wants to buy roses."가 된다. 네 번째 오는 단어는 buy이다.

07 해석
① 나는 액션 영화보는 것을 좋아하지 않는다.
② 엄마가 오늘 나에게 팬케이크를 만들어 주었다.
③ Henry의 할아버지는 그에게 장난감 자동차를 주었다.
④ Lopez씨는 우리에게 그녀의 아들 사진을 보여주었다.
⑤ 그녀는 시험 점수에 대해 이야기하고 싶어하지 않는다.
해설 ③ 수여동사와 두 개의 목적어는 「수여동사+간접목적어+직접목적어」어순으로 쓴다.

08 해설 (1) 「be going to+동사원형」의 형태를 먼저 쓰고, 수여동사인 send 이후에 「간접목적어+직접목적어」 어순으로 배열한다.
(2) 동사 promised의 목적어로 to visit 쓴 다음, visit의 목적어인 me를 이어서 쓴다.
(3) 수여동사 teach 다음에 직접목적어 some korean words, 전치사 to, 간접목적어 you를 차례로 쓴다.

Reading p.80

an important fact / goes around / goes around / Get out of
Until the 16th century / Is it really true / anymore / question obvious things
In the past / began to wonder / finally / looked impossible / found a way
does, come from / How about / taste like / tastes, like
find out / great inventors

Reading Test p.82

01 ③ 02 ⑤ 03 ③ 04 (B)-(A)-(C) 05 ⑤ 06 ④
07 ② 08 ④

[01-03]

16세기까지, 우주의 중심은 지구였다. 이것은 명백했고, 모든 사람들이 그것을 믿었다. 하지만 코페르니쿠스는 "그것이 정말 사실일까?"라고 물었다. 그의 질문은 커다란 변화를 시작시켰다. 오늘날, 지구는 더 이상 우주의 중심이 아니다. 이 이야기는 우리에게 중요한 교훈을 가르쳐준다. 우리는 항상 명백한 것들에 의문을 가져야 한다. 그러면 우리는 발견을 할 수 있다.

01 해설 ③ 코페르니쿠스의 사례는 이 글의 주제인 '명백해 보이는 것에 의문을 가지는 것의 중요성'을 보여주는 예시로 제시되었다.

02 해설 ⑤ ⓔ는 코페르니쿠스가 지구가 우주의 중심이라는 사례에 의문을 갖고 변화를 이끌어 낸 이야기 전체를 가리킨다. 나머지는 '우주의 중심은 지구'라는 과거의 믿음을 가리킨다.

03 해석 ① 결정 ② 실수 ③ 발견 ④ 돈 ⑤ 이야기
해설 ③ 명백한 것들에 의문을 가져서 얻을 수 있는 것은 discoveries(발견)이다.

[04-05]

역사에는 또 다른 예시들이 있다. (B) 과거에, 인간은 하늘을 여행할 수 없었다. (A) 하지만 몇몇 사람들은 "우리가 하늘을 여행할 수 있을까?"라고 궁금해하기 시작했다. (C) 라이트 형제 역시 이 질문을 던졌고, 그리고 그들은 마침내 비행기를 만들었다. 같은 것이 잠수함에도 해당되었다. 물 속을 여행하는 것은 불가능해 보였지만, 사람들은 마침내 방법을 찾아냈다.

04 해설 역사 속의 예시가 일어난 과정의 순서대로 배열한다. 먼저 과거의 상태가 제시된 (B)가 오고, 그에 대해 사람들이 질문을 던졌다는 내용인 (A)가 연결된 후에, 그 결과인 (C)로 이어지는 것이 자연스럽다.

05 해석
① Sam은 드라마 보는 것을 즐긴다. (동명사)
② 피아노 치는 것은 나의 취미이다. (동명사)
③ 사람들은 내 이름을 외치기 시작했다. (동명사)
④ 우리 엄마는 신문 읽는 것을 좋아한다. (동명사)
⑤ Rachel과 Finn은 함께 노래를 부르고 있다. (현재진행형)
해설 ⑤ 본문의 Traveling은 동명사이고 주어 역할을 한다. ⑤번만 현재진행형으로 쓰였다.

[06-08]

오늘날에도 여전히 그러한 일은 계속되고 있다. 고기는 어디에서 오는가? 물론, 그것은 동물에게서 온다. 하지만 몇몇 과학자들은 다른 방법으로 고기를 얻고 싶어했다. ("식물은 어떨까?"라고 그들은 궁금해 했다.) 그들은 콩과 완두콩을 사용했고, 새롭고 건강한 '고기'를 만들었다. 놀랍게도, 그것은 콩이나 완두콩 맛이 나지 않는다. 그것은 진짜 고기와 꼭 같은 맛이 난다.
새로운 것을 발견하고 싶은가? 그렇다면 마치 역사의 위대한 발명가들처럼, 주위를 둘러보고 명백한 것들에 의문을 가져라!

06 해설 ④ 새로 만든 고기는 놀랍게도 진짜 고기와 똑같은 맛이 난다고 했다.

07 해석 "식물은 어떨까?"라고 그들은 궁금해 했다.
해설 ② 다른 방법으로 고기를 얻고 싶어했다는 내용과 실제로 식물인 콩과 완두콩을 사용해 새로운 고기를 만들었다는 내용 사이에 오는 것이 적절하다.

08 해설 ④ 등위접속사 and로 동사 question과 연결되어 있으므로 문법적으로 대등한 형태가 되어야 한다. 문장의 주어가 없이 동사로 시작하는 명령문은 동사원형의 형태로 쓰므로 look이 되어야 한다.

Review Test 1 p.84

01 ⑤ **02** ② **03** century **04** ③ **05** ⑤ **06** (1) Why do, read (2) Because **07** ④ **08** ③ **09** ⑤ **10** sent me a postcard **11** ② **12** ⑤ **13** ④ **14** 우주의 중심이 지구라는 것 **15** obvious **16** ④ **17** ② **18** ② **19** ③ **20** Do you want to find out new things

01 해설 ⑤ impossible은 '불가능한'이라는 뜻이다.

02 해석

전화기 비행기 로봇 컴퓨터

① 소풍 ② 발명품 ③ 식물 ④ 중심 ⑤ 교훈

03 해석

우리는 지금 21세기에 살고 있다.

04 해석

A: 그 액션 영화는 정말 좋았어!
B: 나는 그렇게 생각하지 않아. 그것은 나에게는 지루했어.

① 응, 그렇게.
② 물론이야, 그렇게 해.
④ 왜냐하면 나는 행복했어.
⑤ 미안하지만, 안 돼.

해설 ③ 빈칸 뒤에 영화에 대한 부정적인 의견이 나오므로 A의 의견에 이의를 제기하는 말이 오는 것이 적절하다.

05 해석

A: 너는 왜 Chan씨에게 이야기했니?
B: 왜냐하면 나는 시험에 대해 질문이 있었거든.

① 왜냐하면 나는 계속해서 이야기했거든.
② 나는 내 성적에 대해 얘기하지 않았어.
③ 그는 매우 좋은 수학 선생님이야.
④ 그러나 그는 오늘 그의 사무실에 없었어.

해설 ⑤ 의문사 why를 써서 이유를 묻는 질문에는 because를 써서 적절한 이유를 말한다.

06 해석

A: 너 뭐 하는 중이니?
B: 나는 책을 읽고 있어. 이건 전자책이야.
A: 너는 왜 전자책을 읽니?
B: 왜냐하면 나는 그것들을 쉽게 가지고 다닐 수 있거든. 나는 지금 스무 권의 책을 전자책 리더기에 가지고 있어.
A: 그거 굉장하다. 온라인 서점에서 전자책을 살 수 있니?
B: 응. 너는 도서관 웹사이트에서 그것들을 빌릴 수도 있어.

해설 (1) '왜 ~하니?'라는 의미는 동사가 일반동사일 경우 「Why+do동사+주어+동사원형~?」의 어순으로 나타낼 수 있다.
(2) 이유를 묻는 질문에 대답할 때는 because을 써서 '왜냐하면'이라는 뜻을 나타낸다.

[07-08]

A: 오늘 우리는 우리 반 견학 여행에 대해 이야기할 거야. 우리는 어디로 갈 수 있을까?
B: 우리는 도봉산으로 하이킹을 갈 수 있어. 하이킹은 신나.
A: 나도 그렇게 생각해. 하이킹은 재미있어.
C: 나는 그렇게 생각하지 않아. 하이킹은 힘들어. (우리 시립 동물원에 갈 수 있을까?)
B: 거기는 재미있는 장소이지만, 우리는 작년에 거기에 갔었어.
A: 북촌 한옥마을은 어때? 거기 좋아.
C: 나도 그렇게 생각해. 거기에는 많은 문화 프로그램이 있어.
B: 그거 좋겠다.

07 해설 ④ 어디로 학급 견학 여행을 갈지에 대해 토의하고 있다.

08 해석 우리 시립 동물원에 갈 수 있을까?
해설 ③ 장소를 제안하는 내용이기 때문에 그곳에 대한 의견을 밝히는 내용 앞에 오는 것이 자연스럽다.

09 해석

나는 축제에서 노래하기로 결정했다.

해설 ⑤ decide는 목적어로 to부정사를 쓰므로 「to+동사원형」 형태가 와야 한다.

10 해설 과거의 일을 나타내므로 동사는 과거형인 sent로 쓰고, 「수여동사+간접목적어+직접목적어」 어순으로 쓴다.

11 해석

① 나의 아버지는 나에게 쿠키를 주셨다.
② Owen은 그의 개에게 작은 집을 만들어 주었다.
③ 지수는 그녀의 남동생에게 태권도를 가르쳐주는 중이다.
④ 나는 내 친구들에게 나의 새 신발을 보여주었다.
⑤ Fred는 그의 반 친구들에게 웃긴 이야기를 말해주었다.

해설 ② 「수여동사+직접목적어+전치사+간접목적어」의 어순일 때 수여동사가 give, show, teach, tell이면 전치사는 to를 쓴다. make, buy는 전치사 for를 쓴다.

12 해석

① Sam은 나무를 오르고 싶어한다.
② Lucy는 이번 주말에 스키 타러 가기를 바란다.
③ 나는 수학 숙제를 하는 것을 좋아하지 않는다.
④ 그들은 6개월 전에 여기서 일하기 시작했다.
⑤ 우리는 제주에서 이틀을 보낼 것을 예상하고 있다.

해설 ⑤ expect의 목적어로는 to부정사가 와야 하므로 to spend가 되어야 한다.

[13-15]

16세기까지, 우주의 중심은 지구였다. 이것은 명백했고, 모든 사람들이 그것을 믿었다. 하지만 코페르니쿠스는 "그것이 정말 사실일까?"라고 물었다. 그의 질문은 커다란 변화를 시작시켰다. 오늘날, 지구는 더 이상 우주의 중심이 아니다. 이 이야기는 우리에게 중요한 교훈을 가르쳐준다. 우리는 항상 명백한 것들에 의문을 가져야 한다. 그러면 우리는 발견을 할 수 있다.

13 해설 ④ 주위의 명백한 것에 의문을 가져서 새로운 것을 발견하는 것의 중요성을 코페르니쿠스의 사례를 들어 주장하고 있다.

14 해설 코페르니쿠스가 의문을 가졌던 것으로 당시 명백했던 사실을 가리키므로 앞서 언급된 '우주의 중심이 지구라는 것'을 의미한다.

15 해설 코페르니쿠스의 이야기에서 얻을 수 있는 교훈은 '명백한 것에 의문을 던지는 것'이다. '명백한'은 obvious이다.

[16-17]

역사에는 또 다른 예시들이 있다. 과거에, 인간은 하늘을 여행할 수 없었다. 하지만 몇몇 사람들은 "우리가 하늘을 여행할 수 있을까?"라고 궁금해하기 시작했다. 라이트 형제 역시 이 질문을 던졌고, 그리고 그들은 마침내 비행기를 만들었다. (같은 것이 잠수함에도 해당되었다.) 물 속을 여행하는 것은 불가능해 보였지만, 사람들은 마침내 방법을 찾아냈다.

16 해석 같은 것이 잠수함에도 해당되었다.
해설 ④ 비행기의 발명에 대해 설명한 내용과 물 속 여행에 관한 문장의 사이에 들어가는 것이 자연스럽다.

17 해설 (A) 과거의 일이므로 과거형인 couldn't가 알맞다.
(B) begin은 목적어로 to부정사 또는 동명사를 쓰는 동사이므로 to wonder가 알맞다.
(C) look 다음에는 형용사가 와서 '~처럼 보이다'라는 의미를 나타낸다.

[18-20]

오늘날에도 여전히 그러한 일은 계속되고 있다. 고기는 어디에서 오는가? 물론, 그것은 동물에게서 온다. 하지만 몇몇 과학자들은 다른 방법으로 고기를 얻고 싶어했다. "식물은 어떨까?"라고 그들은 궁금해 했다. 그들은 콩과 완두콩을 사용했고, 새롭고 건강한 '고기'를 만들었다. 놀랍게도, 그것은 콩이나 완두콩 맛이 나지 않는다. 그것은 진짜 고기와 꼭 같은 맛이 난다.
새로운 것을 발견하고 싶은가? 그렇다면 마치 역사의 위대한 발명가들처럼, 주위를 둘러보고 명백한 것들에 의문을 가져라!

18 해석 ① 고기 ② 식물 ③ 건강 ④ 동물 ⑤ 과학자
해설 ② 뒤에 콩과 완두콩을 사용했다는 말이 나오므로 빈칸에는 '식물'이 알맞다.

19 해설 (A) go on: 계속되다
(B) in a different way: 다른 방법으로
(C) like: ~처럼 (전치사)

20 해설 일반동사 의문문은 「Do+주어+동사원형~?」의 어순이다. want는 목적어로 to부정사를 쓴다.

서술형 평가 p.87

01 (1) I agree. 또는 I think so, too. (2) 예시 답안 Because it has a wonderful beach. **02** (1) I don't agree. 또는 I don't think so. (2) 예시 답안 Because our eyes get very tired. **03** (1) to get a new backpack from his parents (2) to work at a restaurant during the summer vacation **04** (1) The man gave the girl a teddy bear. (2) The man gave a teddy bear to the girl. **05** (1) My mother cooked us hamburgers. (2) My mother cooked hamburgers for us.

01 해석

A: 한국은 아름다운 나라야.
B: (1) 나도 동의해. 내가 가장 좋아하는 곳은 제주도야.
A: 너는 왜 제주도를 그렇게 좋아하니?
B: (2) 왜냐하면 멋진 해변이 있거든.

해설
(1) 동의하는 표현은 I think so, too 또는 I agree를 쓴다.
(2) 이유는 「Because+주어+동사~」의 어순으로 말할 수 있다.

02 해석

A: 스마트폰은 우리에게 도움이 돼.
B: (1) 나는 동의하지 않아. 그것들은 우리에게 나빠.
A: 너는 왜 그렇게 생각하니?
B: (2) 왜냐하면 우리의 눈이 너무 피곤해져.

해설
(1) 이의를 나타내는 표현은 I don't think so 또는 I don't agree를 쓴다.
(2) 이유는 「Because+주어+동사~」의 어순으로 말할 수 있다.

03 해석

(1) 인호는 그의 부모님으로부터 새 책가방을 받을 것이다. 그는 그것을 기대하고 있다.
→ 인호는 그의 부모님으로부터 새 책가방을 받을 것을 기대하고 있다.
(2) 나는 여름방학 동안 식당에서 일할 것이다. 나는 그것을 결정했다.
→ 나는 여름방학 동안 식당에서 일할 것을 결정했다.

해설
(1) expect의 목적어로 to부정사를 써서 문장을 연결한다.
(2) decide의 목적어로 to부정사를 써서 문장을 연결한다.

[04-05]
해설 '~에게 …(해)주다'라는 의미는 「수여동사+간접목적어+직접목적어」 또는 「수여동사+직접목적어+전치사+간접목적어」 두 가지 어순으로 쓸 수 있다. 수여동사가 give이면 전치사는 to를, cook이면 for를 쓴다.

Review Test 2 p.88

01 ② **02** ④ **03** ③ **04** ④ **05** (B)-(D)-(A)-(C) **06** ④ **07** ④ **08** Why do you want a cleaning robot **09** to **10** ③,⑤ **11** to run **12** ⑤ **13** ④ **14** ③ **15** This story teaches us an important lesson. **16** ⑤ **17** ④ **18** (A) airplane (B) submarine **19** ④ **20** ②

01 해설 ② taste는 '~한 맛이 나다'라는 뜻이다.

02 해석

당신은 과일이나 야채를 신선하게 유지하고 싶다. 그러면 당신은 그것들을 냉장고 안에 두어야 한다.

① 마을 ② 보고서 ③ 비행기 ④ 냉장고 ⑤ 우주

03 해석

• Jason은 목걸이를 그의 어머니에게 선물로 드렸다.
• 과거는 현재 이전의 시간이다.

① 미래 ② 교훈 ③ 선물, 현재 ④ 방법 ⑤ 가을
해설 present는 명사일 때 '선물'이라는 뜻과 '현재'라는 뜻을 모두 갖는다.

04 해석

A: 밖에 비가 오고 있어. 비 오는 날은 정말 멋져.
B: ______________________

① 나는 동의해.
② 나는 동의하지 않아.
③ 나는 그렇게 생각하지 않아.
④ 나는 그걸 할 수 있어.
⑤ 나도 그렇게 생각해.
해설 A의 의견에 동의하거나 동의하지 않는 말이 올 수 있다.

05 해석

이 미술관은 멋져.
→ (B) 나도 그렇게 생각해. 많은 유명한 그림들이 있어.
→ (D) 응, 맞아. 나는 반 고흐의 그림들을 정말 좋아해.
→ (A) 너는 왜 그의 그림들을 좋아하니?
→ (C) 왜냐하면 나는 그의 그림들의 색깔을 정말 좋아하거든. 나는 노랑과 파랑을 좋아해.

해설 미술관에 대한 의견을 말하는 문장에 제일 먼저 동의를 나타낸 후에, 미술관에 있는 작품을 언급하며 세부적인 이야기를 전개하는 흐름이 자연스럽다.

06 해석
① A: 그 모자는 이상하게 보여.
B: 나도 그렇게 생각해. 그건 웃기게 보여.
② A: 권투는 아주 좋은 운동이야.
B: 나는 동의하지 않아. 그건 위험한 운동이야.
③ A: 왜 너는 이 책을 좋아하니?
B: 왜냐하면 그건 재미있는 이야기로 가득하거든.
④ A: 제니퍼 로렌스는 멋진 배우야.
B: 난 그렇게 생각하지 않아. 그녀는 내가 가장 좋아하는 배우야.
⑤ A: 너는 왜 그렇게 많은 음식을 사니?
B: 왜냐하면 나는 집에 나의 친구들을 초대했거든.

[07-08]

A: 너 로봇에 관한 이 동영상 좋았니? 나는 정말 좋았어.
B: 응, 좋았어. 미래에는 로봇이 사람들을 위해 많은 일을 할 거야.
A: 나도 그렇게 생각해. 우리는 그것들 덕분에 더 많은 자유 시간을 가지게 될 거야.
B: 네 말이 맞아. 나는 동영상에 나온 요리 로봇을 원해. 그것은 날 위해 많은 맛있는 음식을 요리할 거야.

A: 그거 좋겠다. 나는 청소 로봇을 원해.
B: 너는 왜 청소 로봇을 원하니?
A: 왜냐하면 나는 시간을 아낄 수 있거든. 그것이 내 방을 매일 청소해 줄 거야.
B: 그거 좋네. 가정용 로봇은 우리를 많이 도와줄 거야.

07 해설 ④ B는 요리 로봇, A는 청소 로봇을 원한다고 했다.

08 해설 '왜 ~하니?'라는 의미는 동사가 일반동사일 경우 「Why+do동사+주어+동사원형~?」의 어순으로 쓴다.

09 해석

- 나는 고양이를 갖기를 바란다.
- 우리에게 더 많은 시간을 주세요.

해설 첫 번째 빈칸에는 hope의 목적어로 쓰인 to부정사의 to가 오고, 두 번째 빈칸에는 「수여동사+직접목적어+전치사+간접목적어」 구문에서 간접목적어 앞에 쓰이는 전치사 to가 온다.

10 해설 '~에게 …(해)주다'라는 의미는 「수여동사+간접목적어+직접목적어」 또는 「수여동사+직접목적어+전치사+간접목적어」 두 가지 어순으로 쓸 수 있다. 수여동사가 make이면 전치사는 for를 쓴다.

11 해석 나의 개가 빠르게 달리기 시작했다.
해설 begin은 목적어로 동명사와 to부정사를 모두 쓸 수 있는 동사이며, 이때 같은 의미를 갖는다.

12 해석
① 나에게 한국 가요를 가르쳐 주세요.
② 그는 나에게 그 사진들을 보여주지 않았다.
③ Tom은 그의 아버지에게 소금을 건넸다.
④ 그녀는 점심으로 우리에게 국수를 요리해 주었다.
⑤ 그는 나에게 영어에 대한 질문을 물었다.
해설 ⑤ 「수여동사+간접목적어+직접목적어」 또는 「수여동사+직접목적어+전치사+간접목적어」 어순으로 써야 하므로 asked me questions 또는 asked questions of me가 되어야 한다.

[13-14]

A: 오늘, 저는 여러분에게 중요한 사실을 말씀드릴 겁니다. 지구는 우주의 중심이 아닙니다.
B: 무슨 얘기를 하는 거예요, 코페르니쿠스?
C: 지구가 중심이고, 태양이 그 주위를 돌아요.
A: 아뇨, 우리가 틀렸어요. 지구가 태양의 주위를 돌아요.
B: 절대 아니에요!
C: 여기서 나가요!

13 해설 ④ 미래의 예정을 나타내는 be going to에 수여동사 tell을 이어서 쓴다. 수여동사와 목적어 2개의 어순은 「수여동사+간접목적어+직접목적어」로 쓴다.

14 해석 ① 유용한 ② 늦은 ③ 틀린 ④ 피곤한 ⑤ 진짜인
해설 ③ 그때까지의 의견과 반대되는 새로운 의견을 주장하고 있으므로 자신들이 '틀렸었다'고 말하는 것이 알맞다.

[15-16]

16세기까지, 우주의 중심은 지구였다. 이것은 명백했고, 모든 사람들이 그것을 믿었다. 하지만 코페르니쿠스는 "그것이 정말 사실일까?"라고 물었다. 그의 질문은 커다란 변화를 시작시켰다. 오늘날, 지구는 더 이상 우주의 중심이 아니다. 이 이야기는 우리에게 중요한 교훈을 가르쳐준다. 우리는 항상 명백한 것들에 의문을 가져야 한다. 그러면 우리는 발견을 할 수 있다.

15 해설 '~에게 …(해)주다'라는 의미는 「수여동사+간접목적어+직접목적어」의 어순으로 나타낸다. 주어 다음에 수여동사인 teach를 쓰고, 간접목적어인 us, 직접목적어는 an important lesson을 차례로 쓴다.

16 해설 (A) 아무도/모두가: 바로 앞에 그것이 '명백했다'고 언급되므로 모두가 믿었다는 것이 자연스럽다.
(B) 시작시켰다/끝냈다: 코페르니쿠스의 질문은 사람들의 세계관을 바꾸는 변화의 시작이었다.
(C) 의문을 가져라/믿어라: 모두가 믿는 것에 질문을 한 코페르니쿠스의 사례를 통해 얻을 수 있는 교훈은 의문을 갖는 것이다.

[17-18]

역사에는 또 다른 예시들이 있다. 과거에, 인간은 하늘을 여행할 수 없었다. 하지만 몇몇 사람들은 "우리가 하늘을 여행할 수 있을까?"라고 궁금해하기 시작했다. 라이트 형제 역시 이 질문을 던졌고, 그리고 그들은 마침내 비행기를 만들었다. 같은 것이 잠수함에도 해당되었다. 물 속을 여행하는 것은 불가능해 보였지만, 사람들은 마침내 방법을 찾아냈다.

17 해설 ④ finally는 '마침내'라는 뜻이다.

18 해설 (A) 라이트 형제가 하늘을 여행할 수 있을지 질문을 던진 후에 만든 것은 airplane(비행기)이다.
(B) 물 속을 여행할 수 있게 만들어진 것은 submarine(잠수함)이다.

[19-20]

오늘날에도 여전히 그러한 일은 계속되고 있다. 고기는 어디에서 오는가? 물론, 그것은 동물에게서 온다. 하지만 몇몇 과학자들은 다른 방법으로 고기를 얻고 싶어했다. "식물은 어떨까?"라고 그들은 궁금해 했다. 그들은 콩과 완두콩을 사용했고, 새롭고 건강한 '고기'를 만들었다. 놀랍게도, 그것은 콩이나 완두콩 맛이 나지 않는다. 그것은 진짜 고기와 꼭 같은 맛이 난다.
새로운 것을 발견하고 싶은가? 그렇다면 마치 역사의 위대한 발명가들처럼, 주위를 둘러보고 명백한 것들에 의문을 가져라!

19 해석
① 낮은 가격에
② 겨울 동안에

③ 식료품점에서
④ 다른 방법으로
⑤ 다른 나라로부터

해설 ④ 뒤에 식물을 이용하여 새로운 고기를 만드는 내용이 언급되었으므로 '다른 방법으로' 만들기를 원했다는 내용이 오는 것이 알맞다.

20 해석
① 그녀는 팝송을 좋아하지 않는다.
② Chad는 그의 할아버지처럼 생겼다.
③ 우리는 너를 다시 만나서 정말로 좋았다.
④ 나는 요구르트 맛을 좋아하지 않았다.
⑤ 너는 장난감 차를 가지고 노는 것을 좋아하니?

해설 본문의 like는 '~처럼'이라는 의미의 전치사이다. ②의 like는 전치사로 쓰였고, 나머지는 '좋아하다'라는 의미의 일반동사로 쓰였다.

서술형 평가 p.91

01 I don't think so., I don't agree. **02** Why are the children happy **03** (1) to be a baseball player (2) to join the school baseball team (3) to practice baseball every day **04** (1) I write him emails every week. (2) My mother made a dress for me. **05** the pictures her → the pictures to her 또는 her the pictures, planning doing → planning to do

01 해석

A: 너는 오늘 공원에서 달릴 예정이니?
B: 응, 나는 매일 달려. 달리기는 좋은 운동이야.
A: ________________
그건 너의 무릎에 안 좋을 수 있어. 나는 그것에 대한 TV 프로그램을 봤어.
B: 아, 나는 그건 몰랐어.

해설 빈칸 뒤의 내용이 앞서 나온 B의 의견과 반대되는 내용이므로 이의를 제기하는 말이 오는 것이 적절하다.

02 해석
A: 왜 아이들이 행복하니?
B: 왜냐하면 지금 눈이 오고 있거든.

해설 빈칸에 대한 대답으로 because를 써서 이유를 말하고 있기 때문에 빈칸에는 '왜 ~하니?'라는 의미를 나타내는 말이 와야 한다. 의문사 why를 써서 「Why+동사+주어~?」의 어순으로 쓴다.

03 해석
(1) Charlie는 야구선수가 되고 싶어한다.
(2) 그는 학교 야구팀에 가입하기로 결정했다.
(3) 그는 매일 야구를 연습해야 한다.

해설 want, decide, need의 목적어로 to부정사가 오므로 표에 주어진 표현을 「to+동사원형」 형태로 쓴다.

04 해설 (1) 「주어(I)+수여동사(write)+간접목적어(him)+직접목적어(emails)」 어순으로 배열한 후, 마지막에 every week를 쓴다.
(2) 「주어(my mother)+수여동사(made)+직접목적어(a dress)+전치사(for)+간접목적어(me)」 어순으로 배열한다.

05 해석

지난 주말에 나는 Vivian과 동물원에 갔다. 나는 그곳에서 많은 사진을 찍었다. 그녀는 사진을 보고 싶어 했다. 나는 그녀에게 이메일로 사진을 보내줄 것을 약속했다. 나는 그것을 오늘 밤에 하려고 계획하고 있다.

해설 수여동사 send가 포함된 문장은 「수여동사+간접목적어+직접목적어」 또는 「수여동사+직접목적어+전치사+간접목적어」 어순으로 써야 한다. plan의 목적어로는 동명사가 아니라 to부정사가 와야 한다.

1학기 중간고사 1회 p.94

01 ⑤ **02** ② **03** Italian **04** ③ **05** ④ **06** is not good at **07** ③ **08** ② **09** ② **10** ④ **11** ③ **12** ⑤ **13** Jason doesn't like chocolate ice cream. **14** Brian and his girlfriend are taking a walk in the park. **15** ④ **16** ③ **17** ② **18** ⓐ is ⓑ likes **19** ④ **20** ④ **21** ⑤ **22** I'm enjoying my trip to Korea. **23** ③ **24** four sticks **25** ④

01 해설 ⑤ traditional은 '전통의, 전통적인'이라는 뜻이다.

02 해석

나는 저스틴 비버를 정말 좋아한다. 그는 내가 가장 좋아하는 가수이다.

① 지루한 ② 가장 좋아하는 ③ 맛있는 ④ 안전한 ⑤ 다른

03 해석

Natasha는 러시아 출신이다. 그녀는 러시아인이다. Roberto는 이탈리아 출신이다. 그는 이탈리아인이다.

해설 '~나라 사람'이라는 의미를 나타내는 명사가 와야 한다.

04 해석 ① 과학 ② 수학 ③ 과목 ④ 역사 ⑤ 영어
해설 ③ 과학, 수학, 역사, 영어는 모두 과목명이다.

05 해석

두 팀이 이 운동을 한다. 각 팀에는 다섯 명의 선수가 있다. 선수들은 커다란 공을 던져 그물을 통과시킨다. 그러면 그들은 점수를 얻는다.

① 축구 ② 야구 ③ 테니스 ④ 농구 ⑤ 골프
해설 ④ 다섯 명의 선수로 이루어진 각 팀이 공을 그물로 던져 득점하는 운동은 농구이다.

06 해설 '~을 잘하다'는 의미는 be good at을 쓴다. 주어가 3인칭 단수이므로 be동사는 is를 쓰고, 부정의 의미를 나타내는 not은 be동사 뒤에 쓴다.

07 해석

A: 너는 내일 무엇을 할 예정이니?
B: 나는 Ian과 영화를 보러 갈 예정이야.

① 아니, 나는 내일 계획이 마음에 들지 않아.
② 서울에는 많은 재미있는 장소들이 있어.
④ 그녀는 내일 너에게 다시 전화를 할 거야.
⑤ 너는 저녁식사 후에 컴퓨터 게임을 할 수 있어.
해설 ③ 미래에 예정된 일을 묻는 질문에 be going to를 써서 할 일을 말하는 것이 적절하다.

08 해석
① A: 너는 어디 출신이니?
B: 내 고향은 제주야.
② A: 만나서 반갑다.
B: 나는 잘 지내. 넌 어때?
③ A: 너의 이름은 무엇이니?
B: 내 이름은 Jake야.
④ A: 이 도시에 강이 있나요?
B: 네, 있어요.
⑤ A: 넌 이번 주말에 무엇을 할 예정이니?
B: 나는 조부모님을 방문할 예정이야.

[09-10]

A: 안녕, 세진아.
B: 오, 안녕, Daniel. 얘는 내 친구 Yui야. 그녀는 내 독서 동아리에 있어.
A: 안녕, Yui. 내 이름은 Daniel이야. 난 세진이의 반 친구야. 만나서 반가워.
C: 나도 만나서 반가워, Daniel.
A: Yui, 넌 어디에서 왔니?
C: 난 일본에서 왔어, 너는?
A: 난 스페인의 마드리드에서 왔어.

09 해설 (A) 다른 사람을 소개할 때는 This is ~라는 표현을 써서 말한다.
(B) 상대방의 질문을 그대로 되물으며 '너는 어때?'라고 할 때는 What about you?로 말한다.

10 해설 ④ Yui는 일본 출신이라고 했다.

11 해석

A: 나는 이번 주말에 속초로 여행을 갈 예정이야.
B: 우와! 너는 거기에서 무엇을 할 예정이니?
A: 우선, 나는 신선한 생선을 먹을 거야. 속초에 좋은 수산시장이 있어서, 나는 그곳에 방문할 거야.
B: 그거 좋겠다. 너는 해변에도 갈 예정이니?
A: 아니. 나는 하이킹을 할 예정이야. 거기에 유명한 산인 설악산이 있어.

해설 ③ B가 속초에 가서 해변에 간다는 언급은 없다.

12 해석

• 우리 언니는 지금 그녀의 방에서 음악을 듣고 있다.
• Wilson씨는 나의 수학 선생님이 아니다.

해설 첫 번째 빈칸에는 현재진행형을 만드는 동사 listen의 v-ing 형태가 와야 한다. 두 번째 빈칸에는 be동사의 부정문이 오는데 주어가 3인칭이므로 is not을 쓴다.

13 해석 Jason은 초콜릿 아이스크림을 좋아한다.
해설 일반동사의 부정문은 주어가 3인칭 단수일 경우 「doesn't[does not]+동사원형」 어순으로 쓴다.

14 해석 Brian과 그의 여자친구는 공원에서 산책을 한다.
해설 현재진행형은 「be동사+v-ing」로 쓴다. 주어가 3인칭 복수이므로 be동사는 are를 쓴다. take처럼 e로 끝나는 동사는 e를 떼고 -ing를 붙여서 v-ing 형태를 만든다.

15 해설 ④ 미래의 예정을 나타낼 때는 조동사 will이나 「be going to+동사원형」을 쓸 수 있다. 단, 조동사 will 뒤에는 항상 동사 원형을 써야 한다.

16 해석 ① 너의 어머니는 운전을 하시니?
② Bill은 8시에 학교에 간다.
③ 새들은 지금 나무 위에서 노래를 하고 있다.
④ 나는 100미터를 15초 안에 달릴 수 있다.
⑤ 저 아이들은 이 학교의 학생들이다.
해설 ③ 현재진행형은 「be동사+v-ing」 형태이므로 The birds are singing이 되어야 한다.

[17-18]

안녕! 내 이름은 주호야. 나는 한국의 서울에 살아. 나는 전 세계에 친구들이 있어. 그들은 다른 나라에 살고, 그들은 다른 관심사를 가지고 있어. 그들은 모두 온라인 페이지를 가지고 있어. 내 친구들을 만나 봐!
Léo는 프랑스 출신이야. 그는 요리를 좋아해. 그는 음식 사진을 찍어. 그는 그의 온라인 페이지에 그것들을 올려. 나는 음식을 좋아해서 그의 온라인 페이지에 자주 방문해.

17 해설 ② 친구들은 모두 다른 관심사를 가지고 있다고 했다.

18 해설 ⓐ 주어가 My name으로 3인칭 단수이므로 be동사는 is를 쓴다.
ⓑ 주어가 He이므로 일반동사의 원형 뒤에 -(e)s를 붙인다.

[19-20]

Kanya는 태국에 살아. 그녀는 꼭 나처럼 드라마를 좋아해. 그녀는 많은 한국 드라마를 봐. 그래서 그녀는 한국어를 공부해. 그녀는 한국어를 잘하지는 않지만, 열심히 연습해.
Emma는 캐나다에 살아. 우리는 둘 다 동물을 사랑해. 나는 애완동물이 없지만, 그녀는 개 한 마리를 키워. 그 개의 이름은 Max야. 그녀는 매일 저녁 그 개를 산책시켜.
Santiago는 아르헨티나 출신이야. 그는 그의 학교 축구팀에서 뛰어. 그는 리오넬 메시를 좋아해. 나도 메시의 팬이야. 우리는 메시와 축구에 대해 이야기를 많이 해.
너는 온라인 페이지를 가지고 있니? 나를 추가해!

19 해설 ④ Santiago의 나이는 언급되지 않았다.

20 해설 ④ Emma가 매일 저녁 산책시키는 것은 Max이다.

[21-22]

4월 8일 화요일

엄마와 아빠에게
안녕하세요! 별일 없으시죠? 저는 한국 여행을 즐기고 있어요. 바로 지금, 저는 인사동에 있어요. 관광객들은 여기서 예술품 가게를 방문하고 전통 음식을 먹어요. 이 거리에서, 제가 가장 좋아하는 장소는 쌈지길이에요. 여기에는 70여 개의 상점들이 있어요. 그들은 특별한 선물을 팔아요. 제가 엄마, 아빠께 선물 몇 개를 보낼게요. 그것들로부터 한국에 대해 배우실 수 있어요.
(제가 곧 또 편지 쓸게요.)
사랑을 담아, Sophia

21 해석 제가 곧 또 편지 쓸게요.
해설 ⑤ 편지를 마무리하는 말로 적절한 내용이므로 편지 말미에 와야 한다.

22 해설 주어인 I에 맞추어 enjoy를 현재진행형으로 쓴다. '~로의 여행'은 「trip to+장소」로 표현한다.

[23-25]

이것은 한국의 부채예요. 예술가들은 대나무와 한국의 전통 종이인 한지로 이 부채를 만들어요. 그러고 나서 그들은 그 위에 아름다운 그림을 그려요. 부채에서 무궁화를 보실 수 있어요. 이 꽃은 한국 사람들의 강인한 정신의 상징이에요.
저는 또한 윷놀이를 위한 윷을 보내드려요. 그것은 한국의 전통 보드게임이에요. 게임에서, 막대기 네 개를 던져요. 그것들은 다섯 개의 다른 조합을 만들어요. 그것들은 말판에서 움직임을 결정해요. 조합들은 도, 개, 걸, 윷, 모예요. 이 이름들은 동물들을 의미해요. 한국 사람들은 이 게임을 명절 동안 해요. 우리는 나중에 그것을 함께 할 거예요!

23 해설 ③ 무궁화가 상징하는 것은 한국인들의 강인한 정신이다.

24 해설 They는 바로 앞에서 언급된 네 개의 막대기(four sticks)를 가리킨다.

25 해설 ④ 주어인 These names가 3인칭 복수이므로 동사는 원형 그대로 mean으로 쓴다.

1학기 중간고사 2회 p.98

01 ① 02 ③ 03 ⑤ 04 ② 05 go shopping 06 ④
07 ④ 08 (A) ⓑ (B) ⓐ (C) ⓒ 09 ④ 10 ④ 11 ①
12 is reading 13 ③ 14 ② 15 (1) cannot[can't] meet
(2) is going to 16 She watches a lot of Korean dramas.
17 ④ 18 player 19 ③ 20 ③ 21 ⑤ 22 to 23 ③
24 ② 25 ④

01 해설 ① celebrate는 '기념하다, 축하하다'라는 뜻이다.

02 해석

개 고양이 햄스터 거북이

① 나라 ② 과목 ③ 애완동물 ④ 동아리 ⑤ 운동

03 해석

A: 우리는 여기에서 한국에 대해 배울 수 있어.
B: 응. 여기에는 한국 문화에 관한 많은 것들이 있어. 나는 한국의 전통 옷인 이 한복이 좋아. 이건 아름다워.

B: 나는 저쪽의 제기와 팽이 같은 한국의 전통 장난감이 좋아.

① 놀이공원 ② 해변 ③ 식당 ④ 동물원 ⑤ 박물관

해설 ⑤ 전통 옷이나 장난감 등 전통 물건들을 볼 수 있는 곳은 박물관이다.

04 해석

내가 네 이름을 명단에 추가할게. 이제 넌 행사에 참여할 수 있어.

① 던지다 ② 더하다 ③ 일하다 ④ 팔다 ⑤ 의미하다

05 해설 '쇼핑을 하러 가다'는 go shopping으로 표현한다. 조동사 will 뒤에는 동사원형을 쓴다.

06 해석

A: 네가 가장 좋아하는 과목은 무엇이니?
B: 나는 과학을 정말 좋아해.

① 너는 역사를 좋아하니?
② 아니, 나는 수학을 좋아하지 않아.
③ 내가 가장 좋아하는 색깔은 파랑색이야.
⑤ 응, 그래. 너는 어때?

07 해석

① A: 안녕. 내 이름은 Tom이야.
B: 만나서 반가워. 나는 Angela야.
② A: 넌 영화를 좋아하니?
B: 응. 나는 애니메이션 영화를 아주 좋아해.
③ A: 너는 어디 출신이니?
B: 나는 멕시코에서 왔어.
④ A: 너는 저녁으로 뭘 먹을 예정이니?
B: 아니, 나는 피자를 좋아하지 않아.
⑤ A: 너희 집에는 책이 많이 있니?
B: 응. 약 100권 정도 있어.

08 해석

A: ⓑ 오늘 우리의 첫 수업이 무엇이니?
B: 과학이야. 난 과학을 좋아하지 않아. 하지만 오늘은 역사 수업도 있어. 너무 기다려져!
A: ⓐ 넌 역사를 좋아하니?
B: 응. 그건 내가 가장 좋아하는 과목이야. 너는 어때? ⓒ 네가 가장 좋아하는 과목은 무엇이니?
A: 난 수학을 좋아해. 그건 정말 재미있어.
B: 잘 됐네. 오늘 역사 수업 이후에 수학 수업도 있어.

해설 (A) 빈칸에 대한 대답이 수업명을 말하고 있으므로 무슨 수업이냐고 묻는 말이 오는 것이 적절하다.
(B) 앞에서 역사 수업을 기다린다고 하고, 뒤에서 그것이 가장 좋아하는 과목이라고 대답한 것으로 보아 역사 과목을 좋아하냐는 질문이 오는 것이 알맞다.
(C) 좋아하는 과목을 이야기 했으므로 가장 좋아하는 과목이 무엇이냐는 질문이 오는 것이 알맞다.

[09-10]

A: Julie, 추수감사절이 다음 주야, 그렇지?
B: 맞아, 윤호야. 그것은 미국의 큰 휴일이야.
A: 너는 추수감사절에 무엇을 할 예정이니?
B: 나는 조부모님 댁에 방문할 예정이야. 우리는 매년 저녁을 같이 먹어. 할머니가 커다란 칠면조를 요리하셔.
A: 그거 멋지다. 너는 어떤 다른 계획이 있니?
B: 나는 쇼핑을 갈 예정이야. 상점들은 추수감사절 다음날 큰 할인을 하거든.
A: 그거 좋은데.

09 해석

① 너의 취미는 무엇이니?
② 너는 추수감사절을 좋아하니?
③ 너는 언제 쇼핑을 가니?
⑤ 네가 가장 좋아하는 휴일은 무엇이니?

해설 ④ 빈칸 다음에 미래의 계획을 말하고 있으므로 계획을 묻는 질문이 오는 것이 적절하다.

10 해설 ④ 윤호의 추수감사절 계획은 언급되지 않았다.

11 해석

나는 축구를 ___________.

① 이다 ② 할 것이다 ③ 하지 않는다
④ 할 수 있다 ⑤ 할 예정이다

해설 ① be동사와 일반동사는 나란히 올 수 없다.

12 해설 '~하는 중이다'라는 의미의 현재진행형은 「be동사+v-ing」로 쓴다.

13 해설 ③ 일반동사 현재형의 부정문은 주어가 3인칭 단수일 경우 「doesn't[does not]+동사원형」 어순으로 쓴다.

14 해석

① Jake와 Tom은 친구가 아니다.
② 너는 지금 Helen에게 전화를 할 수 있니?
③ 그는 플로리다에 집을 살 것이다.
④ 탁자 위에 초록색 컵이 하나 있다.
⑤ 우리는 내일 Kate를 만날 예정이다.

해설 ② 조동사 can은 반드시 동사원형과 쓰이며 의문문은 「Can+주어+동사원형~?」 어순으로 쓴다.

15 해석

Michele은 나의 가장 친한 친구이다. 우리는 같은 학교에 다녀서 매일 만난다. 하지만 우리는 이번 여름에 만날 수 없다. 그녀는 이번 여름 방학을 프랑스에서 보낼 예정이다. 나는 그녀가 정말 그리울 것이다!

해설 ⓐ 조동사 can의 부정문은 「cannot[can't]+동사원형」이다.
ⓑ 미래의 예정을 나타내는 말은 「be going to+동사원형」으로 쓴다. be동사는 주어의 인칭을 따르므로 is going to spend로 써야 한다.

[16-17]

안녕! 내 이름은 주호야. 나는 한국의 서울에 살아. 나는 전 세계에 친구들이 있어. 그들은 다른 나라에 살고, 그들은 다른 관심사를 가지고 있어. 그들은 모두 온라인 페이지를 가지고 있어. 내 친구들을 만나 봐!
Léo는 프랑스 출신이야. 그는 요리를 좋아해. 그는 음식 사진을 찍어. 그는 그의 온라인 페이지에 그것들을 올려. 나는 음식을 좋아해서 그의 온라인 페이지에 자주 방문해.
Kanya는 태국에 살아. 그녀는 꼭 나처럼 드라마를 좋아해. 그녀는 많은 한국 드라마를 봐. 그래서 그녀는 한국어를 공부해. 그녀는 한국어를 잘하지는 않지만, 열심히 연습해.

16 해설 watch는 '보다'라는 의미의 일반동사로 주어가 3인칭 단수(She)이므로 뒤에 -es를 붙여서 쓴다. '한국의'라는 의미의 형용사는 Korean이며 명사 앞에서 쓰여 명사를 꾸며준다.

17 해설 (A): of: ~의 (B): like: ~처럼 (C): be good at: ~를 잘하다

[18-20]

Emma는 캐나다에 살아. 우리는 둘 다 동물을 사랑해. 나는 애완동물이 없지만, 그녀는 개 한 마리를 키워. 그 개의 이름은 Max야. 그녀는 매일 저녁 그 개를 산책시켜.
Santiago는 아르헨티나 출신이야. 그는 그의 학교 축구팀에서 뛰어. 그는 리오넬 메시를 좋아해. 나도 메시의 팬이야. 우리는 메시와 축구에 대해 이야기를 많이 해.
너는 온라인 페이지를 가지고 있니? 나를 추가해!

18 해석

그는 학교 팀의 축구 선수이다.

해설 밑줄 친 (A)는 '그는 학교를 대표해서 축구를 한다'는 의미이다.

19 해석 ① 친구 ② 애완동물 ③ 팬 ④ 구성원 ⑤ 관심사
해설 ③ 빈칸이 포함된 문장이 '나도 역시 ~다'라는 의미이므로 앞문장과 같은 의미를 담고 있는 말이 들어가야 한다. 앞 문장은 Santiago가 리오넬 메시를 좋아한다는 내용이다.

20 해설 ① ⓐ: 주어가 We이므로 동사는 원형 그대로 love로 써야 한다.
② ⓑ: 주어가 I일 때 일반동사 현재형의 부정문은 「don't+동사원형」 형태이므로 don't have로 써야 한다.
④ ⓓ: like는 3인칭 단수 주어에 맞게 likes로 써야 한다.
⑤ ⓔ: 주어가 you이므로 의문문의 어순은 「Do+주어+동사원형~?」이다.

[21-23]

4월 8일 화요일

엄마와 아빠에게
안녕하세요! 별일 없으시죠? 저는 한국 여행을 즐기고 있어요. 바로 지금, 저는 인사동에 있어요. 관광객들은 여기서 예술품 가게를 방문하고 전통 음식을 먹어요. 이 거리에서, 제가 가장 좋아하는 장소는 쌈지길이에요. 여기에는 70여 개의 상점들이 있어요. 그들은 특별한 선물을 팔아요. 제가 엄마, 아빠께 선물 몇 개를 보낼게요. 그것들로부터 한국에 대해 배우실 수 있어요.
제가 곧 또 편지 쓸게요.
사랑을 담아, Sophia

21 해석 ① 관광객들 ② 예술품 가게들 ③ 부모님 ④ 70개의 가게 ⑤ 선물들
해설 ⑤ 바로 앞에서 언급한 글쓴이가 보내는 선물들을 가리킨다.

22 해설 전치사 to는 장소 앞에서 쓰여 '~으로'라는 의미를 나타낼 수 있고, 사람 앞에서 쓰여 '~에게'라는 의미의 받는 대상을 나타낼 수도 있다.

23 해설 ③ Sophia는 한국에 여행을 왔다.

[24-25]

이것은 한국의 부채예요. 예술가들은 대나무와 한국의 전통 종이인 한지로 이 부채를 만들어요. 그러고 나서 그들은 그 위에 아름다운 그림을 그려요. (부채에서 무궁화를 보실 수 있어요.) 이 꽃은 한국 사람들의 강인한 정신의 상징이에요. 저는 또한 윷놀이를 위한 윷을 보내드려요. 그것은 한국의 전통 보드게임이에요. 게임에서, 막대기 네 개를 던져요. 그것들은 다섯 개의 다른 조합을 만들어요. 그것들은 말판에서 움직임을 결정해요. 조합들은 도, 개, 걸, 윷, 모예요. 이 이름들은 동물들을 의미해요. 한국 사람들은 이 게임을 명절 동안 해요. 우리는 나중에 그것을 함께 할 거예요!

24 해석 부채에서 무궁화를 보실 수 있어요.
해설 ② 무궁화가 어떤 의미인지 설명하는 내용 앞에 오는 것이 적절하다.

25 해설 (A) 만들다/가져가다: 한지로 부채를 만든다.
(B) 다른/같은: 뒤에서 언급되는 조합들은 도, 개, 걸, 윷, 모로 모두 다른 것이다.
(C) 늦게/나중에: 문맥상 '나중에'가 알맞다.

1학기 기말고사 1회 p.102

01 ④ **02** impossible **03** ④ **04** ④ **05** Why did you
06 ⑤ **07** ② **08** You should write down your spending.
09 How much is it? **10** ③ **11** ⑤ **12** ② **13** ④ **14** ①
15 decided reading → decided to read, readed → read
16 ③ **17** ⓐ will sell (또는 are going to sell) ⓑ cleaned
18 ③ **19** ② **20** How will we use this money? **21** ②
22 ③, ⑤ **23** ④ **24** ③ **25** ⑤

01 해설 ④ meal은 '식사'라는 뜻이다.

02 해석

옳은: 틀린 = 가능한: 불가능한

해설 반의어 관계이므로 빈칸에는 possible의 반의어 impossible이 와야 한다.

03 해석

A: 다리를 떠는 것을 그만해.
B: 죄송해요, 엄마. 이건 저의 나쁜 습관이에요. 저는 초조해서 계속해서 다리를 떨어요.

① 지출 ② 문화 ③ 조언 ④ 습관 ⑤ 고객

04 해석

• 너는 피곤해 보여. 너는 소파에서 쉬어야겠다.
• 나는 돈의 나머지를 저축할 것이다.

① 절반 ② 목록 ③ 나뭇잎 ④ 쉬다, 나머지 ⑤ 조언
해설 rest는 동사로 '쉬다'라는 의미와 명사로 '나머지'라는 의미를 갖는다.

05 해설 '왜 ~하니?'라는 의미는 「Why+do동사+주어+동사원형~?」으로 물을 수 있다. 어제의 일이므로 do동사는 과거형인 did를 쓴다.

06 해석

A: 제가 저녁 식사 후에 TV를 봐도 되나요?
B: 미안하지만 안 된다.

① 알았어, 노력할게.
② 나도 그렇게 생각해.
③ 물론 난 할 수 있어.
④ 왜냐하면 너무 늦었거든.
해설 ⑤ 허락을 요청하는 표현에 적절한 응답이 와야 한다.

07 해석

A: 요가는 좋은 운동이야.
B: 나도 동의해. 그건 사람들에게 좋은 에너지를 줘.

① 나는 친구들과 운동을 해.
③ 나는 내 가족과 함께 체육관에 가.
④ 너는 건강을 위해 운동을 해야 해.
⑤ 나는 아침에 운동하는 것을 좋아하지 않아.

08 해설 상대방에게 조언을 나타내는 표현은 You should ~로 하며, '너는 ~해야 한다'라는 의미이다. should 뒤에는 동사원형과 목적어가 차례로 온다.

[09-10]

A: 도와드릴까요?
B: 네. 저 이 재킷 입어볼 수 있을까요?
A: 네, 물론이죠. 저희 가게에 있는 어떤 상품이든 입어 보실 수 있습니다.
B: 감사합니다. 음, 저는 이 재킷이 마음에 들어요. 얼마인가요?
A: 20달러입니다.
B: 네. 이 쿠폰을 사용할 수 있나요?
A: 네. 30퍼센트 할인을 받으실 수 있습니다. 그러면, 14달러네요.
B: 좋네요. 저 이거 살게요.

09 해설 가격을 묻는 표현은 How much is it?으로 한다.

10 해설 ③ B가 할인 쿠폰을 가지고 와서 사용할 수 있냐고 물었다.

11 해석

• Mary와 나는 종이 인형을 만드는 것을 끝냈다.
• 우리는 런던에서 당신을 만나기를 바랍니다.

해설 ⑤ finish의 목적어로는 동명사가 와야 하므로 첫 번째 빈칸에는 making이, hope의 목적어로는 to부정사가 와야 하므로 두 번째 빈칸에는 to see가 알맞다.

12 해석 나는 Becky에게 티셔츠를 사주었다.
해설 '~에게 …(해)주다'라는 의미는 「수여동사+간접목적어+직접목적어」 또는 「수여동사+직접목적어+전치사+간접목적어」 두 가지 어순으로 쓸 수 있다. buy는 간접목적어 앞의 전치사로 for를 쓰는 동사이다.

13 해설 ④ stop은 목적어로 동명사가 오는 동사이며, '~하는 것을 멈추다'라는 의미를 나타낸다.

14 해석 ① 그는 수학 문제를 풀고 있다. (현재진행형)
② 나의 꿈은 연기자가 되는 것이다. (동명사)
③ 너는 배드민턴 치는 것을 즐겼니? (동명사)
④ 학교에 걸어가는 것은 나에게 쉽지 않다. (동명사)
⑤ 나는 아침식사로 국수 먹는 것을 좋아하지 않는다. (동명사)
해설 ①은 현재진행형으로 쓰인 v-ing형태이다. 나머지는 동명사인데, ②는 보어 역할, ③, ⑤는 동사의 목적어 역할, ④는 주어 역할을 한다.

15 해석

지난달에, 나는 두 권의 책을 읽기로 결정했다. 나는 지난달에 두 권의 책을 읽었다. 그러나 나는 이번 달에 어떤 책도 읽지 않았다. 나는 다음 달에 네 권의 책을 읽을 계획이다.

해설 decide의 목적어로 to부정사가 와야 하므로 to read로 쓴다. last month가 과거의 일이라는 것을 나타내고 있으므로 readed를 과거형인 read로 써야한다.

[16-17]

5월 25일 금요일
내일 내 여동생과 나는 벼룩시장에서 물건을 팔 것이다! 우리는 집안 여기저기에서 많은 좋은 물품들을 찾았다. 나는 그것들을 닦았고, 여동생은 그것들의 가격표를 만들었다. 이것들은 이제 새로운 주인을 맞이할 준비가 되었다. 야호!

16 해석 ① 벼룩시장은 5월 26일에 있다.
② 글쓴이는 여동생과 함께 벼룩시장에 갈 것이다.
③ 글쓴이는 벼룩시장에서 물건을 살 계획이다.
④ 글쓴이는 집에서 많은 물품들을 찾았다.
⑤ 글쓴이는 벼룩시장에 대해 신이 났다.
해설 ③ 글쓴이는 벼룩시장에서 물건을 팔 예정이다.

17 해설 ⓐ Tomorrow(내일)이라고 했으므로 미래를 나타내는 조동사 will과 함께 써야 한다. 조동사 뒤에는 항상 동사원형을 쓴다.
ⓑ 등위접속사 and로 두 문장이 연결되어 있으므로 앞뒤 문장은 문법적으로 대등해야 한다. 뒤 문장의 동사가 made로 과거형이므로 clean의 과거형 cleaned를 쓴다.

[18-20]

5월 26일 토요일
우리는 10시쯤 벼룩시장에 도착했다. 나는 우리 물건들을 테이블 위에 놓았다. 내 여동생은 "여기 좋은 물건들이 있어요!"라고 소리쳤다. 사람들은 그것들을 보는 것을 즐겼지만, 아무것도 사지 않았다.
그때 한 소녀가 다가왔다. 그녀는 "이 신발이 마음에 들어요. 하지만 가격이 조금 비싸네요."라고 말했다. "좋아요, 그럼 20퍼센트 할인을 받을 수 있어요."라고 내가 말했다. 그녀는 우리의 첫 고객이었다!
시간이 흘렀고, 우리는 지쳤다. 그때, 한 여자분이 "계속 노력하렴!"이라고 말했다. 그녀는 우리 옆자리에 테이블이 있었다. 그녀는 우리에게 약간의 빵을 주었다. 우리는 "여기가 최저가예요!"라고 다시 소리치기 시작했다.
마침내, 우리는 많은 것을 팔았다. 우리가 얼마나 벌었을까? 우리는 24,000원을 벌었다. 정말 멋지다! 우리는 이 돈을 어떻게 쓸 것인가? 우선, 우리는 돈의 절반을 저축할 것이다. 그러고 나서, 우리는 나머지의 20퍼센트를 굶주린 어린이들을 위해 기부할 것이다. 그 이후에, 우리는 쇼핑을 하러 갈 것이다. 아마도 우리는 벼룩시장에서 저렴한 가격으로 물건들을 살 것이다!

18 해설 (A) 팔다/사다: 주어 they가 구경하러 온 손님들을 의미하므로 buy가 알맞다.
(B) 고객/주인: 글쓴이에게서 신발을 사갔으므로 고객이다.
(C) 쓰다/벌다: 주어인 we는 글쓴이와 여동생을 의미하며 물건을 판 결과 돈을 벌었다.

19 해설 ② they는 앞 문장의 these shoes를 가리킨다.

20 해설 의문사가 있을 때 조동사 의문문은 「의문사+조동사+주어+동사원형 ~?」 어순으로 쓴다.

[21-23]

16세기까지, 우주의 중심은 지구였다. 이것은 명백했고, 모든 사람들이 그것을 믿었다. 하지만 코페르니쿠스는 "그것이 정말 사실일까?"라고 물었다. 그의 질문은 커다란 변화를 시작시켰다. 오늘날, 지구는 더 이상 우주의 중심이 아니다. 이 이야기는 우리에게 중요한 교훈을 가르쳐준다. 우리는 항상 명백한 것들에 의문을 가져야 한다. 그러면 우리는 발견을 할 수 있다.
역사에는 또 다른 예시들이 있다. 과거에, 인간은 하늘을 여행할 수 없었다. 하지만 몇몇 사람들은 "우리가 하늘을 여행할 수 있을까?"라고 궁금해하기 시작했다. 라이트 형제 역시 이 질문을 던졌고, 그리고 그들은 마침내 비행기를 만들었다. (라이트 형제는 작은 마을에 살았다.) 같은 것이 잠수함에도 해당되었다. 물 속을 여행하는 것은 불가능해 보였지만, 사람들은 마침내 방법을 찾아냈다.

21 해석 ① 궁금해했다 ② 믿었다 ③ 질문했다 ④ 알지 못했다 ⑤ 좋아하지 않았다
해설 ② 뒤에 오는 접속사 but은 서로 상반되는 내용을 말할 때 쓰이므로 모두가 믿었지만 그는 질문했다는 흐름이 적절하다.

22 해설 ③, ⑤ '~에게 …(해)주다'라는 의미는 「수여동사+간접목적어+직접목적어」 또는 「수여동사+직접목적어+전치사+간접목적어」 두 가지 어순으로 쓸 수 있다. teach는 간접목적어 앞의 전치사로 to를 쓰는 동사이다.

23 해설 ④ 라이트 형제가 작은 마을에 살았다는 내용은 의문을 가져서 변화를 이룬 내용의 흐름과 관계 없다.

[24-25]

오늘날에도 여전히 그러한 일은 계속되고 있다. 고기는 어디에서 오는가? 물론, 그것은 동물에게서 온다.
(B) 하지만 몇몇 과학자들은 다른 방법으로 고기를 얻고 싶어했다. (A) "식물은 어떨까?"라고 그들은 궁금해했다. (C) 그들은 콩과 완두콩을 사용했고, 새롭고 건강한 '고기'를 만들었다. 놀랍게도, 그것은 콩이나 완두콩 맛이 나지 않는다. 그것은 진짜 고기와 꼭 같은 맛이 난다.

24 해설 ④ 먼저 과학자들이 현재 상황과 반대되는 질문을 던지고, 그것을 만드는 과정과 결과를 설명하는 흐름이 자연스럽다.

25 해설 ⑤ exactly는 '꼭, 정확히'라는 뜻이다.

1학기 기말고사 2회 p.106

01 ③ **02** ⑤ **03** instead **04** ② **05** ③ **06** ② **07** Can I, May I **08** ③ **09** (C)-(B)-(D)-(A) **10** ⑤ **11** ⑤ **12** ③ **13** fell, hurt **14** ③ **15** ④ **16** ② **17** ⑤ **18** ③, ⑤ **19** She gave some bread to us. **20** ① **21** ③ **22** ① **23** ⑤ **24** (A) from (B) like **25** ⑤

01 해설 ③ inventor는 '발명가'라는 뜻이다.

02 해석

• 나는 30분 동안 달리는 것을 계속할 것이다.
• 너는 매일 일기를 쓰니?

해설 ⑤ 「keep + v-ing」: 계속 ~하다 keep a diary: 일기를 쓰다

03 해설 '대신에'라는 표현은 instead이다.

04 해석

돈이나 옷 같은 무언가를 한 사람 또는 한 단체에 돕기 위해 주는 것

① 동의하다 ② 기부하다 ③ 믿다 ④ 소리치다 ⑤ 빌리다

해설 ② 물건 등을 누군가에게 돕기 위해 주는 것은 기부이다.

05 해석

① A: 내가 내 코트를 여기에 두어도 되나요?
B: 그럼요. 그러세요.
② A: 왜 너는 영어를 배우고 있니?
B: 왜냐하면 나는 캐나다에 방문할 계획이거든.
③ A: 비욘세는 대단한 가수야.
B: 나는 동의하지 않아. 그녀의 노래들은 매우 좋아.
④ A: 이 오렌지 주스는 맛이 없어.
B: 나도 그렇게 생각해. 그건 맛있지 않아.
⑤ A: 넌 안전 벨트를 매야 해.
B: 응, 그럴게.

06 해석

A: 왜 너는 도서관에서 공부하는 것을 좋아하니?
B: 왜냐하면 거기는 정말 조용하거든.

① 도서관은 너무 멀어.
③ 나도 그렇게 생각해. 그곳은 많은 책을 소장하고 있어.
④ 맞아, 나는 도서관에서 공부하는 것을 정말 좋아해.
⑤ 너는 시험을 위해 열심히 공부해야 해.

해설 ② 이유를 물어보는 질문에 그에 대한 적절한 이유를 대는 말이 와야 한다. 이때 「Because+주어+동사 ~」 구문을 쓸 수 있다.

07 해설 허락을 구하는 말은 Can I ~? 혹은 May I ~?로 할 수 있다.

08 해설 ⑤ 상대방에게 조언을 나타내는 표현은 「You should + 동사원형」으로 한다. 부정문은 should 뒤에 not을 써서 '너는 ~하지 말아야 한다'라는 의미를 나타낸다.

09 해석

안녕, 진수야! 너 어디를 가고 있는 중이니?
→ (C) 안녕, 민아야. 나 BA몰에 가는 중이야.
→ (B) 너 뭔가 살 거니?
→ (D) 응. 나는 야구 글러브가 필요해.
→ (A) 그럼 넌 D마트에 가야 해. 거기 지금 큰 할인을 하고 있어.

해설 가고 있는 곳과 그 목적을 차례로 묻고 답한 후, 적절한 조언을 주는 흐름이 자연스럽다.

10 해석

A: 나 배고파. 점심으로 햄버거 먹자.
B: 또? 너는 햄버거를 너무 자주 먹어.
A: 그것들은 정말 맛있는 걸. 그리고 많이 비싸지도 않아.
B: 나도 알아. 하지만 그것들은 너의 건강에 좋지 않아.
A: 그것들 안에는 야채가 있어! 그것들은 건강에 좋아.
B: (나도 동의해.) 그것들에는 너무 많은 지방과 소금이 있어.

해설 ⑤ 햄버거에 너무 많은 지방과 소금이 있다고 부정적인 의견을 덧붙이고 있으므로, 앞의 소년의 말에 동의하지 않는 말인 I don't think so 또는 I don't agree가 오는 것이 자연스럽다.

11 해석

소녀는 그녀의 가족에 대해 이야기하는 것을 ________.

① 계속했다 ② 시작했다 ③ 멈췄다 ④ 즐겼다 ⑤ 결정했다

해설 ⑤ 빈칸에는 목적어로 동명사가 오는 동사가 와야 한다. start는 목적어로 to부정사와 동명사를 둘 다 쓸 수 있다. decide는 목적어로 to부정사가 오는 동사이다.

12 해석

① Peter는 Lewis에게 그의 비밀을 말해주었다.
② 나는 할머니에게 꽃을 보내주었다.
③ 그녀는 아들을 위해서 파스타를 요리해 주었다.
④ 그는 나에게 낭만적인 편지를 써 주었다.
⑤ Julie는 Tim에게 그녀의 반지를 보여주었다.

해설 ③ 수여동사가 있는 문장을 「수여동사+직접목적어+전치사+간접목적어」 어순으로 쓸 때 tell, send, write, show는 전치사 to를 쓰고 cook은 전치사 for를 쓴다.

13 해설 fall의 과거형은 fell, hurt의 과거형은 hurt로 불규칙 변화동사이다.

14 해석 나는 Cindy에게 이메일을 보내려고 계획했다.

해설 ③ plan의 목적어로는 to부정사가 온다. 수여동사 send와 목적어는 「수여동사+직접목적어+전치사+간접목적어」 어순으로 쓸 수 있다. send는 전치사 to와 함께 쓴다.

15 해석

① 저에게 당신의 여권을 보여주십시오.

② Jacob은 지난 금요일에 손가락을 베었다.
③ 너는 저녁식사 요리하는 것을 끝냈니?
④ 그는 어제 라디오를 들었다.
⑤ 나는 손과 발을 씻고 싶다.
해설 ④ 과거에 행한 일이므로 동사를 과거형인 listened로 써야 한다.

[16-17]

5월 25일 금요일
내일 내 여동생과 나는 벼룩시장에서 물건을 팔 것이다! 우리는 집안 여기저기에서 많은 좋은 물품들을 찾았다. 나는 그것들을 닦았고, 여동생은 그것들의 가격표를 만들었다. 이것들은 이제 새로운 주인을 맞이할 준비가 되었다. 야호!

16 해석 ① 기사 ② 일기 ③ 편지 ④ 소설 ⑤ 조리법
해설 ② 날짜를 위에 쓰고 오늘 한 일과 그에 대한 감상을 적은 일기이다.

17 해설 owners는 '주인들'이라는 뜻이다.

[18-19]

5월 26일 토요일
우리는 10시쯤 벼룩시장에 도착했다. 나는 우리 물건들을 테이블 위에 놓았다. 내 여동생은 "여기 좋은 물건들이 있어요!"라고 소리쳤다. 사람들은 그것들을 보는 것을 즐겼지만, 아무것도 사지 않았다.
그때 한 소녀가 다가왔다. 그녀는 "이 신발이 마음에 들어요. 하지만 가격이 조금 비싸네요."라고 말했다. "좋아요, 그럼 20퍼센트 할인을 받을 수 있어요."라고 내가 말했다. 그녀는 우리의 첫 고객이었다!
시간이 흘렀고, 우리는 지쳤다. 그때, 한 여자분이 "계속 노력하렴!"이라고 말했다. 그녀는 우리 옆자리에 테이블이 있었다. 그녀는 우리에게 약간의 빵을 주었다. 우리는 "여기가 최저가예요!"라고 다시 소리치기 시작했다.

18 해설 ③ 소녀가 가격이 조금 비싸다고 하자 글쓴이가 자발적으로 할인을 해 주었다. ⑤ 소녀는 첫 손님이었다.

19 해설 '~에게 …(해)주다'라는 의미는 수여동사로 표현하는데, 전치사가 있는 경우, 「수여동사+직접목적어+전치사+간접목적어」 어순으로 쓴다. give는 간접목적어 앞의 전치사로 to를 쓰는 동사이다.

20 해석

마침내, 우리는 많은 것을 팔았다. 우리가 얼마나 벌었을까? 우리는 24,000원을 벌었다. 정말 멋지다! 우리는 이 돈을 어떻게 쓸 것인가? 우선, 우리는 돈의 절반을 저축할 것이다. 그러고 나서, 우리는 나머지의 20퍼센트를 굶주린 어린이들을 위해 기부할 것이다. 그 이후에, 우리는 쇼핑을 하러 갈 것이다. 아마도 우리는 벼룩시장에서 저렴한 가격으로 물건들을 살 것이다!

해설 (A) make는 '돈을 벌다'라는 의미가 있다. (B) go shopping은 '쇼핑을 가다'라는 의미이다.

[21-23]

16세기까지, 우주의 중심은 지구였다. 이것은 명백했고, 모든 사람들이 그것을 믿었다. 하지만 코페르니쿠스는 "그것이 정말 사실일까?"라고 물었다. 그의 질문은 커다란 변화를 시작시켰다. 오늘날, 지구는 더 이상 우주의 중심이 아니다. 이 이야기는 우리에게 중요한 교훈을 가르쳐준다. 우리는 항상 명백한 것들에 의문을 가져야 한다. (그러면 우리는 발견을 할 수 있다.)
역사에는 또 다른 예시들이 있다. 과거에, 인간은 하늘을 여행할 수 없었다. 하지만 몇몇 사람들은 "우리가 하늘을 여행할 수 있을까?"라고 궁금해하기 시작했다. 라이트 형제 역시 이 질문을 던졌고, 그리고 그들은 마침내 비행기를 만들었다. 같은 것이 잠수함에도 해당되었다. 물 속을 여행하는 것은 불가능해 보였지만, 사람들은 마침내 방법을 찾아냈다.

21 해석 그러면 우리는 발견을 할 수 있다.
해설 ③ 명백한 것에 의문을 가졌을 때 얻을 수 있는 결과이기 때문에 명백한 것에 의문을 가지라고 주장하는 말 뒤에 나오는 것이 자연스럽다.

22 해석
① 우리는 어떻게 발견을 하는가?
② 우리 역사 속의 위대한 발명품들
③ 지구가 우주의 중심인가?
④ 코페르니쿠스와 그의 중요한 질문
⑤ 비행기와 잠수함의 차이점
해설 ① 명백한 것에 질문을 던져서 위대한 발견을 이루어낸 역사상의 여러 사례를 들면서 그 교훈을 강조하는 내용이다.

23 해설 ⑤ '~이 있다'라는 의미는 There is/are ~ 구문을 써서 나타내며 뒤의 명사가 복수이므로(examples) are를 쓴다. other(다른)이 앞에서 examples(예시들)을 꾸며준다.

[24-25]

오늘날에도 여전히 그러한 일은 계속되고 있다. 고기는 어디에서 오는가? 물론, 그것은 동물에게서 온다. 하지만 몇몇 과학자들은 다른 방법으로 고기를 얻고 싶어했다. "식물은 어떨까?"라고 그들은 궁금해했다. 그들은 콩과 완두콩을 사용했고, 새롭고 건강한 '고기'를 만들었다. 놀랍게도, 그것은 콩이나 완두콩 맛이 나지 않는다. 그것은 진짜 고기와 꼭 같은 맛이 난다.
새로운 것을 발견하고 싶은가? 그렇다면 마치 역사의 위대한 발명가들처럼, 주위를 둘러보고 명백한 것들에 의문을 가져라!

24 해설 (A) come from: ~에서 나오다, 비롯되다 (B) taste like: ~같은 맛이 나다

25 해설 ⑤ 새로운 고기는 실제 고기와 똑같은 맛이 났다고 했다.

제 1 회 듣기평가 p.110

01 ⑤	02 ②	03 ①	04 ④	05 ②	06 ②	07 ⑤	08 ①
09 ③	10 ①	11 ④	12 ②	13 ⑤	14 ②	15 ⑤	16 ②
17 ⑤	18 ③	19 ①	20 ③				

01 대본

M Hi. I want to buy a cake for my mother's birthday.

W We have a lot of cakes in this showcase. Which one do you like?

M I like the cake with flowers on it. How much is it?

W It's 20 dollars.

M Great. I will take it.

대본 해석

남자 안녕하세요. 저희 엄마 생신 케이크를 사고 싶은데요.

여자 이 진열장 안에 많은 케이크들이 있어요. 어느 것이 마음에 드세요?

남자 위에 꽃들이 올려진 케이크가 마음에 들어요. 얼마인가요?

여자 20달러입니다.

남자 좋아요. 그걸로 살게요.

해설 ⑤ 소년은 '위에 꽃이 올려진 케이크'를 사기로 했다.

02 대본

M People use this when it is hot. They hold this with their hand and wave it. Then it makes wind. This doesn't need electric power. Sometimes, this can also block the sunlight.

대본 해석

남자 사람들은 날씨가 더울 때 이것을 씁니다. 그들은 이것을 손에 쥐고, 그것을 흔듭니다. 그러면 그것은 바람을 만듭니다. 이것은 전력을 필요로 하지 않습니다. 때때로, 이것은 햇빛을 가려주기도 합니다.

해설 ② 손에 쥐고 흔들어 바람을 만들고, 햇빛을 가려주고, 전기가 필요하지 않는 것은 부채이다.

03 대본

W Hello, this is Mary Alison from *Weather Today*. It is going to rain this afternoon, so don't forget to take your umbrella. The rain will go on for this whole weekend and stop on Monday. After that, it will get warm again. Thank you.

대본 해석

여자 안녕하세요, 〈오늘의 날씨〉의 Mary Alison입니다. 오늘 오후에는 비가 올 예정이니, 우산을 챙기는 것을 잊지 마세요. 이 비는 이번 주말 동안 계속 되다가, 다음 주 월요일에 그치겠습니다. 그 후로, 날씨가 다시 따뜻해 질 것입니다. 감사합니다.

해설 ① 주말까지 비가 계속 내리고 월요일에 그친다고 했다.

04 대본

M I'm so hungry. I had a small lunch.

W What was your lunch?

M *Bibimbap*. You know, I don't like it very much.

W Then how about going to the cafeteria?

대본 해석

남자 나 배가 너무 고파. 점심을 조금 먹었어.

여자 점심이 뭐였는데?

남자 비빔밥. 너 알지, 나 그거 별로 안 좋아하잖아.

여자 그럼 매점에 가는 게 어때?

해설 ④ 여자는 남자에게 매점에 가는 것이 어떠냐고 제안하고 있다.

05 대본

M Good morning, everyone. Let me introduce myself. My name is Jisu Park. My hometown is Busan. I moved to Seoul when I was 10. My favorite singer is Jason Mraz. I want to be a great musician like him.

대본 해석

남자 안녕, 얘들아. 내 소개를 할게. 나는 박지수라고 해. 나의 고향은 부산이야. 10살 때 서울로 이사 왔어. 내가 가장 좋아하는 가수는 제이슨 므라즈야. 나는 그처럼 훌륭한 음악가가 되고 싶어.

해설 ② 10살 때 서울로 이사 왔다고 언급했을 뿐, 현재 나이는 언급하지 않았다.

06 대본

W Jay, are we still going to see a movie this Saturday?

M Of course. I booked two tickets for *Spider-Man 2*.

W Great! What time can we meet?

M The movie starts at 3:00 p.m. Let's meet at the theater at 2:30.

W That sounds good. See you then.

대본 해석

여자 Jay, 우리 아직 이번 주 토요일에 영화 보러 가는 거지?

남자 물론이지. 〈스파이더 맨 2〉 두 장 예매했어.

여자 좋아! 몇 시에 만날 수 있어?

남자 영화가 3시에 시작해. 2시 30분에 영화관에서 만나자.

여자 좋아. 그때 보자.

해설 ② 두 사람은 영화관에서 2시 30분에 만나기로 했다.

07 대본

M It's so delicious! Can I have some more?

W Sure. Here you go. I'm happy to see you like my pasta.

M I'm sure you will be a great chef.

W Thank you. I hope so, too.

대본 해석

남자 이거 정말 맛있다! 나 좀 더 먹을 수 있을까?

여자 물론이지. 여기 있어. 네가 내 파스타를 좋아하는 걸 보니까 기쁘다.

남자 넌 분명히 훌륭한 요리사가 될 거야.
여자 고마워. 나도 그랬으면 좋겠어.

해설 ⑤ 남자는 여자에게 훌륭한 요리사가 될 거라고 말하자 여자는 그러고 싶다고 대답했다.

08 대본

M Sarah, what's the matter?
W I lost my wallet today. It was very important to me.
M How about calling the lost and found?
W I already did. But it wasn't there. I'm so sad.
M I'm so sorry to hear that.

대본 해석

남자 Sarah, 무슨 일이니?
여자 나 오늘 지갑을 잃어버렸어. 그거 나에게 아주 소중한 거였어.
남자 분실물 보관소에 전화해 보는게 어때?
여자 벌써 했지. 하지만 거기에도 없었어. 정말 슬프다.
남자 그것 참 안타깝다.

해설 ① 여자는 지갑을 잃어버려 슬프다고 했다.

09 대본

W Dad, can you help me? My bicycle has some problems.
M Let's see... I think the brakes are broken.
W Can you fix it? I need to ride it this afternoon.
M Yes. It won't take long. Wait a moment. I will bring some tools from the garage.
W Thanks, Dad.

대본 해석

여자 아빠, 저 좀 도와주실래요? 제 자전거에 문제가 좀 있어요.
남자 어디 보자. 브레이크가 고장난 것 같구나.
여자 고칠 수 있으세요? 저 오늘 오후에 이걸 타야 하거든요.
남자 응. 오래 걸리지 않을 거야. 잠깐 기다리렴. 차고에서 연장들을 가져오마.
여자 고마워요, 아빠.

해설 ③ 남자는 자전거를 고치기 위해 차고에서 연장을 가져오기로 했다.

10 대본

M Anne, what is your favorite season?
W I like summer the most because I love swimming.
M Oh, are you good at swimming?
W Pretty good. Do you also like summer?
M Yes, I do. We have summer vacation.

대본 해석

남자 Anne, 무슨 계절을 가장 좋아하니?
여자 나는 여름을 가장 좋아해, 왜냐하면 난 수영을 정말 좋아하거든.
남자 오, 너 수영을 잘하니?
여자 꽤 잘해. 너도 여름을 좋아하니?
남자 응, 좋아해. 여름 방학이 있잖아.

해설 ① 두 사람은 좋아하는 계절에 관해 이야기하고 있다.

11 대본

W Hi, how can I help you?
M Hi, where are the carrots and onions? I can't see them anywhere.
W Please follow me. *[pause]* Here is the vegetable section.
M Thank you. Do you have cheese, too?
W Of course. It's over there.
M Oh, I can see it. Thank you.

대본 해석

여자 안녕하세요, 무엇을 도와드릴까요?
남자 안녕하세요, 당근과 양파가 어디에 있나요? 어디에서도 찾을 수가 없네요.
여자 저를 따라오세요. *(잠시 후)* 여기가 야채 코너 입니다.
남자 감사합니다. 치즈도 파시나요?
여자 물론입니다. 그것은 저쪽 편에 있습니다.
남자 아, 보이네요. 감사합니다.

해설 ④ 당근, 양파, 치즈 등을 찾는 것으로 보아 식료품점에서 일어나는 대화이다.

12 대본

[Cellphone rings]
M Hi, Lisa. Where are you? The train will leave in ten minutes.
W I'm at the gate of the station. Just wait a second.
M We were so worried about you. Why are you late?
W I'm sorry. I took the wrong bus.
M Hurry up. We are at platform 5.
W Okay. I'm almost there.

대본 해석

[휴대 전화가 울린다]
남자 여보세요, Lisa. 너 어디니? 기차가 10분 안에 출발할거야.
여자 나 지금 역 정문이야. 잠깐만 기다려.
남자 우리가 네 걱정 많이 했어. 왜 늦은거야?
여자 미안해. 버스를 잘못 탔어.
남자 서둘러. 우리 5번 승강장에 있어.
여자 알았어. 나 거의 다 왔어.

해설 ② 여자는 버스를 잘못 타서 약속 시간에 늦었다.

13 대본

M Are you ready? Please have a seat.
W Oh, I'm a little nervous.
M Don't worry. You'll do fine. Just look here and smile.
W Like this? Is that okay?
M Good. One more time. Say "cheese."
W Cheese.
M Great! Let's check the photo on the monitor now.

대본 해석

남자 준비됐나요? 앉으세요.
여자 아, 조금 긴장이 되는데요.

남자 걱정 마세요. 잘할 겁니다. 여기를 보시고 웃으세요.
여자 이렇게요? 괜찮은가요?
남자 좋습니다. 한 번 더요. "치즈" 해보세요.
여자 치즈.
남자 훌륭합니다! 이제 화면으로 사진을 확인해 봅시다.

해설 ⑤ 사진을 찍는 손님과 사진사의 대화이다.

14 대본

M I'm thirsty.
W Me, too. Let's drink something cold.
M Good idea. I'll go to the store and buy some juice.
W No, I'll get it. Will you wash the cups?
M Sure. No problem.

대본 해석

남자 나 목말라.
여자 나도. 뭔가 차가운 것을 마시자.
남자 좋은 생각이야. 내가 가게에 가서 주스 좀 사올게.
여자 아니야, 내가 사올게. 너는 컵을 씻어줄래?
남자 그래. 문제 없어.

해설 ② 여자는 남자에게 컵을 씻어 달라고 했다.

15 대본

M Amy, which club are you going to join?
W I'm not sure yet. I wanted to join the badminton club, but it is already full.
M How about the tennis club? It is still looking for new members.
W Oh, that sounds interesting! Thanks.
M I hope you like it.

대본 해석

남자 Amy, 어느 동아리에 가입할거니?
여자 아직 확실하지 않아. 배드민턴 동아리에 가입하고 싶었는데, 벌써 다 찼대.
남자 테니스 동아리는 어때? 거긴 아직 회원 모집을 하고 있대.
여자 오, 재미있겠는데! 고마워.
남자 네가 마음에 들어하면 좋겠다.

해설 ⑤ 남자는 여자에게 테니스 동아리에 가입할 것을 제안했다.

16 대본

W Excuse me. Is there a flower shop around here?
M Yes. Go straight to Star Street and turn right at the corner.
W Go straight and turn right… and then?
M And then you will see the flower shop on your left side. It's next to the supermarket.
W Thank you very much.

대본 해석

여자 실례합니다. 이 근처에 꽃가게가 있나요?
남자 네. Star Street까지 직진하셔서 모퉁이에서 우회전을 하세요.
여자 직진해서 우회전이요, 그러고 나서는요?
남자 그러고 나면 바로 왼쪽 편에 꽃가게가 보일 거예요. 슈퍼마켓 옆 입니다.
여자 정말 감사합니다.

해설 ② 꽃가게는 슈퍼마켓 옆에 있다고 했다.

17 대본

W Good morning. Where are you going?
M Take me to the San Francisco International Airport, please.
W Okay. Please fasten your seat belt.
M Of course. Could you please hurry? I don't have much time.
W Okay. I'll do my best.

대본 해석

여자 좋은 아침입니다. 어디로 가세요?
남자 샌프란시스코 국제 공항으로 가주세요.
여자 알겠습니다. 안전 벨트를 매 주세요.
남자 물론입니다. 빨리 가주시겠어요? 시간이 많지 않아서요.
여자 알겠습니다. 최선을 다하겠습니다.

해설 ⑤ 샌프란시스코 국제 공항으로 가는 승객과 택시기사와의 대화이다.

18 대본

M Number One
 W Thank you for inviting me tonight.
 M My pleasure!
M Number Two
 W Are you busy now?
 M No. Can I help you with something?
M Number Three
 W Do you know what time it is?
 M No, I don't have much time.
M Number Four
 W How much is this cap?
 M It's 20 dollars.
M Number Five
 W Can I eat this pie?
 M Sure. Go ahead.

대본 해석

남자 1번
 여자 오늘 밤 초대해줘서 고마워.
 남자 나도 기뻐.
남자 2번
 여자 지금 바빠?
 남자 아니. 내가 뭐 도와줄까?
남자 3번
 남자 몇 시인지 아시나요?
 여자 아뇨, 저는 시간이 그리 많지 않아요.
남자 4번
 여자 이 모자 얼마예요?

남자 20달러 입니다.
남자 5번
여자 이 파이 먹어도 되니?
남자 물론이지. 먹어봐.

해설 ③ 시간을 묻는 질문에 시간이 없다고 대답하는 것은 어색하다.

19 대본

W Oh, no! My cell phone is dead.
M Do you have a charger?
W No. It's in my room right now. Do you have one?
M No, I don't. I think Jenny does.

대본 해석

여자 안돼! 내 휴대 전화가 꺼졌어.
남자 충전기 있니?
여자 아니. 그건 지금 내 방에 있어. 너 혹시 있어?
남자 아니, 없어. Jenny가 갖고 있는 것 같아.

해석 ① 그러면 그녀한테 물어봐야겠다.
② 그녀는 어제 나에게 전화를 걸었어.
③ 너의 충전기를 빌려도 될까?
④ 내 휴대 전화는 방에 있어.
⑤ 고마워. 내일 돌려줄게.

해설 ① Jenny에게 휴대 전화 충전기가 있다고 했으므로, 여자는 Jenny에게 물어봐야겠다고 말하는 것이 자연스럽다.

20 대본

W What are you going to do this weekend?
M I'm going to see a baseball game with Jim. How about you?
W I don't have any plans yet.
M Why don't you go with us?

대본 해석

여자 이번 주말에 뭐 할거니?
남자 Jim이랑 야구 경기 볼 예정이야. 너는?
여자 아무 계획도 아직 없어.
남자 우리랑 같이 가지 않을래?

해석 ① 네 말이 맞아. 나는 좋은 시간을 보냈어.
② 난 슬퍼. 우리 팀이 경기에서 졌어.
③ 그거 좋지. 난 야구를 정말 좋아해.
④ 고마워. 나는 할머니를 방문할 거야.
⑤ 이번 주말 계획을 세워보자.

해설 ③ 주말 계획이 없는 여자에게 남자가 야구 경기를 함께 보러 가자고 제안했으므로, 여자가 이에 승낙하는 말이 이어지는 것이 자연스럽다.

제 2 회 듣기평가

p.112

01 ③ 02 ② 03 ④ 04 ① 05 ③ 06 ④ 07 ① 08 ②
09 ⑤ 10 ③ 11 ⑤ 12 ④ 13 ② 14 ④ 15 ① 16 ①
17 ⑤ 18 ① 19 ⑤ 20 ②

01 대본

M Hi, may I help you?
W I'm looking for a bike for my sister.
M I see. How about this one with a basket?
W It looks too big for her. She's nine years old.
M It's for children between seven and ten.
W Okay. Then I'll take it.

대본 해석

남자 안녕하세요, 도와드릴까요?
여자 저는 제 여동생을 위한 자전거를 찾고 있어요.
남자 알겠습니다. 바구니가 달린 이건 어떠세요?
여자 그건 너무 커 보이네요. 그녀는 아홉 살입니다.
남자 이것은 7살부터 10살 사이 어린이들을 위한 거에요.
여자 좋아요. 그러면 그걸로 할게요.

해설 ③ 여자는 바구니가 달린 자전거를 구매하기로 했다.

02 대본

M People take this and travel here and there. This also carries things to other places. This needs a long road to take off and land. Thanks to this, people can fly to other countries.

대본 해석

남자 사람들은 이것을 타고 이곳 저곳을 여행합니다. 이것은 또한 물건을 다른 장소로 나릅니다. 이것은 이착륙하기 위해 긴 길이 필요합니다. 이것 덕분에, 사람들은 다른 나라로 비행할 수 있습니다.

해설 ② 사람과 물건을 운송하고, 이착륙에 활주로가 필요하며, 하늘을 나는 것은 비행기이다.

03 대본

W Are you enjoying this lovely day right now? Sadly, this sunny weather will end today. Tomorrow, it will rain all day. This rain is going to come with strong wind, so you should dress warmly. Thank you.

대본 해석

여자 지금 이 화창한 날씨를 만끽하고 계신가요? 슬프게도, 이 맑은 날씨는 오늘 끝날 예정입니다. 내일은 하루 종일 비가 올 것입니다. 이 비는 강한 바람을 동반할 예정이오니, 따뜻하게 챙겨 입으셔야 합니다. 감사합니다.

해설 ④ 내일은 강한 바람을 동반한 비가 온다고 했다.

04 대본

W Andrew, you look worried. Is something wrong?
M Well, I have an audition for a school band. I'm very

nervous.

W A school band? That's great. You're really good at singing. When is the audition?

M It's in this afternoon.

W You'll do fine. Don't worry.

대본 해석

여자 Andrew, 너 걱정스러워 보여. 뭔가 잘못됐니?

남자 음, 난 학교 밴드 오디션이 있어. 정말 긴장돼.

여자 학교 밴드? 그거 멋지다. 너는 노래를 정말 잘하잖아. 오디션이 언제인데?

남자 오늘 오후야.

여자 넌 잘할 거야. 걱정하지 마.

해설 ① 여자는 긴장한 남자에게 격려를 해 주고 있다.

05 대본

M Hello, everyone. I'm going to tell you about my hometown, Gyeongju. This city has a very long history. It was the capital of Silla for about a thousand years. There are many historical places there. You can go to Bulguksa and Seokguram. Every year, a lot of tourists visit Gyeongju and enjoy the cultural places.

대본 해석

남자 안녕하세요, 여러분. 저는 제 고향 경주에 대해 말씀 드릴게요. 이 도시는 매우 긴 역사를 갖고 있어요. 그곳은 약 천 년 동안 신라의 수도였습니다. 그곳에는 많은 역사적인 장소가 있습니다. 불국사와 석굴암을 가실 수 있어요. 매년 많은 관광객들이 경주를 방문하고 문화적 장소들을 즐깁니다.

해설 ③ 경주의 자연환경은 언급하지 않았다.

06 대본

W What are you going to do this afternoon?

M I'm going to see a doctor. I have a headache.

W Oh, that's too bad. Do you want me to come with you?

M That's nice of you. My appointment is at 4:30. Is it okay with you?

W Yes. I will go to your house at 4 o'clock.

M Great. See you then.

대본 해석

여자 너 오늘 오후에 뭐 할거야?

남자 나 병원에 갈 예정이야. 머리가 아파.

여자 그것 참 안타깝다. 내가 같이 가줄까?

남자 넌 참 친절하구나. 내 예약은 4시 30분이야. 괜찮니?

여자 응. 4시에 너희 집으로 갈게.

남자 좋아. 그때 보자.

해설 ④ 여자가 남자 집으로 가서 4시에 만나기로 했다.

07 대본

M I love this novel. Did you read this?

W Yes. I loved it. It was amazing!

M I thought so, too. I want to be a writer someday and write an interesting story like that.

W You will be a great writer. Keep trying.

M Thank you.

대본 해석

남자 나 이 소설 너무 좋아. 이 책 읽어봤어?

여자 응. 나 그거 굉장히 좋았어. 엄청 재밌어!

남자 나도 그렇게 생각했어. 나는 언젠가 작가가 되어서 그것처럼 재미있는 이야기를 쓰고 싶어.

여자 너는 훌륭한 작가가 될 거야. 계속 노력해봐.

남자 고마워.

해설 ① 남자는 언젠가 작가가 되고 싶다고 했다.

08 대본

W Did you hear that? Minsu broke his leg.

M What? What happened?

W He had a car accident. So now he is in the hospital.

M Oh, no! I'm so shocked. Is he okay?

W Yes. It wasn't a big accident. We can visit him this afternoon.

대본 해석

여자 너 그거 들었어? 민수 다리 부러졌대.

남자 뭐라고? 무슨 일이 있었던 거야?

여자 교통사고를 당했어. 그래서 지금 입원 중이래.

남자 오, 이런! 난 정말 놀랐어. 그는 괜찮은 거야?

여자 응. 큰 사고가 아니었대. 오늘 오후에 우리는 그를 방문할 수 있어.

해설 ② 남자는 친구의 입원 소식에 걱정을 하고 있는 것을 알 수 있다.

09 대본

M Excuse me. Can I try on these pants?

W Of course. *[pause]* How do they fit?

M They're a little big for me. Do you have a smaller size?

W Let me check. Wait a moment, please.

M Okay. Take your time.

대본 해석

남자 실례합니다. 이 바지를 입어봐도 되나요?

여자 물론입니다. *(잠시 후)* 어떻게 맞으시나요?

남자 저한테 조금 크네요. 더 작은 사이즈가 있나요?

여자 확인해 볼게요. 잠깐 기다려주세요.

남자 알겠습니다. 천천히 하세요.

해설 ⑤ 여자는 대화 직후 더 작은 사이즈의 바지가 있는지 찾아볼 것이다.

10 대본

M What are you planning to do during the summer vacation?

W I'm going to take swimming lessons. I'm excited!

M That sounds great. You'll have fun in the pool.

W What about you? Do you have any special plans for

this summer?

M Yes. I'm going to take a trip to Jeju Island with my family.

대본 해석

남자 너는 이번 여름 방학 동안 뭘 할 계획이니?

여자 나는 수영 수업을 들을 거야. 난 신나!

남자 그거 멋지다. 수영장에서 즐거울 거야.

여자 너는 어때? 너는 이번 여름에 특별한 계획이 있어?

남자 응. 나는 가족들과 제주도로 여행을 갈 예정이야.

해설 ③ 두 사람은 각자의 여름방학 계획에 관해 이야기하고 있다.

11 대본

[Cellphone rings]

M Hello, it's me. I'm sorry, but I missed the bus. I think I am going to be late for the movie.

W The movie will start 30 minutes from now. Why don't you take a taxi? Then you can get here in time.

M A taxi? But I don't have enough money.

W I can lend you some money. I'll wait for your taxi in front of the theater.

M That's a good idea. I'll call you again when I arrive.

대본 해석

[휴대 전화가 울린다]

남자 여보세요, 나야. 미안한데 나 버스를 놓쳤어. 영화 시간에 늦을 것 같아.

여자 영화는 30분 후에 시작할 거야. 택시를 타는 게 어때? 그러면 제 시간에 올 수 있어.

남자 택시? 하지만 난 충분한 돈이 없어.

여자 내가 좀 빌려 줄 수 있어. 영화관 앞에서 네 택시를 기다릴게.

남자 좋은 생각이다. 도착할 때 내가 너에게 다시 전화 걸게.

해설 ⑤ 남자는 버스를 놓치고 대신 택시를 타기로 했다.

12 대본

M Let's go to the cafeteria for lunch.

W No, thanks. I'm not going to eat lunch.

M Why? Are you sick?

W No, I'm on a diet. I want to lose some weight.

M Come on. That's a dangerous way to lose weight.

대본 해석

남자 점심 먹으러 식당에 가자.

여자 고맙지만 됐어. 나는 점심을 먹지 않을 거야.

남자 왜? 어디 아프니?

여자 아니, 나 다이어트 중이거든. 살을 조금 빼고 싶어.

남자 에이. 그건 살을 빼는 위험한 방법이야.

해설 ④ 여자는 살을 빼기 위한 다이어트 중이라서 점심을 먹지 않겠다고 했다.

13 대본

M Excuse me. Where can I find a computer?

W Computers are on the second floor. Do you need to search the books?

M Yes, I do. I want to borrow some history books.

W The history section is on the third floor. You can use the stairs on your left.

M Oh, thank you.

대본 해석

남자 실례합니다. 컴퓨터는 어디서 찾을 수 있나요?

여자 컴퓨터들은 2층에 있습니다. 책을 검색하셔야 하나요?

남자 네, 맞아요. 역사책을 좀 빌리고 싶어요.

여자 역사 구역은 3층에 있어요. 왼쪽에 있는 계단을 이용하실 수 있습니다.

남자 아, 감사합니다.

해설 ② 책을 검색하고 벌릴 수 있는 장소는 도서관이다.

14 대본

M Hana, are you busy? I need your help.

W Not really. What is it?

M I forgot to print out my English homework.

W Okay. I'll print it out for you.

M Thank you! I'll send the file to your email.

대본 해석

남자 하나야, 바쁘니? 나 네 도움이 필요해.

여자 별로. 그게 뭔데?

남자 나 내 영어 숙제를 출력하는 걸 까먹었어.

여자 알았어. 내가 출력 해 줄게.

남자 고마워! 네 이메일로 파일을 보낼게.

해설 ④ 남자는 여자에게 영어 숙제 파일을 출력해 달라고 했다.

15 대본

M Jisu, what's the matter? You look down.

W I'm just too tired. I have too much work.

M Hmm... Why don't you take a walk and get some fresh air?

W That's a good idea. Will you come with me?

M My pleasure. Let's go!

대본 해석

남자 지수야, 무슨 일이야? 너 힘이 없어 보여.

여자 난 그냥 너무 피곤해. 일이 너무 많아.

남자 흠… 산책을 하고 신선한 공기를 마시는 게 어때?

여자 그거 좋은 생각이다. 나랑 같이 갈래?

남자 좋지. 가자!

해설 ① 남자는 여자에게 밖으로 나가 산책할 것을 제안했다.

16 대본

M Excuse me. How can I get to the post office?

W It's not far from here. Go straight till you get to Union Street.

M Okay. And then?

W Then turn left. You will see the bank on your right. The post office is next to that.

M Great. Thanks!

대본 해석

남자 실례합니다. 우체국을 가려면 어떻게 해야 하죠?

여자 여기서 멀지 않습니다. Union street가 나올 때까지 쭉 가세요.

남자 알겠습니다. 그러고 나서는요?

여자 그러고 나서 왼쪽으로 도세요. 오른쪽 편에 은행이 있을 겁니다. 우체국은 그 옆에 있어요.

남자 좋습니다. 감사합니다!

해설 ① Union Street에서 좌회전 후 오른쪽에 보면 은행 옆에 우체국이 있다.

17 대본

W Hi, Nick. What's wrong?

M I have a headache and a fever.

W Let's see. I will check your temperature first. *[pause]* Well, it's pretty high.

M Am I okay?

W You caught a bad cold. Take some medicine and get some rest.

M Okay, I will.

대본 해석

여자 안녕, Nick. 무슨 일이니?

남자 두통이 있고 열이 나요.

여자 어디 보자. 체온을 먼저 확인해야겠구나. *(잠시 후)* 음, 꽤 높구나.

남자 저 괜찮나요?

여자 독감에 걸렸어. 약을 먹고 휴식을 취하거라.

남자 네, 그럴게요.

해설 ⑤ 두통과 열이 있어서 찾아온 환자에게 처방을 해주는 것으로 보아 여자의 직업은 의사이다.

18 대본

W Danny, what are you doing?

M I'm looking for a birthday gift for my sister. But I don't have any good ideas.

W What about a hairpin? She has long hair.

M Well, she already has a lot of hairpins.

W Then I think a wallet would be good. I heard she lost hers last week.

M Oh, really? That's a good idea!

대본 해석

여자 Danny, 너 뭐 하니?

남자 여동생 생일 선물 찾고 있어. 근데 아무런 좋은 생각이 안나.

여자 머리핀 어때? 네 여동생 머리 길잖아.

남자 글쎄, 머리핀 이미 엄청 많이 가지고 있어.

여자 그럼 지갑이 좋을 것 같아. 지난주에 그녀의 지갑을 잃어버렸다고 들었거든.

남자 오, 그래? 좋은 생각이다!

해설 ① 남자는 여동생이 지갑을 잃어버렸다는 이야기를 듣고 그것을 사서 선물해야겠다고 말했다.

19 대본

M How was your weekend, Sarah?

W It was terrible.

M What happened? You said you went camping with your family.

W Well, we went to the campsite, but when we arrived, it started to rain.

M No way! So you came back home?

W Yes. Also, we got lost on our way back.

대본 해석

남자 Sarah, 주말은 어땠어?

여자 최악이었어.

남자 무슨 일이야? 너 가족들과 캠핑 간다고 했잖아.

여자 글쎄, 우리가 캠핑장에 갔는데 우리가 거기 도착했을 때, 비가 내리기 시작하는 거야.

남자 말도 안돼! 그래서 곧장 집으로 되돌아 왔어?

여자 그래. 게다가, 집으로 돌아오다가 길도 잃었어.

해석 ① 캠핑을 가는 게 어때?
② 그것은 멋진 주말이었다고 생각해.
③ 응, 왜냐하면 날씨가 완벽했어.
④ 내일 너랑 함께 못 갈 것 같아.
⑤ 너무 실망하지 마. 너는 다음에 갈 수 있어.

해설 ⑤ 남자는 주말에 대한 불평을 늘어놓는 여자에게 위로의 말을 건네는 것이 자연스럽다.

20 대본

M Hi, Ms. Brown. May I talk to you for a minute?

W Sure, Jack. Come in. What is it?

M I was absent yesterday, so I didn't receive my grade for the report.

W Okay. Here is your grade. You got an A+. Great job!

대본 해석

남자 안녕하세요, Brown 선생님. 잠깐 얘기 할 수 있으세요?

여자 물론이지, Jack. 들어오렴. 무슨 일이니?

남자 제가 어제 결석을 해서 보고서 점수를 못 받았거든요.

여자 그래. 여기 너의 점수란다. 너는 A+를 받았어. 아주 잘했어!

해석 ① 죄송해요. 저도 기분이 안 좋네요.
② 감사합니다. 믿을 수 없어요!
③ 하지만 저는 항상 숙제를 잘 해요.
④ 괜찮아요. 다음에는 더 잘할 거에요.
⑤ 물론이죠. 저는 만점을 받을 거에요.

해설 ② 남자는 좋은 성적을 받았으므로 기뻐하는 것이 자연스럽다.

부록 Lesson 1

Words 영영사전 p.116

1. pet **2**. often **3**. subject **4**. add **5**. friend

Words 확인하기 p.117

1. 보다 **2**. 연습하다 **3**. 일정, 시간표 **4**. 저녁 **5**. ~에 살다 **6**. 산책하다, 산책시키다 **7**. 이름 **8**. 한국어, 한국인, 한국의 **9**. 어려운, 열심히 **10**. 만나다 **11**. 공부하다 **12**. 맛있는 **13**. 방과 후 **14**. 추측하다 **15**. 노래 **16**. 역사 **17**. ~출신이다 **18**. 관심사 **19**. often **20**. exciting **21**. science **22**. all around the world **23**. club **24**. math **25**. popular **26**. classmate **27**. subject **28**. different **29**. both **30**. boring **31**. kind **32**. hometown **33**. country **34**. glad **35**. pet **36**. cooking

Script 확인하기 p.118

Listen & Talk 1

A Get Ready

My name is / I'm from

1. 만나서 반가워 **2**. 내 이름은 Alex야

B Listen and Check

this class / My hometown / I'm from

3. 너는 어디에서 왔니

C Listen and Speak

classmate / I'm from Japan

4. 얘는 내 친구 **5**. 난 스페인의 마드리드에서 왔어

Listen & Talk 2

A Get Ready

I like

B Listen and Match

Do you like / your favorite / What about you / baseball / baseball

6. 난 운동을 정말 좋아해 **7**. 내가 가장 좋아하는 운동은 배드민턴이야

C Listen and Speak

I don't like / What is / math / also

8. 오늘 우리의 첫 수업 **9**. 너무 기다려져 **10**. 그건 정말 재미있어

Reading 확인하기 p.120

live in / different interests /
cooking / so /
just like me / studies /
We both / every evening /
fan of / talk about /

1. 나는 전 세계에 친구들이 있어 **2**. 내 친구들을 만나 봐 **3**. 그는 음식 사진을 찍어 **4**. 그의 페이지에 자주 방문해 **5**. 많은 한국 드라마를 **6**. 그녀는 열심히 연습해 **7**. 나는 애완동물이 없지만 **8**. 그는 그의 학교 축구팀에서 뛰어 **9**. 나를 추가해

교과서 구석구석 확인하기 p.122

Let's Communicate

Glad to meet you, too / favorite

1. 내 이름은 **2**. 너는 어디에서 왔니

After You Read

I have a dog / post food pictures

3. 우리 학교 축구팀을 위해 **4**. 나는 한국어를 공부해

Think & Write

fourteen years old / my favorite food

5. 재미있어 **6**. 매우 힘들어 **7**. 모두들

Do It Yourself

often / practice

8. 나는 스웨덴에서 왔어 **9**. 나는 그것을 잘하지는 못하지만

부록 Lesson 2

Words 영영사전 p.124

1. move **2**. plan **3**. famous **4**. strong **5**. sell

Words 확인하기 p.125

1. 축하하다 **2**. 즐기다 **3**. 보내다 **4**. 오후 **5**. 의미하다 **6**. 막대기 **7**. 감기에 걸리다 **8**. 선물 **9**. 박물관 **10**. 외식하다 **11**. 던지다 **12**. 정신 **13**. ~동안 **14**. 예술가 **15**. 곁들임 요리 **16**. 튀기다 **17**. 휴일 **18**. 보통 **19**. special **20**. combination **21**. bamboo **22**. amusement park **23**. leave **24**. birthday **25**. health **26**. together **27**. traditional **28**. beach **29**. take a picture **30**. tonight **31**. tourist **32**. welcome **33**. for free **34**. palace **35**. decide **36**. Thanksgiving (Day)

Script 확인하기 p.126

Listen & Talk 1

A Get Ready

birthday / going to go

1. 할 예정이니

B Listen and Find

watch a musical / Have fun

2. 어떤 계획이 있니 **3**. 그날 오후에

C Listen and Speak

big holiday / every year / on the day after

4. 커다란 칠면조를 요리하셔 **5**. 그거 좋은데

Listen & Talk 2

A Get Ready

this summer vacation / beautiful palace

B Listen and Choose

fish market / beach

6. 여행을 갈 예정이야 **7**. 우선, 나는 신선한 생선을 먹을 거야

8. 거기에는 유명한 산인 설악산이 있어

C Listen and Speak

for tourists / for free

9. 내가 너에게 구경시켜 줄게 **10**. 나는 거기에서 무엇을 볼 수 있니

Reading 확인하기 p.128

traditional food / about / learn about /
Artists / draw / symbol of /
also / different combinations / combinations / during holidays

1. 4월 8일 화요일 **2**. 별일 없으시죠 **3**. 특별한 선물들을

4. 대나무와 한국의 전통 종이인 한지로 **5**. 강인한 정신

6. 막대기 네 개를 던져요 **7**. 동물을 의미해요 **8**. 우리는 나중에 그것을 함께 할 거예요

교과서 구석구석 확인하기 p.130

Let's Communicate

What are you going to do

1. 나는 낚시를 하러 갈 예정이야

After You Read

trip / art shops / buy / sell

2. 사람들은 그곳에서 무엇을 하니 **3**. 나는 무엇을 먹을 수 있니 **4**. 많은 상점들이 있어

Think & Write

tell / palace / garden / together

5. 조선 왕조 **6**. 유명해

Do It Yourself

take a trip / historical / Great Wall

7. 좋은 장소들이 **8**. 많은 사진을 찍을

부록 Lesson 3

Words 영영사전 p.132

1. spend **2**. arrive **3**. advice **4**. low **5**. discount

Words 확인하기 p.133

1. 물건 **2**. 사다 **3**. 주인 **4**. 나머지 **5**. 저축하다 **6**. 찾다 **7**. 소비 **8**. 넓은, 폭이 ~인 **9**. 장갑 **10**. 충분한 **11**. 조용히 **12**. 비싼 **13**. 신중히 **14**. 피곤하다, 지치다 **15**. 버릇, 습관 **16**. 식사 **17**. 목록 **18**. 앞 **19**. collect **20**. pay **21**. receipt **22**. flea market **23**. half **24**. bring **25**. pocket money **26**. exercise **27**. try on **28**. learn **29**. price tag **30**. borrow **31**. decision **32**. try **33**. wisely **34**. donate **35**. diary **36**. breakfast

Script 확인하기 p.134

Listen & Talk 1

A Get Ready

these shoes / carefully

1. 정말로

B Listen and Find

Then / instead

2. 너 어디 가고 있니 **3**. 큰 할인을 하고 있어

C Listen and Speak

two days ago / another / make

4. 이미, 벌써 **5**. 그것은 할인 중이었어요 **6**. 다음에

Listen & Talk 2

A Get Ready

try on

7. 물론이죠

B Listen and Choose

looking for / how much / get a discount

8. 어떠세요 **9**. 살게요

C Listen and Speak

May I help you / use

10. 이 재킷을 입어볼 수 있을까요 **11**. 30퍼센트 할인을

Reading 확인하기 p.136

cleaned / ready /
arrived / shouted /
first customer /
to us / again /
sold /
First / donate / Maybe
1. 매주 토요일 **2.** 집안 여기저기에서 **3.** 가격표들을 **4.** 사람들은 그것들을 보는 것을 즐겼지만 **5.** 조금 비싸네요 **6.** 계속 노력하렴 **7.** 돈의 절반을 저축할 **8.** 나머지 돈 **9.** 저렴한 가격으로

교과서 구석구석 확인하기 p.138

Let's Communicate
Can I / Can I
1. 네, 물론이죠 **2.** 너는 네 식사를 먼저 끝내야 해
After You Read
with / anything / customer
3. 물건들을 팔고 있어 **4.** 방금 셔츠를 샀어
Think & Write
for sale / six months / for
5. 안은 초록색 **6.** 높이 **7.** 너비
Do It Yourself
get / discount
8. 제가 써 봐도 되나요 **9.** 그거 살게요

부록 Lesson 4

Words 영영사전 p.140

1. century **2.** change **3.** invention **4.** agree
5. lesson

Words 확인하기 p.141

1. 도서관 **2.** 맛있는 **3.** 우주 **4.** 지루한 **5.** 중요한
6. 사실 **7.** 완두콩 **8.** 잠수함 **9.** 방법 **10.** 동의하다
11. 발명, 발명품 **12.** 빠르게 **13.** 정원 **14.** 유용한
15. 가을 **16.** 배달하다 **17.** 질문, 의문을 갖다 **18.** 교훈
19. print **20.** amazing **21.** surprisingly **22.** taste
23. early **24.** century **25.** plant **26.** interesting
27. wrong **28.** discovery **29.** pretty **30.** obvious
31. teach **32.** impossible **33.** fall **34.** future
35. refrigerator **36.** better

Script 확인하기 p.142

Listen & Talk 1
A Get Ready
boring / Try
1. 난 그렇게 생각하지 않아
B Listen and Choose
too often / expensive / much
2. 너의 건강에 좋지 않아
C Listen and Speak
talk about / last year
3. 나도 그렇게 생각해 **4.** 하이킹은 힘들어 **5.** 많은 문화 프로그램들

Listen & Talk 2
A Get Ready
thin
6. 넌 왜 그걸 좋아하니
B Listen and Check
easily / borrow
7. 온라인 서점에서
C Listen and Speak
about / in the future / every day
8. 덕분에 **9.** 네 말이 맞아 **10.** 시간을 아낄

Reading 확인하기 p.144

important fact / wrong /
new discoveries / Until / change / always
examples / impossible
different way / Surprisingly
inventors
1. 명백한 것 **2.** 태양이 그 주위를 돈답니다 **3.** 여기서 나가요 **4.** 물었다 **5.** 우리에게 중요한 교훈을 가르쳐 준다 **6.** 궁금해하기 시작했다 **7.** 오늘날에도 여전히 그것은 계속되고 있다 **8.** 식물들은 **9.** 꼭 같은 맛이 난다

교과서 구석구석 확인하기 p.146

Let's Communicate
Because / I think so, too
1. 너는 왜 그렇게 생각하니
After You Read
century / thought / question
2. 처음에 **3.** 의문을 던지는 것을 멈추지 않았다
Think & Write
only / toys / clothes

4. 프린터는 오직 종이에만 인쇄를 할 수 있는가?   **5**. 변화

Do It Yourself

well / fall asleep

6. 하지만 밤에 운동하는 것은

Memo

Memo

Memo

Memo

지은이

김성곤	서울대학교 영어영문학과
서성기	가톨릭대학교 영미언어문화학부
이석영	상도중학교
최동석	인천국제고등학교
강용구	공주대학교 영어교육과
김성애	부산대학교 영어교육과
최인철	경북대학교 영어교육과
양빈나	㈜NE능률 교과서개발연구소
조유람	㈜NE능률 교과서개발연구소

MIDDLE SCHOOL ENGLISH 1-1
내신평정 평가문제집

펴 낸 이 주민홍
펴 낸 곳 서울특별시 마포구 월드컵북로 396(상암동) 누리꿈스퀘어 비즈니스타워 10층
㈜NE능률 (우편번호 03925)
펴 낸 날 2018년 1월 10일 초판 제1쇄 발행
2022년 2월 15일 제7쇄
전 화 02-2014-7114
팩 스 02-3142-0356
홈페이지 www.neungyule.com
등록번호 제 1- 68호
I S B N 979-11-253-1968-9
정 가 9,000원

NE 능률

고객센터

교재 내용 문의 : contact.nebooks.co.kr (별도의 가입 절차 없이 작성 가능)
제품 구매, 교환, 불량, 반품 문의 : 02-2014-7114
☎ 전화 문의는 본사 업무시간 중에만 가능합니다.

NE능률 교재 MAP

아래 교재 MAP을 참고하여 본인의 현재 혹은 목표 수준에 따라 교재를 선택하세요.
NE능률 교재들과 함께 영어실력을 쑥쑥~ 올려보세요!
MP3 등 교재 부가 학습 서비스 및 자세한 교재 정보는 www.nebooks.co.kr에서 확인하세요.

중1

중학영어1 자습서 [김성곤_2015 개정]
중학영어1 평가문제집 1학기 [김성곤_2015 개정]
중학영어1 평가문제집 2학기 [김성곤_2015 개정]
중학영어1 자습서 [양현권_2015 개정]
중학영어1 평가문제집 1학기 [양현권_2015 개정]
중학영어1 평가문제집 2학기 [양현권_2015 개정]

중2

중학영어2 자습서 [김성곤_2015개정]
중학영어2 평가문제집 1학기 [김성곤_2015개정]
중학영어2 평가문제집 2학기 [김성곤_2015개정]
중학영어2 자습서 [양현권_2015 개정]
중학영어2 평가문제집 1학기 [양현권_2015 개정]
중학영어2 평가문제집 2학기 [양현권_2015 개정]

중2-3

생활 일본어 자습서 [2015 개정]
생활 중국어 자습서 [2015 개정]

중3

중학영어3 자습서 [김성곤_2015 개정]
중학영어3 평가문제집 1학기 [김성곤_2015 개정]
중학영어3 평가문제집 2학기 [김성곤_2015 개정]
중학영어3 자습서 [양현권_2015 개정]
중학영어3 평가문제집 1학기 [양현권_2015 개정]
중학영어3 평가문제집 2학기 [양현권_2015 개정]

고1

영어 자습서 [김성곤_2015 개정]
영어 평가문제집 [김성곤_2015 개정]
내신100신 기출예상문제집_영어1학기 [김성곤_2015]
내신100신 기출예상문제집_영어2학기 [김성곤_2015]
영어 자습서 [양현권_2015 개정]
영어 평가문제집 [양현권_2015 개정]

고1-2

영어 I 자습서 [2015 개정]
영어 I 평가문제집 [2015 개정]
내신100신 기출예상문제집_영어 I [2015 개정]
실용 영어 자습서 [2015 개정]
실용 영어 평가문제집 [2015 개정]
일본어 I 자습서 [2015 개정]
중국어 I 자습서 [2015 개정]

고2

영어 독해와 작문 자습서 [2015 개정]
영어 독해와 작문 평가문제집 [2015 개정]
영어 회화 자습서 [2015 개정]

고2-3

영어 II 자습서 [2015 개정]
영어 II 평가문제집 [2015 개정]
내신100신 기출예상문제집_영어II [2015 개정]

고3

NE Tutor

NE Tutor는 NE능률이 만든 대한민국 대표 영어 티칭 플랫폼으로
영어 수업에 필요한 모든 콘텐츠와 서비스를 제공합니다.

www.netutor.co.kr

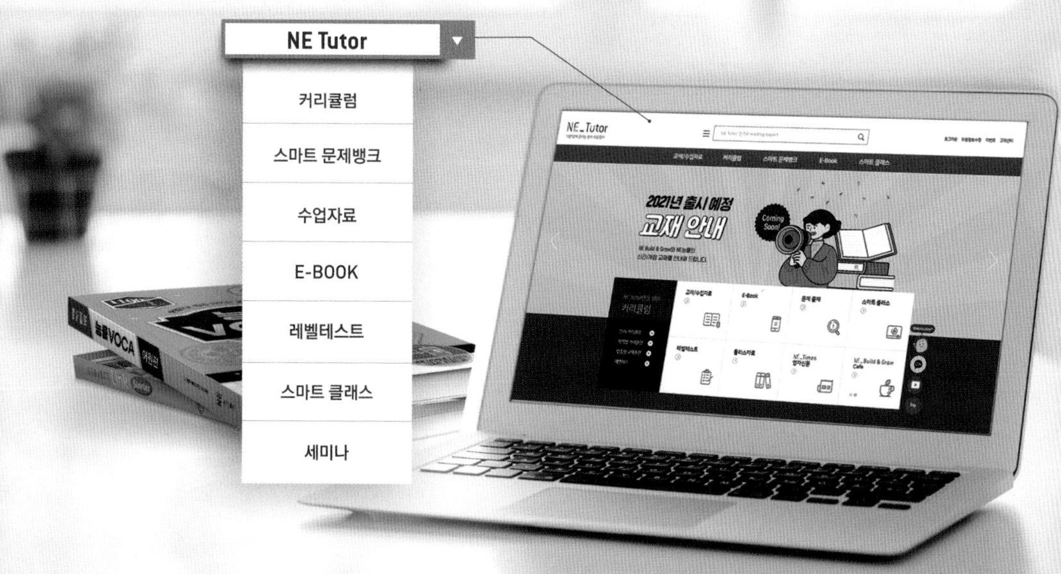

· 전국 영어 학원 선생님들이 뽑은 NE Tutor 서비스 TOP 3! ·

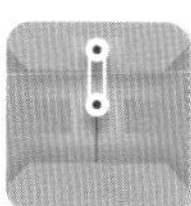

1st. 스마트 문제뱅크 1분이면 맞춤형 어휘, 문법 테스트지 완성!!
문법, 독해, 어휘 추가 문제 출제 가능

2nd. 레벨테스트 학부모 상담 시 필수 아이템!!
초등 1학년부터 중등 3학년까지 9단계 학생 수준 진단

3rd. E-Book 이젠 연구용 교재 없이도 모든 책 내용을 볼 수 있다!!
ELT부터 중고등까지 온라인 수업 교재로 활용

NE_Tutor